स्तानिस्लाव्स्की

चरित्र की रचना-प्रक्रिया

(बिल्डिंग ए कैरेक्टर)

स्तानिस्लाव्स्की

चरित्र की रचना-प्रक्रिया

(बिल्डिंग ए कैरेक्टर)

भाषांतर डॉ. विश्वनाथ मिश्र

वाणी प्रकाशन

वाणी प्रकाशन
4695, 21-ए, दरियागंज, नयी दिल्ली 110 002

फ़ोन : +91 11 23273167 फ़ैक्स : +91 11 23275710

शाखाएँ

अशोक राजपथ, पटना 800 004, बिहार

कॉफ़ी हाउस कैम्पस, महात्मा गांधी मार्ग, इलाहाबाद 211 001, उत्तर प्रदेश

महात्मा गांधी अन्तरराष्ट्रीय हिन्दी विश्वविद्यालय, वर्धा 442 001, महाराष्ट्र

www.vaniprakashan.com
marketing@vaniprakashan.in
sales@vaniprakashan.in

Stanislavski : Charitra Ki Rachna-Prakriya
Translated by Dr. Vishwanath Mishra

ISBN : 978-93-87648-71-5
Criticism

पेपरबैक संस्करण 2018, 2019, 2020
पेपरबैक चतुर्थ संस्करण 2022

मूल्य : ₹ 325

सिटी प्रेस, दिल्ली-110 095 में मुद्रित

वाणी प्रकाशन का लोगो मक़बूल फ़िदा हुसेन की कूची से

प्रियवर
महेश आनंद
और
देवेन्द्र राज अंकुर
के लिए

अनुक्रम

प्राक्कथन

स्तानिस्लाव्स्की की दूसरी पुस्तक, जो आप आरंभ करने जा रहे हैं, उसका नाम अंग्रेज़ी में मात्र 'बिल्डिंग ए कैरेक्टर' (चरित्र की रचना-प्रक्रिया) मिलता है। लेकिन रूसी भाषा के संस्करण में उसका लंबा नाम मिलता है—'ऐन ऐक्टर्स वर्क ऑन हिमसेल्फ़ इन दि क्रिएटिव प्रोसेस ऑफ़ फ़िज़िकल कैरेक्टराइज़ेशन' (अभिनेता का आत्म-निर्माण : भौतिक चरित्र-चित्रण की रचनात्मक प्रक्रिया)। इसी प्रकार उनके तीसरे ग्रंथ को भी अंग्रेज़ी में तो मात्र 'क्रिएटिंग ए रोल' (भूमिका की संरचना) कहा गया है, लेकिन रूसी संस्करण में उसे 'ऐन ऐक्टर्स वर्क ऑन ए रोल; (एक अभिनेता का भूमिका पर कार्य) की संज्ञा दी गयी है। स्तानिस्लाव्स्की ने इस प्रकार अभिनय के अध्ययन के सारे व्यापार को एक अभिनेता के आत्म-निर्माण का ही प्रयास माना है।

अपनी पहली पुस्तक 'ऐन ऐक्टर प्रिपेयर्स' (अभिनेता की तैयारी) का समापन करते हुए उन्होंने लिखा था :

"रचनाशीलता की हमारी पद्धति में एक नये व्यक्ति के जन्म की अवधारणा है। वह है, व्यक्ति का भूमिका में अवतरण। यह वस्तुतः एक मानवीय-चेतना के जन्म से मिलता-जुलता नैसर्गिक व्यापार है।

"अगर आप हर उस प्रक्रिया का अनुसरण करें, जो भूमिका को जीते समय अभिनेता की अंतरात्मा में घटित होती है, तो आप यह स्वीकार करेंगे कि मेरी यह तुलना बिलकुल ठीक है। रंगमंच पर खड़ा किया गया हर नाटकीय और कलात्मक बिंब विलक्षण होता है। उसे दोहराया नहीं जा सकता—ठीक जैसे प्रकृति में आवृत्ति नहीं होती।

"वहां उससे मिलती-जुलती एक भ्रूणावस्था होती है—ठीक मनुष्य के जीवन जैसी स्थिति।

"इस रचनात्मक प्रक्रिया में पिता नाटक का लेखक होता है; अभिनेता और भूमिका को संगर्भित किये हुए मां होती है; और जन्म लेनेवाला भूमिका रूपी बच्चा होता है।

"इस सारे व्यापार में निर्देशक सहायक होता है; वह एक प्रकार से संबंध-विधायक का कार्य करता है।"

स्तानिस्लाव्स्की ने गर्भाधान की यह प्रक्रिया मानव मन में चेतन से अचेतन की ओर अग्रसर मानी है। इसके बाद गर्भस्थ शिशु के संपोषण की प्रक्रियाएं आरंभ होती हैं। अपनी दूसरी पुस्तक 'बिल्डिंग ए कैरेक्टर' में उन्होंने इन्हीं प्रक्रियाओं की विवेचना की हैं। उनके जीवनीकार एवं समीक्षक ज्यां बेनेदेस्ती ने लिखा है कि इस पुस्तक में स्तानिस्लाव्स्की ने सन् 1914 से लेकर सन् 1920 तक का भौतिक चेष्टाओं और संवादों के वाचन के संदर्भ में किया गया कार्य समाहित है। उन्होंने यह भी लिखा है कि अपनी इस पुस्तक को अंतिम रूप देने के पहले ही उनका निधन हो गया था। उनकी जो पांडुलिपि प्राप्त हुई है, उसमें हाशिए पर अनेक प्रकार की टिप्पणियां हैं, यथा 'यह पुनरावृत्ति' है', 'जटिल और अस्पष्ट', 'सरल करें', 'सहज बनाएं' आदि। सन् 1935 में अपनी पहली पुस्तक को ध्यान में रखते हुए उन्होंने विभिन्न अध्यायों को सानुक्रम और सुव्यवस्थित रूप दिया था। फिर भी इस ग्रंथ के अंग्रेज़ी और रूसी संस्करणों में अनेक स्थलों पर अंतर देखने को मिलते हैं।

सन् 1937 में श्रीमती हैप्गुड मास्को गयी थीं। स्तानिस्लाव्स्की ने उनसे वायदा किया था कि वे अपनी दूसरी पुस्तक की पांडुलिपि उन्हें जल्दी ही दे देंगे। सन् 1938 में, स्तानिस्लाव्स्की का निधन हो गया; और फिर दूसरा महायुद्ध शुरू हो गया। युद्ध की समाप्ति के बाद चौथे दशक के अंत में ही श्रीमती हैप्गुड को पांडुलिपि मिल पायी। वे इसे सन् 1949 में प्रकाशित करना चाहती थीं, लेकिन तभी स्तानिस्लाव्स्की के पुत्र ईगर से उन्हें कुछ नयी सामग्री मिली। उसे समाहित करने के बाद ही सन् 1950 में इस ग्रंथ का प्रकाशन संभव हो पाया।

सन् 1918 में जब विशेष आमंत्रण पर स्तानिस्लाव्स्की मास्को के ऑपेरा-स्टूडियो के प्रशिक्षणार्थियों के साथ कार्य कर रहे थे तो उन्हें लगा कि उनके वाचिक, आंगिक और मनोवैज्ञानिक प्रदर्शनों में कोई सामंजस्य नहीं है। उन्होंने इसे लक्षित करके लिखा है :

"रंगमंच का कार्य-व्यापार वाचन की भांति ही संगीतात्मक होना चाहिए। (रंगमंचीय) गतिविधि को एक सतत प्रवहमान रेखा के रूप में, तार-वाद्य यंत्रों के समान अग्रसर होना चाहिए...(नाटकीय कार्य में) गति और लय, संगीत के प्रवाह से मिलती-जुलती होनी चाहिए। क्या कारण है कि संगीतरूपकों के

गायकों ने इस साधारण से सत्य को ग्रहण नहीं किया है? उनमें से अधिकांश एक लय और एक विशेष गति में गाते हैं, दूसरी में चलते हैं, तीसरी में अपने हाथों को चलाते हैं और चौथी लय में अपनी भावनाओं को जीते हैं। क्या इस असंतुलन के रहते उस सामंजस्य की सृष्टि हो सकती है, जिसके बिना न तो संगीत-रचना संभव है और न उसकी आधारभूत व्यवस्था? संगीत, गायन, शब्दों के उच्चारण और कार्य-व्यापार में सामंजस्य लाने के लिए मात्र बाहरी भौतिक लय की ही जरूरत नहीं होती, वरन् एक भीतरी आध्यात्मिक लय भी आवश्यक होती है। उसका अनुभव ध्वनियों, शब्दों, क्रियाओं, आंगिक चेष्टाओं, गतिविधियों और पूरी प्रस्तुति में अनुभूत होना चाहिए।''

यह लिखने के बाद उन्होंने संगीत-रूपक के प्रशिक्षणर्थियों के साथ कार्य करते हुए यथासम्भव इसी दिशा में प्रयास किया था।

सन् 1920 में जब वे बायरन के 'केन' पर काम कर रहे थे, तो उन्हें वैसी ही अव्यवस्था देखने को मिली। इस संबंध में सोच-विचार करते हुए उन्होंने लिखा, ''तीन आयामों पर आधारित प्रस्तुति में मेरे लिए यह ज़रूरी हो जाता है कि मैं अभिनेताओं की गतिविधियों पर अपना ध्यान केंद्रित करूं। उसी से मुझे यह स्पष्ट होता है कि हमें सही गति और सही लय के लिए केवल अच्छी वाणी की ही अपेक्षा नहीं होती, वरन् लय के साथ गतिविधियों का तालमेल भी ज़रूरी होता है। यह बात इस ओर भी संकेत करती है कि कुछ विशेष नियम हमारा मार्गदर्शन कर सकते हैं।''

इस जानकारी से वे अनुसंधानों की एक नयी श्रृंखला की ओर अग्रसर हुए। उनका यही चिंतन, मनन और अनुसंधान प्रस्तुत पुस्तक में समाहित है।

स्तानिस्लाव्स्की चरित्र की रचना-प्रक्रिया को उसके भौतिक रूपायन के व्यापार से आरंभ करते हैं। इस संबंध में उन्होंने एक संपूर्ण विधान खड़ा किया है। उनकी निश्चित मान्यता है कि नाट्य-भाषा संगीतात्मक होनी चाहिए। यह संगीतात्मकता चरित्र और उसके हर व्यवहार के साथ बदलती रहनी चाहिए। एक ही व्यक्ति जब अलग-अलग परिस्थितियों में बोलता है तो उसके वाचन का स्वरूप निश्चित रूप से बदल जाना चाहिए। वाचन के संगीतात्मक प्रवाह के साथ रंगमंच की सभी गतिविधियां लयात्मक हो जानी चाहिए; तभी कोई अभिनेता रंगमंच पर अपने चरित्र को भली प्रकार प्रदर्शित कर सकेगा। सफल प्रदर्शन के लिए यह भी आवश्यक है कि अभिनेता का अपनी वाणी और आंगिक चेष्टाओं पर पूर्ण नियंत्रण और अधिकार हो। वाचन में अभिव्यक्त भावों और विचारों तथा आंगिक-चेष्टाओं में समुचित सामंजस्य तभी संभव हो

पायेगा; रंगमंच पर की गयी प्रस्तुति तभी प्रभावपूर्ण हो सकेगी। स्तानिस्लाव्स्की का विश्वास है कि इसी सुव्यवस्थित प्रयास से रंगमंच पर बाहरी और आंतरिक गतिविधियों में सामंजस्य स्थापित किया जा सकता है तथा रंगमंच के सभी व्यापारों को मनोरम बनाया जा सकता है। 'चरित्र की रचना' में उन्होंने इसी प्रक्रिया का वैज्ञानिक और प्रभावपूर्ण विवेचन प्रस्तुत किया है।

स्तानिस्लाव्स्की की इस दूसरी पुस्तक के प्रकाशन में, जिसे मैं 'स्वच्छंद-अनुलेखन' मानता हूं, प्रो. राम गोपाल बजाज ने विशेष रुचि ली है। मैं मन से उनका आभारी हूं। इस पुस्तक की मुद्रण-प्रति तैयार करने में, लब्ध-प्रतिष्ठ नाट्य-समीक्षक महेश आनंद तथा कवि-अनुवादक सुरेश धींगड़ा ने विशेष परिश्रम किया है। इनके सहयोग के बिना शायद इस पुस्तक का प्रकाशन संभव न होता। इन दोनों ही को पूरे मन से मेरी शुभकामनाएं। प्रो. देवेंद्र राज अंकुर ने इसके प्रकाशन में विशेष रुचि ली है। मैं सबके मंगलमय भविष्य की कामना करता हूं। सर्वेशचंद्र शर्मा ने इस पुस्तक के लेखन में मेरे दाहिने हाथ की भूमिका निभायी है। उन्हें शुभाशीष।

29 अप्रैल, 2001 **विश्वनाथ मिश्र**

मेरा अस्सीवां जन्मदिन 47/4, कबीर नगर, क्ले स्क्वायर, लखनऊ

…महान कला क्या अभिनय की किसी
प्रणाली को सीखने मात्र से
अथवा बाहरी तकनीकों के प्रयोग से
प्राप्त की जा सकती है?
…स्पष्ट उत्तर है, 'नहीं'।
यह तो सच्ची रचनाशीलता है और
वह रंगमंचीय भावनाओं से नहीं,
वरन् भीतर से मानवीय चेतना से आती है।
…अभिनेताओं को इसी लक्ष्य की ओर
बढ़ने की कोशिश करनी चाहिए।

1

भौतिक चरित्र-चित्रण की ओर

स्तानिस्लाव्स्की ने अपनी नवीन अभिनय पद्धति के प्रचार-प्रसार के लिए जिस पाठ्यक्रम की रचना की, उसके पहले वर्ष के लिए उन्होंने 'अभिनेता अपने को भीतर से कैसे तैयार करे' विषय पर पुस्तक लिखी थी। उससे आगे पढ़ने पर दूसरे वर्ष के लिए उन्होंने 'अभिनेता अपने को बाह्य रूप से कैसे समर्थ बनाए', पाठ्यक्रम सुनिश्चित किया था। अभिनय के इसी स्वरूप की विवेचना उनकी दूसरी पुस्तक 'चरित्र की रचना' में मिलती है। अपनी इस पुस्तक को वे अन्तिम रूप नहीं दे सके। हाशिए पर लिखे उनके सुझावों के आधार पर उसका सम्पादन, उनके महाप्रयाण के बाद हुआ।

अपनी दूसरी पुस्तक का आरम्भ वे 'भौतिक चरित्र-चित्रण की ओर' अध्याय से करते हैं। अपने रंगमंच संस्थान के निदेशक तोर्त्सोव से वे कहते हैं कि मेरे मन में उस प्रक्रिया की समझ तो है कि चरित्र-रचना के आवश्यक तत्त्वों का कैसे अपने भीतर बीजारोपण और फलीभूत होने के लिए सम्पोषण किया जा सकता है। इस मनःव्यापार के लिए प्रशिक्षण के विधान की भी मुझे जानकारी है, लेकिन अभी इस सम्बन्ध में मैं बहुत स्पष्ट नहीं हूं कि चरित्र के भौतिक स्वरूप की रचना कैसे की जाए। यह इसलिए कि अगर हम अपने शरीर, अपनी वाणी, बोलने के ढंग, चलने-फिरने की रीति एवं अन्य गतिविधियों के प्रयोग को नहीं समझते, अगर हम चरित्र-चित्रण के ऐसे स्वरूप की खोज नहीं करते जो बिम्ब के सर्वथा अनुरूप हो, तो हम सम्भवतः उसकी अन्तश्चेतना एवं जीवन्त आत्मा को दूसरों तक नहीं पहुंचा सकते।

तोर्त्सोव ने कहा, "हां, बिना बाहरी रूपायन के न तो तुम्हारा आन्तरिक चरित्र-चित्रण और न (तुम्हारी) भूमिका के बिम्ब की अन्तश्चेतना दर्शकों तक पहुंच पाएगी। बाहरी चरित्र-चित्रण (चरित्र विशेष की अन्तश्चेतना को) व्याख्यायित और उदाहरण के रूप में प्रस्तुत करता है और उसके माध्यम से तुम्हारे दर्शकों तक तुम्हारी भूमिका के आन्तरिक स्वरूप को पहुंचाता है।"

कोस्त्या ने यह सुनकर पूछा कि इस बाहरी और भौतिक चरित्र-विधान को कैसे प्राप्त किया जा सकता है?

तोर्त्सोव ने समझाते हुए कहा कि सही आन्तरिक मूल्य स्थापित हो जाने पर प्रायः समर्थ अभिनेताओं में चरित्र के अपेक्षित भौतिक स्वरूप का रूपायन अपने आप सम्पन्न हो जाता है। स्तानिस्लाव्स्की की आत्मकथा में ऐसे अनेक उदाहरण देखने को मिलते हैं। लेकिन सवाल उठता है कि अगर हम इतने भाग्यशाली नहीं हैं कि यह संयोग सहज रूप में उत्पन्न हो जाए, तब क्या किया जाए?

तोर्त्सोव ने इस सन्दर्भ में अपने तथा अन्य अनेक वरिष्ठ अभिनेताओं के अनुभव सुनाते हुए कहा कि चरित्र-चित्रण का बाह्य स्वरूप अन्तःप्रेरणा से और विशुद्ध रूप से तकनीकी, यान्त्रिक और सहज बाहरी युक्तियों के माध्यम से ही प्राप्त किया जा सकता है। इससे यह सवाल उठा कि उस उचित तकनीक या यान्त्रिक विधि को कैसे प्राप्त किया जाए? क्या यह कोई ऐसी वस्तु है, जिसे सीखा जा सकता है, जिसकी कल्पना की जा सकती है, ज़िन्दगी से लिया जा सकता है, अथवा पुस्तकों से शरीर-विज्ञान के अध्ययन से उसे आकस्मिक रूप से प्राप्त किया जा सकता है?

तोर्त्सोव ने स्पष्ट करते हुए कहा कि यह लक्ष्य इन सभी रीतियों से प्राप्त किया जा सकता है। हर व्यक्ति एक बाहरी चरित्र-विधान को स्वयं से, दूसरों से, वास्तविक या काल्पनिक जीवन से, अपनी अन्तःप्रेरणा से, अपने और दूसरों के अवलोकन से ग्रहण करता है। वह उसे अपने जीवन के अनुभव अथवा अपने मित्रों, चित्रों, मूर्तियों, पुस्तकों, कहानियों, उपन्यासों अथवा कुछ सहज रचनाओं से ग्रहण करता है। आधार से कोई अन्तर नहीं पड़ता। शर्त केवल यह है कि यह बाहरी खोज करते समय वह अपनी आन्तरिक अस्मिता को न खोए।

अपनी बात को व्यावहारिक रूप देने के लिए तोर्त्सोव ने प्रत्येक छात्र को एक बाह्य चरित्र-विधान तैयार करके धारण करने का निर्देश दिया।

उनके इस आदेश को सुनकर पहले कुछ विद्यार्थी घबरा गए, लेकिन फिर विचार-विमर्श करके हरेक ने स्वयं को किसी न किसी रूप में रूपायित करने का निश्चय किया। केवल ग्रीशा ही अपने स्वभाव के अनुसार निष्क्रिय और उपराम बैठा रहा।

2

अभिनेताओं द्वारा वस्त्र-धारण

निर्देशक तोर्त्सोव दूसरे दिन अपने छात्रों को परिधान कक्ष में ले गए। उस रंग-संस्थान में दो परिधान-कक्ष थे—एक तो द्वार-कक्ष के ऊपर और दूसरा सभागार के नीचे के तहखाने में। कुछ छात्रों ने तो अलमारियां खोले जाने पर उनमें से अपने लिए अपनी रुचि के अनुरूप वेशभूषा की सामग्री का चुनाव कर लिया, केवल सोन्या और कोस्त्या ही कुछ सोच-विचार करते रहे। सोन्या ने भी जल्दी ही अपने लिए कुछ तड़क-भड़क वाले कपड़े उठा लिये। कोस्त्या ने सोचने-विचारने में बड़ा समय लिया। पहले उसने अपने लिए सुबह पहने जाने वाला एक पुराना और बड़ा ही साधारण-सा कोट चुना। उस मटमैले, बदरंग, धब्बों से भरे पुराने कोट को पहनकर कोई भी भूत-सा लगता। फिर वह उसके साथ पहने जाने वाले विग, हैट, दस्तानों, जूतों के बारे में सोचता रहा, लेकिन वह यह निश्चिय नहीं कर पाया कि उस कोट में वह लगेगा क्या!

यह सोच-विचार अनेक दिनों तक चलता रहा। वह काफ़ी समय तक कपड़े पहनता और बदलता रहा, और उसने अनेक प्रकार की रूप-रचना भी धारण की। अन्ततः उसने वही पुराना कोट चुना। अपने एक पैर को वह एक विशेष मोड़ देकर बड़े बेढंगे तरीके से भी चलने लगा। तब वह सोचने लगा कि मैं अब कौन हूं। उस भूमिका को पूरा करने के लिए उसने पंख से बनी कलम भी मांग ली। मिल जाने पर उसने उसे अपने कान के नीचे उसी तरह खोंस लिया, जैसे कि आपने अपने यहां के सेठों के यहां लेखा-जोखा करने वाले कर्मचारियों को खोंसे देखा होगा। पंख से बनी कलम के मिलते-न मिलते सहायक निदेशक रख़्मानव वहां आ गए। उन्हें यह तो लगा कि यह कोस्त्या है, लेकिन कौन-सी भूमिका में है, यह वे नहीं समझ पाए। उन्होंने पूछा कि तुम कौन हो? जवाब मिला, "आलोचक!" उन्होंने जानना चाहा, "कैसा आलोचक?"

जवाब मिला, "कैसा आलोचक? वह जो केवल दोष देखता है, जो कोस्त्या के भीतर रहता है। वह इसलिए उसके भीतर रहता है कि वह उसके साथ छेड़छाड़ करे, वह उससे बड़े आनन्द का अनुभव करता है। यही तो उसके अस्तित्व का मतलब है।"

रख़्मानव यह तय नहीं कर पाए कि क्या कहा जाए। वे बड़े ही अव्यवस्थित थे। उसी मनोदशा में उन्होंने कहा, "चलो, चलें।" और कोस्त्या भी उनके साथ चल दिया।

कोस्त्या जब रंगमंच पर पहुंचा तो तोर्त्सोव अपने छात्रों के साथ प्रदर्शन में व्यस्त थे। कोस्त्या उनकी नज़र से बचने के लिए टाइल की बड़ी-सी अंगीठी के पीछे छिपकर बैठ गया। तोर्त्सोव की नज़र फिर भी उस पर पड़ गई। क्षणभर को उन्हें लगा कि वह कोस्त्या है, लेकिन जल्दी ही उन्होंने अपनी अनभिज्ञता प्रकट की। उन्होंने तभी पूछा, "तुम कौन हो?" उत्तर मिला, "मैं आलोचक हूं।"

तोर्त्सोव ने कुछ आश्चर्यचकित होकर कहा, "आलोचक?"

कोस्त्या ने बड़ी लड़खड़ाती जबान में कहा, "आलोचक, लेकिन बड़ी ही हीन मनोवृत्ति का। पंख से बनी इस कलम को देखते हो? मैंने इसे बीच में इस तरह से चबा लिया है कि इसमें दरारें पड़ गई हैं...मैं क्रोधित हूं। मैं इसे बीच में ऐसे काटता हूं कि इसमें दरार पड़ जाती हैं, और यह हिल उठती है।"

तोर्त्सोव ने कोस्त्या को फ़्लड लाइट के पास बुलाकर पूछा कि तुम कैसे और किसके आलोचक हो।

"उस व्यक्ति का आलोचक हूं जिसके साथ मैं रहता हूं।"

"वह कौन है?"

"कोस्त्या।"

तोर्त्सोव ने जानना चाहा, "क्या तुमने उसकी खाल ओढ़ ली है?"

"हां, अवश्य!"

"किसने तुम्हें यह करने दिया?"

"उसी ने।"

कोस्त्या यह सुनकर बड़े ज़ोर से हंसा, इतना कि उसका दम घुटने लगा। तभी उसके मन में खुद को नियन्त्रित करने का विचार आया ताकि बात को आगे बढ़ा सके।

"उसी ने?"

"उसी ने। अभिनेता को तारीफ़ करने वाले लोग अच्छे लगते हैं। लेकिन किसी आलोचक को...!"

"तुम किसकी आलोचना कर सकते हो? तुम और कुछ नहीं, बस एक अनजान व्यक्ति हो।"

"अनजान व्यक्ति ही ऐसे होते हैं, जो दूसरों की बहुत अधिक आलोचना करते हैं।"

तोर्त्सोव ने टिप्पणी की कि तुम कुछ भी नहीं सतझते और न तुम्हें किसी काम का सलीका आता है।

"यही तो वह व्यक्ति है जो वस्तुतः कुछ नहीं जानता है, लेकिन दूसरों को पढ़ाता है।"

"यह सही नहीं है कि तुम आलोचक हो...तुम मात्र द्रोषों को देखते हो! जोंक, जूं! तुम्हारा काटना खतरनाक तो नहीं है, लेकिन वह जीना दूभर कर देता है।"

"मैं तुम्हारे साथ चिपक जाऊंगा...धीरे-धीरे तुम्हें काटूंगा...बड़ी ही बेदर्दी से।"

"तुम कीड़े हो।"

"प्रिय, बातचीत का यह कैसा तरीका है? तुममें नियन्त्रण का कितना अभाव है!"

"तुम निहायत गन्दे कीड़े हो।"

"ठीक, बिल्कुल ठीक कहा आपने। लेकिन आप जोंक को अपने (शरीर) से नोंच नहीं सकते। जहां जोंक होती है, वहां एक झील होती है...और झीलों में और अधिक जोंकें होती हैं...तुम अपने को उनसे छुड़ा नहीं सकते हो...मुझसे भी।"

क्षणभर की हिचकिचाहट के बाद तोर्त्सोव अचानक फ़्लड लाइट के इस पार आ गए और बड़े प्यार से कोत्स्या को अपने से चिपटाते हुए उसके बढ़िया प्रदर्शन की तारीफ़ करते रहे।

यह सुनने के बाद तोर्त्सोव ने अपने रूमाल से उस ग्रीस-पेन्ट को हटाने की कोशिश छोड़ दी, लेकिन उनके चेहरे पर प्रशंसा का स्पष्ट भाव झलक आया।

तोर्त्सोव के मुख की इस भाव-भंगिमा को पढ़कर कोस्त्या वास्तव में प्रसन्न हो उठा, लेकिन उसकी यह प्रसन्नता और संतोष की भावनाएं साधारण नहीं थीं। यह प्रसन्नता का भाव सीधे रचनात्मक और कलात्मक उपलब्धि

को लेकर उत्पन्न हुआ था। कोत्स्या ने अपनी इस मनोदशा का विश्लेषण करते हुए कहा था, "मैं प्रसन्न था क्योंकि मैंने यह भली प्रकार अनुभव कर लिया था कि कैसे किसी अन्य व्यक्ति की ज़िन्दगी जी जा सकती है। अपने को चरित्र विशेष में समाहित कर देने का क्या मतलब होता है।"

यह एक अभिनेता की सबसे बड़ी विशेषता होती है।

कोत्स्या के साथ यह मनःस्थिति बहुत समय तक बनी रही थी। जब वह नहा रहा था तो उसे लगा कि जब वह आलोचक की भूमिका कर रहा था, तब भी उसने अपनी आत्म-चेतना को नहीं खोया था। कारण यह था कि जब वह अभिनय कर रहा था, अपने रूपान्तरण को जैसे-जैसे देख रहा था, वैसे-वैसे अपने को असाधारण रूप से प्रसन्न अनुभव कर रहा था। वास्तव में दोष-द्रष्टा आलोचक के व्यक्तित्व की भूमिका करते समय उसके व्यक्तित्व का दूसरा भाग स्वयं अपने व्यवहार का अवलोकन कर रहा था। यह सोचते हुए उसे लगा कि आलोचक का स्वरूप उसका अपना भाग नहीं था। उसने अपनी प्रकृति से उसे प्राप्त किया था। उसे यह लगा था कि जैसे उसने अपने को दो व्यक्तित्वों में बांट लिया है। एक तो अभिनेता के रूप में चलता रहा और दूसरा आलोचक हो गया। इस दोहरी चेतना ने कोई बाधा नहीं खड़ी की थी, वरन् रचनात्मकता को उसने विशेष रूप से प्रोत्साहित किया था और उसे विशेष गति भी प्रदान की थी।

3

चरित्र के विभिन्न रूपायन

1

तोर्त्सोव ने अगले दिन छात्रों के सपरिधान प्रदर्शनों का समीक्षात्मक विश्लेषण किया। उन्होंने पहले सोन्या की ओर मुखातिब होकर कहा, ''यहां बहुत से अभिनेता और विशेष रूप से अभिनेत्रियां हैं, जो अन्य चरित्रों के चित्रण या रूपायन के लिए अपने को तैयार करने की कोई ज़रूरत अनुभव नहीं करते, क्योंकि वे सभी भूमिकाओं को अपनी निज की अभिरुचि के अनुरूप बना लेते हैं। अपनी सारी सफलता को वे अपने इसी गुण से सम्भव बनाते हैं।

''कोई भी वस्तु जो उनके दर्शकों से उनकी अपनी मानवीय, नैसर्गिक, व्यक्तिगत विशेषताओं को छिपा सकती है, वह अभिनेताओं को ख़तरनाक लगती है।

''अगर उनका भव्य स्वरूप जनसाधारण को प्रभावित करता है, तो वे उसका प्रदर्शन करते हैं। अगर उनका सम्मोहन उनकी आंखों, चेहरे, वाणी एवं स्वभाव में निहित होता है, तो दर्शकों के आगे वे उसका विज्ञापन करते हैं।

''तो हम खुद को उस चरित्र में परिवर्तित क्यों करें? अगर हम वास्तविक जीवन की तुलना में किसी चरित्र की भूमिका में कम आकर्षक हैं , तुम खुद सोचो, तुम खुद को उस भूमिका में जितना पसन्द कर रहे हो, वह चरित्र जब तुम्हारे साथ आकर जुड़ जाता है, तो तुम्हें वह उतना अच्छा नहीं लगता। यह तो बड़ी गलत बात है; तुममें सामर्थ्य है, तुम खुद को ही नहीं, अपनी रची भूमिका का भी प्रदर्शन कर सकते हो।

''बहुत से ऐसे अभिनेता हैं जो अपनी सम्मोहन शक्ति पर विश्वास करते हैं और उस पर निर्भर भी करते हैं। अपने दर्शकों के आगे वे उसी का प्रदर्शन करते हैं...उन्हें विश्वास होता है कि उनका आकर्षण उनकी अपनी भावनाओं की गहराई में और उस स्नायविक सघनता में निहित है जिसमें वे भावनाओं

को अनुभव करते हैं। वे प्रत्येक अभिनय-अंश का प्रदर्शन उसी पर आधारित करते हुए अपनी सुदृढ़तम नैसर्गिक विशेषताओं से युक्त करते हैं।"

तोर्त्सोव के अनुसार इस मनोवृत्ति के अभिनेता वेशभूषा और रूप-रचना की चिन्ता नहीं करते और उन्हें अपने प्रदर्शन की बाधा के रूप में देखते हैं। उनका यह व्यवहार भी उनकी बहुत बड़ी भूल है और उन्हें अपने को उससे मुक्त रखना चाहिए। उन्हें भूमिका से प्यार करना सीखना चाहिए क्योंकि उनमें निर्माण की रचनात्मक सामर्थ्य है।

तोर्त्सोव ने एक अन्य प्रकार के अभिनेताओं की विशेषताओं का भी निरूपण किया है : "ये अभिनेता अपनी मौलिक रीतियों से जनसाधारण को पकड़े रहते हैं। अपनी भली-भांति गढ़ी गई अभिनय की विभिन्न युक्तियों के माध्यम से वे रंगमंच पर अपने दर्शकों के आगे पूरी तरह से प्रदर्शन के उद्देश्य को लेकर ही उतरते हैं। वे अन्य चरित्रों में रूपान्तरित करने की चिन्ता क्यों करें, यदि उससे उन्हें निज की ऊर्जा को प्रकट करने के अवसर नहीं मिलता?"

इसके बाद उन्होंने अभिनेताओं के तीसरे प्रकार की चर्चा की : "ये तीसरे प्रकार के अभिनेता अपने चारों ओर देखने की और उससे कुछ ग्रहण करने की कोशिश नहीं करते। उनकी गणना वास्तव में अभिनेताओं में की ही नहीं जानी चाहिए। ये तथाकथित अभिनेता अपनी तकनीक और युक्तियों के प्रयोग में सबल होते हैं, लेकिन वे उन्हें अपना बनाने की कोशिश नहीं करते। उन्हें वे अन्य कालों एवं देशों के अभिनेताओं से ग्रहण कर लेते हैं। उनके चरित्र-चित्रण अत्यधिक पारम्परिक और रूढ़ियों पर आधारित होते हैं। वे यह जानते हैं कि हर भूमिका किस प्रकार विश्व में परिव्याप्त रंगमण्डल की प्रवृत्तियों को लेकर प्रदर्शित की जा सकती है। इन अभिनेताओं के लिए सभी भूमिकाएं सदा के लिए स्वीकृत स्टैन्सिलों से निर्मित होती हैं। अगर ऐसा न होता तो साल के 365 दिनों केवल एक साधारण पूर्वाभ्यास के आधार पर ही हरेक को प्रदर्शित न कर पाते, जैसा कि कुछ प्रान्तीय शहरों में होता रहता है।"

तोर्त्सोव रंगकर्मियों को इस ख़तरनाक रास्ते पर चलने के ख़तरों से सावधान करते हैं।

अभिनय की इसी प्रणाली के सन्दर्भ में उन्होंने यह भी समझाया कि यह सोचना बहुत बड़ी भूल होगी कि रूप-रचना और वस्त्राभरणों के बड़ी सावधानी के साथ चयन से कोई अपने को भीतर से बदल सकता है। अपने

को इस प्रकार बदल लेने पर भी अभिनेता वास्तव में वह जितना शोभन या अशोभन होता है वैसे ही बना रहता है। वह मात्र एक बाहरी रूप ग्रहण कर लेता है। एक नया बना-बनाया आचार-व्यवहार उसे मिल जाता है। अगर नाटक ऐतिहासिक है, तो वह उसके युग की वेशभूषा धारण कर लेता है, अगर नाटक आधुनिक है तो आधुनिक परिधान पहन लेता है। अभिनेता चाहे कैसी ही रूप-रचना ग्रहण कर ले, कपड़े पहने ले, या व्यवहार करने लगे, रंगमंच पर वह वही बना रहता है जो वह वास्तव में है। होता यह है कि सभी रीतियां जो वह अपनाता है वे उसे और भी अधिक अपने समीप ले जाती हैं।

तोर्त्सोव ने अभिनय की इसी प्रणाली को स्पष्ट करते हुए कहा था, "तुम यह सोच सकते हो कि आंगिक चेष्टाएं, तुम्हारा चलने का ढंग और बातचीत करने की प्रणाली तुम्हारी अपनी है। लेकिन ऐसा है नहीं। वे सार्वभौमिक हैं—अभिनेताओं द्वारा लौह-आवरण में ढाली गई सामान्य व्यावहारिकताएं—जिन्होंने कला को व्यवसाय में बदल लिया है। अब अगर तुम्हें कभी लगे कि तुम्हें खुद को किसी ऐसे रूप में प्रदर्शित करना है, जिसे हमने कभी रंगमंच पर देखा नहीं है, अगर तुम अपने को वैसा ही दिखा सको, जैसे कि तुम वास्तव में हो—अभिनेता ग्रीशा, गोगोलकोव नहीं वरन् मनुष्य—तो बड़ा ही विलक्षण होगा, क्योंकि वास्तविक मनुष्य जो तुम हो, वह (तुम्हारे) अभिनेता से कहीं अधिक रोचक और प्रतिभा-सम्पन्न है, हमें उसे देखने दो, क्योंकि अभिनेता गोगोलकोव तो वह व्यक्ति है, जिसे हमने जीवनभर सभी रंगमंचों पर देखा है।

"मेरा यह विश्वास है कि यह ग्रीशा नाम का मनुष्य चरित्र अभिनेताओं की एक पूरी पीढ़ी का जनक होगा। लेकिन अभिनेता ग्रीशा कुछ भी प्रदर्शित नहीं करेगा, क्योंकि रंगमंच पर रबर की मुहर की तरह काम करना आश्चर्यजनक रूप से सीमित और भीतर तक घिसा-पिटा है।"

ग्रीशा के बाद तोर्त्सोव ने वान्या के अभिनय की समीक्षा करते हुए कहा, "तुम्हारी अतिरेकपूर्ण अभिनय-प्रणाली ने तुम्हें अपने मूल में अधिक दृढ़ता के साथ उपस्थित किया है। यह प्रस्तुतीकरण केवल तुम्हारा था और किसी भी बिन्दु पर उसने उस बूढ़े आदमी को प्रतिबिम्बित नहीं किया जिसे तुम रूपायित करना चाहते थे।"

स्तानिस्लाव्स्की की दृष्टि में इस प्रकार का चरित्र-चित्रण वास्तविक रूपान्तरण नहीं होता। वह अभिनेता के साथ मात्र धोखा होता है और चरित्र को विकृत करने का कारण बनता है। यह ऐसी वस्तुस्थिति है जो रंगमंच

पर कभी घटित नहीं होनी चाहिए। अभिनय का वास्तविक स्वरूप तो वह होता है, जब अभिनेता अपने को पूरी तरह से मूल-चरित्र के स्वरूप में समाहित कर देता है। इसे ही वास्तव में वास्तविक चरित्र-चित्रण कहा जाता है।

2

उन अभिनेताओं की चर्चा करने के बाद जो भूमिका के ऐसे चरित्र-चित्रण से बचना चाहते हैं, जिसके लिए अपने व्यक्तित्व को पूर्णतः बदल देने की अपेक्षा होती है, तोर्त्सोव ने उन अभिनेताओं के सम्बन्ध में बातचीत की जो ठीक इसके विपरीत अनेक कारणों से पूरी तरह से चरित्र-चित्रण की दिशा में प्रयत्नशील होते हैं। तोर्त्सोव के अनुसार वे यह इसलिए करते हैं क्योंकि उन्हें मालूम होता है कि वे देखने में असाधारण नहीं हैं और उनमें अपनी भीतरी या बाहरी क्षमताओं के माध्यम से दर्शकों को भाव-विभोर कर देने की सामर्थ्य नहीं है। निश्चय ही व्यक्ति के रूप में उनके व्यक्तित्व नाटकीय नहीं होते और यह बात उन्हें मजबूर करती है कि वे खुद को किसी चरित्र-विधान में छिपाएं और जो आकर्षण उनमें नहीं है, उसे स्वयं में खोजने की कोशिश करें।

इस अवस्था की सम्प्राप्ति के लिए उन्हें अत्यधिक परिमार्जित तकनीक और एक बड़े ही उच्च स्तर की कला-चेतना की अपेक्षा होती है। दुर्भाग्य से यह विलक्षण और मूल्यवान प्रतिभा बड़े ही विरल रूप में मिलती है, फिर भी उसके बिना अभिनेता आसानी से युक्तियों और अतिरंजित अभिनय की गलियों में भटक जाता है।

चरित्र की रचना के लिए सही और ग़लत रास्तों की पहचान के लिए स्तानिस्लाव्स्की पहले एक अभिनेता को व्यक्तित्व की विभिन्न पक्षों की एक संक्षिप्त रूपरेखा प्रस्तुत करते हैं, जिससे हम सामान्यतः परिचित हैं। उनका कहना है कि रंगमंच पर एक चरित्र को सामान्य रूप से रूपायित करना, यथा एक व्यापारी, सैनिक, अभिजात पुरुष, किसान आदि, आसान है। उदाहरण के लिए एक पेशेवर सैनिक सामान्य रूप में दृढ़ता से सीधा खड़ा होता है, सामान्य रूप में चलने के स्थान पर प्रभावपूर्ण रूप में अभिमान की मुद्रा ग्रहण करता है, प्रदर्शन के लिए अपने कंधों को हिलाता-डुलाता है। अपनी एड़ियों को बड़े प्रभावपूर्ण रूप में मिलाता है, स्वभावतः ऊंची आवाज़ में बोलता है। एक किसान थूकता है और रूमाल का इस्तेमाल किए बिना अपनी नाक साफ़ करता है, बेढंगे तरीके से चलता है और असम्बन्धित वाणी में बोलता है, आदि। एक सम्भ्रान्त व्यक्ति हमेशा एक ऊंची टोपी लगाकर चलता है, दस्ताने पहनता

है, अत्यन्त प्रभावपूर्ण वाणी में बोलता है, अपनी घड़ी की चेन से खेलना पसन्द करता है, आदि। ये सभी ऐसी सामान्य युक्तियां हैं, जिनसे ये चरित्र रूपायित हो जाते हैं। ये युक्तियां ज़िन्दगी से ली जाती हैं। ये यथार्थतः प्रचलित होती हैं, लेकिन इनमें चरित्र की मूल भावना नहीं मिलती और न इनमें वैयक्तिकता होती है।

उनका यह भी मानना था कि वास्या और लियो ने कुछ ऐसे ही प्रदर्शन किए थे। इन दोनों के ही प्रदर्शन बड़े पारम्परिक, जीवनरहित और घिसे-पिटे थे। अधिकांश नाट्य-मण्डपों में अभिनेता ऐसा ही करते हैं। ये जीवन्त लोग नहीं होते, मात्र रीतिबद्ध आकृतियां होती हैं।

तोर्त्सोव ने एक अन्य प्रकार के अभिनेताओं की चर्चा भी की है, जिनमें निरीक्षण की तीक्ष्ण सामर्थ्य होती है, जिससे वे बंधी-बंधाई सामान्य श्रेणियों में अपने भेद-प्रभेदों का चयन कर लेते हैं। वे सेना के व्यक्तिगों में एक सामान्य सदस्य, सुरक्षा के प्रहरियों, पदातिकों, घुड़सवारों, अधिकारियों और उच्च पदस्थ अधिकारियों में अन्तर कर लेते हैं। इसी प्रकार के अन्तर वे व्यापारियों, अभिजात वर्ग के लोगों तथा अन्य प्रकार के मानव-समुदाय के बीच भी खोज लेते हैं। इन विभिन्न समुदायों के प्रतिनिधियों को वे उनके व्यक्तिगत स्तर के अनुरूप विशेषताएं प्रदान करते हैं।

अभिनेताओं की एक तीसरी श्रेणी भी उन्होंने स्वीकार की है जिनमें सूक्ष्म-निरीक्षण की सामर्थ्य उच्च स्तर की होती है। अभिनेता के इस प्रकार को समझाने के लिए उन्होंने कहा है कि वे इवानोव नाम के एक सैनिक को जानते हैं, जिसकी विशेषताएं किसी अन्य सैनिक में देखने को नहीं मिलतीं। ऐसा व्यक्ति निस्सन्देह सामान्य रूप में सैनिक ही होता है लेकिन वह सुनिश्चित रूप से एक सामान्य सैनिक होने के साथ-साथ अपने व्यक्तिगत नाम के साथ कुछ अलग विशेषताएं रखता है। उन्होंने कहा है कि इस प्रकार के व्यक्तित्व के रूपायन में केवल कोस्त्या को ही सफलता मिली है। उसने बड़ी ही सबल कलात्मक संरचना उपस्थित की थी। यह कैसे सम्भव हुआ, यह समझाने के लिए उन्होंने स्वयं कोस्त्या से अपनी प्रक्रिया की विवेचना के लिए कहा था।

कोस्त्या ने आदेशानुसार आलोचक के रूप में अपने विकास का पूरा इतिहास सुनाया था। तोर्त्सोव ने उसके बाद कहा था कि तुम यह याद करके बताओ कि तुमने जब अपने को उस आलोचक की मुद्रा में पूरी तरह से जमा लिया था तो कैसा लगा था?

कोस्त्या ने उत्तर में कहा था कि मैंने अपने को पूर्णतः सन्तुष्ट अनुभव किया। अपने उस समय के मनोविज्ञान को स्पष्ट करते हुए उसने कहा था कि सबसे पहले मैं जो कुछ कर रहा था और जैसा कुछ मुझे लग रहा था, उसकी सच्चाई पर पूरी तरह से और ईमानदारी के साथ विश्वास किया था। फलस्वरूप उसमें अपने प्रति और जिस बिम्ब का मैंने निर्माण किया था, उसकी सच्चाई में, उसके कार्यों के प्रति निष्ठा में आत्मविश्वास उत्पन्न हुआ था। यह आत्मविश्वास, अपने में खोए व्यक्ति का आत्मचेतना से परिपूर्ण अभिनेता का आत्मविश्वास नहीं था; यह बिल्कुल ही अलग ढंग का था--अपनी ईमानदारी के प्रति निष्ठा के समान।

कोस्त्या ने इसके बाद अपनी उस मनोदशा को और भी स्पष्ट करने के लिए तोर्त्सोव से कहा था, "ज़रा सोचिए, मैंने आपके सम्बन्ध में कैसा व्यवहार किया था? मुझमें आपके प्रति बड़े आदर और श्रद्धा की भावना है। सामान्य जीवन में मैं आपके सामने स्वच्छन्दता के साथ बात करने का साहस नहीं कर पाता। मैं यह भूल नहीं सकता कि मैं निर्देशक से बातचीत कर रहा हूं।...लेकिन जैसे ही मैंने दूसरे व्यक्ति के शरीर में प्रवेश किया, आपके प्रति मेरा दृष्टिकोण मूलतः बदल गया। मुझे यह भी लगा कि मैं आपसे नहीं, वरन् पूरी तरह से किसी और व्यक्ति से बात कर रहा हूं जिसे आप तथा मैं दोनों ही देख रहे हैं। यही कारण है कि मेरे साथ आपकी निकटता ने मेरे भीतर पैठती हुई आपकी दृष्टि ने भी मेरे मन में किसी प्रकार की घबराहट नहीं पैदा की थी, बल्कि इसके बदले उसने मुझे उत्तेजित किया था। मैंने बड़े आनन्द के साथ आपके चेहरे को पूरी कठोरता के साथ देखा था और उसी समय यह भी अनुभव किया था कि मुझे निडर होकर यह करने का अधिकार है, फिर भी क्या आप विश्वास करते हैं कि अपनी व्यक्तिगत चेतना के साथ मैंने कभी यह सब किया होता? किसी भी परिस्थिति में नहीं! एक अन्य व्यक्ति के शरीर में मैंने जितना चाहा, उतनी दूर गया; और अगर आपके श्रीमुख के सामने मैं यह करने का साहस कर सका, तो फ़्लड लाइट के उस पार के दर्शकों के साथ उसी प्रकार व्यवहार करने में मुझे कोई परेशानी नहीं होगी।"

तोर्त्सोव ने इसके बाद यह जानना चाहा था कि रंगपीठ के मेहराब के काले खोल में प्रवेश के अनन्तर उसे क्या लगा था? उसने जवाब में कहा था कि मैंने उसकी ओर ध्यान ही नहीं दिया था; किसी और भी अधिक रोचक वस्तु ने व्यक्तित्व को अपने में पूर्णतः समाहित कर लिया था।

इस वार्तालाप का समाहार करते हुए तोर्त्सोव ने विचार व्यक्त किया था कि उन लोगों में कोस्त्या वास्तव में एक विवादी आलोचक के जीवन को जी रहा था। यह स्पष्ट है कि कोई व्यक्ति किसी अन्य चरित्र के भीतर होते समय भी निजी भावनाओं, संवेदनाओं और अन्तःवृत्तियों का प्रयोग कर सकता है, जैसे कोस्त्या ने सम्भव कर दिखाया।

अब सवाल उठता है कि "क्या वह एक स्वरचित मुद्रा के मुखौटे को धारण किए बिना उन्हीं भावनाओं का प्रदर्शन कर सकता है? शायद उसकी चेतना में गहरे वे बीज हैं जिससे एक और अरुचिकर व्यक्तित्व उत्पन्न हो सकता है। मान लो हम उससे यहां और अभी बिना किसी रूप-रचना और वेशभूषा के उसे प्रदर्शित करने के लिए कहें। क्या आप यह सोचते हैं कि वह यह करने का साहस कर सकेगा?"

उस चुनौती को स्वीकार करते हुए कोस्त्या ने कहा, "क्यों नहीं? क्या मैंने बिना किसी रूप-रचना के इस भूमिका को प्रदर्शित करने का साहस नहीं किया है?"

तोर्त्सोव ने इस वस्तुस्थिति को स्पष्ट करते हुए कहा था कि मुख की समुचित भाव-भंगिमा, आंगिक चेष्टाएं और चलने के ढंग अपना के बावजूद यह सब एक प्रकार से रूप-रचना के बराबर ही है, लेकिन यह इतना महत्त्वपूर्ण नहीं है। बिना रूप-रचना के भी मुखौटा पैदा किया जा सकता है। उसके बाद उन्होंने कोस्त्या से कहा था कि अब मैं चाहता हूं कि तुम अपनी निजी प्रवृत्तियों का प्रदर्शन करो, वे अच्छी-बुरी कैसी भी हों, लेकिन वे तुम्हारी अन्तर्निहित प्रवृत्तियां होनी चाहिए; और यह सब वह अपनी व्यक्तिगत चेतना के साथ, किसी बिम्ब या स्वरूप में अपने को छिपाए हुए करो।

कोस्त्या ने स्वीकार किया कि यह करने में उसे बड़ी शर्म आएगी। तोर्त्सोव ने तब पूछा था कि क्या तुम्हें खुद को किसी चरित्र के बिम्ब-विधान के पीछे छिपा लेने पर भी ऐसी अड़चन का अनुभव होगा? कोस्त्या को लगा कि ऐसी स्थिति में अपेक्षित बात को पूरा करना सम्भव होगा।

तोर्त्सोव ने तब बड़ी प्रसन्नता के साथ अपने छात्रों से पूछा था कि क्या तुम इसे देख-समझ रहे हो? मुख की मुद्राओं के प्रदर्शन के समय कुछ ऐसा ही हुआ था। हमने देखा था कि कैसे एक सौम्य प्रवृत्ति का नवयुवक जो मुश्किल से किसी युवती से कर पाता है, अचानक बड़ा उद्धत हो उठता है और एक मुखौटे के पीछे से अपनी अत्यधिक अन्तर्निहित रहस्यमय प्रवृत्तियों और विशेषताओं का उद्घाटन करने लगता है—ऐसी वस्तुओं का जिन्हें वह

सामान्य जीवन में स्वप्न में भी दबी जबान में कहने का भी साहस नहीं कर पाएगा।

उसमें इतनी हिम्मत कैसे आ गई है? उस मुखौटे और परिधान के कारण, जिनके पीछे वह छिपा हुआ है? अपने निजी स्वरूप में वह उन शब्दों को बोलने का साहस नहीं करेगा, जो वह दूसरे चरित्र के रूप में कह रहा है क्योंकि वह उसके लिए स्वयं उत्तरदायी है ही नहीं।

"क्या तुम सबने कभी इस ओर ध्यान दिया है कि वे अभिनेता और विशेष रूप से अभिनेत्रियां, जिनकी अपने को अन्य चरित्रों में बदलने की रुचि नहीं होती और जो सदा अपना ही प्रदर्शन करते हैं, खुद को रंगमंच पर सुन्दर, अभिजात, करुणामय और भावनाशील व्यक्तियों के रूप में उपस्थित करना चाहते हैं, और ठीक इसके विपरीत भी होता है कि चरित्र अभिनेता धूर्तों, विकलांग व्यक्तियों, गम्भीर प्रकृति के लोगों के रूप में उपस्थित होना चाहते हैं क्योंकि उन्हें अपने में बिम्ब की अधिक प्रखर रेखाएं, अधिक रंगीन भाव-भंगिमाएं, अधिक साहसिक और अधिक आदर्श बिम्बों का अनुभव होता है—यह सब नाटकीय रूप में बड़ा प्रभावपूर्ण होता है और जनसाधारण की स्मृति में अपनी गहरी छाप छोड़ता है।"

चरित्र-चित्रण जब वास्तविक स्थानान्तरण के साथ होता है, तो वह एक प्रकार का पुनरावतार होता है। यह बहुत बड़ी बात है। रंगमंच पर अभिनेता से बिम्ब-रचना की अपेक्षा की जाती है, दर्शकों के सामने मात्र अपना प्रदर्शन करने की नहीं। रचनात्मक धरातल पर बिम्ब रचना भूमिका में अवतरित होने के लिए अनिवार्य स्थिति है।

तोर्त्सोव अगले दिन वान्या को अपने साथ लाए थे : उसकी आंखें लाल थीं और वह कुछ परेशान-सा लग रहा था। उसकी यह हालत शायद इसलिए थी क्योंकि उससे कुछ परेशान-से बूढ़े की भूमिका करने के लिए कहा गया था। मंच पर आते ही वह लड़खड़ाकर चलने लगा, क्योंकि वह पक्षाघात का मरीज था। उसके इस प्रदर्शन को देखकर तोर्त्सोव ने कहा कि यह अतिरंजित और जानवरों जैसा आचरण है। वान्या तब लड़खड़ाकर चलने लगा जैसे कोई जवान चलता है। तोर्त्सोव के अनुसार वान्या बड़ा आसान रास्ता अपनाते हुए केवल बाहरी रूप का अनुकरण कर रहा था जबकि नकल रचनात्मक कार्य नहीं हुआ करता। उसके लिए यह अध्ययन बेहतर होता कि मनुष्य बुढ़ापे में कैसे व्यवहार करता है। लेकिन इस सम्बन्ध में उसके सामने साफ़ होना चाहिए कि यह खोज उसे स्वयं अपने भीतर अपनी प्रकृति

में करनी है। इसके बाद उन्होंने उसे समझाया था कि बूढ़ा आदमी बदला हुआ व्यवहार इसलिए करता है क्योंकि आयु बढ़ने के साथ-साथ उसके शरीर के लवण कम हो जाते हैं, मांसपेशियां कठोर हो जाती हैं और जोड़ जम जाते हैं। वे ज़ंग लगे हुए लोहे की भांति किरकिराने और चरमराने लगते हैं। इसीलिए उसकी आंगिक चेष्टाएं एकदम सीमित हो जाती हैं। उसके धड़ और सिर का लचीलापन कम हो जाता है। वह मजबूर हो जाता है कि अपनी बड़ी गतिविधियों को छोटे-छोटे टुकड़ों में बांटे और फिर हरेक के लिए उसे तैयारी करनी पड़ती है।

रंगमंच पर बूढ़े की भूमिका में किस प्रकार व्यवहार किया जाए, इसके लिए स्तानिस्लाव्स्की ने कुछ और भी निर्देश दिए हैं। उनका कहना है कि बूढ़े के प्रदर्शन में नाटक की कथावस्तु द्वारा 'प्रदत्त परिस्थितियों' और 'जादुई अगर' दोनों से जुड़कर चलना होगा। अभिनेता के लिए अपनी प्रत्येक गतिविधि को सावधानी से लगातार देखते रहना अनिवार्य स्थिति है।

उन प्रदर्शनों को देखकर तोर्त्सोव और उनके सहयोगी रख़्मानव सन्तुष्ट नहीं हुए। तोर्त्सोव ने उन्हें अपना एक अनुभव सुनाया : उनकी भेंट एक बार एक सौ वर्ष की महिला से हुई थी जो कमरे में ही दौड़ सकती थी, लेकिन इसके लिए उसे पहले कुछ तैयारी करनी पड़ती थी। वह अपने पैरों को पटकती थी, पांवों के अनेक व्यायाम करती थी, फिर छोटे-छोटे कदमों से चलना शुरू करती थी। उस अवस्था में वह इस प्रकार की भावना जगाती थी जैसे कि कोई एक साल का बच्चा अपनी सोच और ध्यान को बहुत केन्द्रित करने के बाद पहला कदम उठाने की तैयारी कर रहा हो। जब उस वृद्धा के पैर कुछ लचीले हो जाते थे और सक्रिय होने लगते थे तो उसमें कुछ ऐसी गतिशीलता आ जाती थी जिसे वह रोक नहीं पाती थी। वह तेज़ और तेज़ चलती थी, जिससे वह दौड़ सके। अपने लक्ष्य तक पहुंचने के पहले उसके लिए रुकना असम्भव हो जाता था।

उनकी यह विवेचना सुनने के बाद फिर सभी बूढ़े का प्रदर्शन करने लगे थे। तोर्त्सोव बीच-बीच में उन्हें समझाते रहे। अन्ततः उन्होंने कहा था, "अगर यौवन के उत्साह से परिपूर्ण अभिनेता, किसी वयोवृद्ध की भूमिका ग्रहण कर लेने पर यह समझ लेता है कि विस्तृत कार्य-व्यापार के विभिन्न कठिन पक्षों को उसे किस प्रकार ग्रहण करना और फिर संभालना चाहिए; अगर वह चेतना के साथ पूरी ईमानदारी से, बिना अतिरंजना का सहारा लिये मूल-चरित्र की सीमाओं में अपने को रखते हुए, वह बूढ़ा नाटक की किन परिस्थितियों के

बीच है यह भली प्रकार समझ लेता है, तब अभिनेता खुद को प्रदत्त परिस्थितियों से मिलती-जुलती अवस्थाओं में रखने में सफल होगा। अगर वह एक बूढ़े व्यक्ति की लय और पैरों की गति को आत्मसात कर लेगा—यदि वह महत्त्वपूर्ण और वास्तविक रूप से विचारणीय को ग्रहण कर लेगा तो वह रंगमंच पर उसे रूपायित कर सकेगा।

बुढ़ापा आ जाने पर 'प्रदत्त परिस्थितियां' कैसी हैं उन्हें खोजना और फिर अपने को उनके अनुरूप बनाना बहुत कठिन है, लेकिन एक बार उन्हें जान लेने पर तकनीक के माध्यम से उन्हें बनाए रखना आसान हो जाता है।

4

शारीरिक अभिव्यंजना

1

रंग-संस्थान के बड़े कमरे को संग्रहालय बनाकर उसे सभागार के रूप में उपयोग में लाने, उसमें दुनिया-भर के उत्कृष्ट चित्रों और मूर्तियों की प्रतिकृतियां रखने, कुछ मूल कृतियां एकत्र करने, वरिष्ठ अभिनेताओं के प्रदर्शन-चित्रों को लगाने आदि की कई दिनों की चर्चा को छात्र-अभिनेताओं के मन में आदर्श-सौन्दर्य-चेतना जगाने के अवसर के रूप में देखा जा रहा था।

यह चर्चा भी चल रही थी कि प्रशिक्षक कुछ गैर-कलात्मक सामग्री का भी प्रदर्शन के लिए संकलन कर रहे हैं। यह सोचा जा रहा है कि उन्हें देखकर छात्र अभिनेता इस प्रकार अरुचिकर प्रदर्शनों से अपने को बचाए रखने की कोशिश करेंगे।

जब उस रहस्यमय कमरे के द्वार खुले, तो संग्रहालय किसी भी दृष्टि से तैयार नहीं था। प्लास्टर की छोटी-बड़ी मूर्तियां, कुछ चित्र और कुछ फ़ोटो चौखटे में सुसंयोजित थे। इनके अतिरिक्त वहां नाट्य-कला, वेशभूषा, दृश्य-योजना, लोकनृत्य, नृत्य की आधुनिक प्रणालियों आदि पर अनेक ग्रन्थ फ़र्श पर फैले हुए थे। एक ओर तलवारें, भाले, छुरे, मुखौटे, बॉक्सिंग के दस्ताने, बैले के स्लीपर तथा व्यायाम का सामान भी था। इस सामान को देखकर छात्रों को लगा कि सम्भवतः उन्हें नाट्यकला की दृष्टि से शारीरिक व्यायाम का भी प्रशिक्षण दिया जाएगा।

दीवार पर एक ओर एक बड़ा सूचना-पट भी लगा था, जिसमें मास्को के सभी संग्रहालयों की सूची थी। उस सूची में कलात्मक अभिरुचि के संग्रहालयों पर पेंसिल से निशान भी लगाए गए थे। छात्रों को लगा था कि सम्भवतः उन्हें इन संग्रहालयों में घुमाया जाएगा। एक ओर कलात्मक अभिरुचि के विषयों की सूची भी थी। रंगमंच की दृष्टि से सम्भवतः उन पर व्याख्यानों का आयोजन किया जाना था।

2

तोर्त्सोव दूसरे दिन अपने साथ एक स्वीडिश व्यायाम विशेषज्ञ को लेकर आए। छात्रों को संग्रहालय के कक्ष में ले जाकर तोर्त्सोव ने बातचीत आरम्भ की : "लोग सामान्यतः यह नहीं जानते कि प्रकृति-प्रदत्त भौतिक उपकरण का कैसे उपयोग किया जाए। वे न तो यह जानते हैं कि कैसे उसे विकसित किया जाए और न यह कि कैसे उसे व्यवस्थित रखा जाए। इसे अपने चारों ओर थुलथुल मांसपेशियां, भावहीन मुद्रा, ढलके हुए वक्षस्थल आदि ही बराबर देखने को मिलते हैं। इनमें अपर्याप्त प्रशिक्षण और इस भौतिक उपकरण के अनुचित प्रयोग की भी झलक मिलती है।"

उन्होंने आगे कहा, "लेकिन हम जब रंगमंच पर क़दम रखते हैं तो अनेक छोटी-छोटी भौतिक कमज़ोरियां तुरन्त ध्यान आकर्षित करती हैं। वहां अभिनेता को हजारों दर्शक ऐसी बारीकी से देखते हैं जैसे कि उसे आतिशी शीशे से (जो सब कुछ को बड़ा कर देता है) देखा जा रहा हो। जब तक किसी विकलांग चरित्र का प्रदर्शन वांछित न हो—वांछित होने पर उसे अपेक्षित स्तर प्रदर्शित करना अनिवार्य होगा—अभिनेता को सहज गतियां करनी चाहिए ताकि जो प्रभाव वह छोड़ता है उसमें वृद्धि हो, उसमें कोई व्यवधान न पड़े। इसके लिए स्वस्थ और गतिशील शरीर होना एक अनिवार्य शर्त है; ऐसा शरीर ही असामान्य नियंत्रण रख सकता है।

"इस कक्षा के आरम्भ से तुम बहुत आगे निकल आए हो। नियमित दैनिक व्यायाम ने केवल उन मांसपेशियों और जोड़ों को, जिनका तुम सामान्य जीवन में प्रयोग करते हो और जिनकी तुम्हें जानकारी तक नहीं है, बड़ा लचीला और फुर्तीला बना दिया है। बिना व्यायाम के सभी मांसपेशियां शिथिल हो जाती हैं। उन्हें फिर से क्रियाशील और स्वस्थ बनाने से हम उन्हें नई गतिविधियां प्रदान करने में समर्थ हुए हैं। नई संवेदनाओं का हमें अनुभव हुआ है और हमने कार्य और अभिव्यंजना की बड़ी सूक्ष्म सम्भावनाएं विकसित की हैं। व्यायाम तुम्हारे भौतिक उपकरण को अधिक गतिशील, लचीला, अभिव्यंजनामय और अधिक संवेदनात्मक बनाता है।"

तोर्त्सोव ने कुछ देर के बाद अपने छात्रों से पूछा था कि क्या तुम्हें सर्कस में भाग लेने वाले व्यक्तियों का शारीरिक विन्यास अच्छा लगता है? जवाब में उन्होंने स्वयं कहा था कि उनके अत्यधिक मजबूत खम्भे और सांड़ के समान कसी हुई मांसपेशियां उन्हें बिल्कुल भी अच्छी नहीं लगतीं। रंगमंच के लिए इस प्रकार के शरीर-विन्यास को उन्होंने सर्वथा अनावश्यक बताया था। रंगमंच

के लिए मज़बूत और सशक्त शरीर की आवश्यकता तो होती है, लेकिन वह अच्छे अनुपातों में विकसित होना चाहिए—भली प्रकार सुव्यवस्थित, लेकिन उसमें किसी प्रकार का स्वाभाविक अतिरेक नहीं होना चाहिए। रंगमंच के लिए जिस व्यायाम की ज़रूरत है वह शरीर को फुलाने वाला नहीं वरन् उसे अच्छा सुरूप प्रदान करने वाला होना चाहिए। उन्होंने स्पष्ट कहा है कि अपने छात्रों को मुझे मज़दूर नहीं, रंगमंच का कुशल कलाकार बनाना है।

तोर्त्सोव ने उसके बाद मूर्तिकला की अपेक्षाओं के अनुरूप अपने छात्रों को शारीरिक प्रशिक्षण प्रदान करने की बात कही है : "जैसे कोई कलाकार छेनी लेकर पत्थर से मूर्तियों की रचना करता है, उसके विभिन्न भागों में सन्तुलन, सुन्दर अनुपात और सही रेखाओं को खोजता है, रंगमंच के शारीरिक प्रशिक्षक को जीवन्त शरीर के साथ वैसे ही प्रतिफल की प्राप्ति की कोशिश करनी चाहिए। इस लक्ष्य की सम्प्राप्ति के लिए पहले शरीर का अध्ययन होना चाहिए और फिर इसके विभिन्न भागों के अनुपातों को समझना चाहिए। कमियां खोज लेने पर उन्हें सुधारना चाहिए। प्रकृति ने जिसे अधूरा छोड़ दिया है, उसे विकसित किया जाना चाहिए जिससे कन्धों और वक्ष की मांसपेशियां विकसित की जा सकें। कुछ लोगों में चौड़े कन्धे और बेलनाकार छातियां मिलेंगी। व्यायाम से इन दोषों को बढ़ने क्यों दिया जाए? यह अच्छा नहीं होगा। क्योंकि अगर पैरों में सानुपातिकता का अभाव है तो उनकी ओर ध्यान दिया जाए! मांसपेशियों की संरचना को थोड़ा बढ़ा देने से पूर्ण और उचित स्वरूप व्यवस्थित किया जा सकता है। इन उद्देश्यों की सिद्धि के लिए शारीरिक अभ्यास बड़ा सहायक हो सकता है। शेष जो है उसे आकृति का वस्त्रभूषा विशेषज्ञ, अच्छा दर्ज़ी और अच्छा मोची सुधार सकता है।

3

स्तानिस्लाव्स्की ने शरीर को अभिव्यंजनाशील बनाने में नटक्रीड़ा की भी उपयोगिता मानी है। इसी दृष्टि से तोर्त्सोव उछल-कूद की शिक्षा देने के लिए सर्कस के एक प्रसिद्ध विदूषक को अपने साथ कक्षा में लाए। उन्होंने कहा कि यह कुछ अजीब-सा लगता है, लेकिन यह क्रीड़ा अभिनेता को उसके अत्यधिक औदात्य के महान क्षणों में और उसकी रचनात्मक अन्तःप्रेरणा के लिए सहायक होती है। इसका कारण यह है कि नटक्रीड़ा निर्णय-क्षमता को विकसित करने में मदद देती है।

सर्कस के कलाबाज़ के लिए यह बड़ा ही ख़तरनाक होगा कि वह मौत की ओर ले जाने वाले या गर्दन को संकट में डालने वाली क्रीड़ा के ठीक पहले ऊन इकट्ठा करने या कपास ओटने के काम में लग जाए। इस तरह के क्षणों में अनिर्णय के लिए कोई अवकाश नहीं होता और उसे सोच-विचार के लिए रुके बिना अपने को संयोग और अपनी कला के हाथों में सौंप देना होता है; उसे कूदना ही होगा, चाहे कुछ भी हो जाए।

अपनी भूमिका के चरम बिन्दु पर पहुंचकर कलाकार को ठीक यही करना चाहिए। 'ओह! खून, खून, खून!' चिल्लाने जैसे क्षणों में अभिनेता सोचने, सन्देह करने, विभिन्न विकल्पों को तौलने, तैयारी करने और परीक्षा करने के लिए रुक नहीं सकता। उसे सक्रिय होना ही होगा; उसे उस कूद को एक पूरे उछाल के साथ बड़ी सफ़ाई से पूरा करना ही होगा; फिर भी बहुत से अभिनेताओं का दृष्टिकोण इस सम्बन्ध में पूरी तरह से अलग होता है। वे गहन क्षणों से डरते हैं और बड़ी तकलीफ़ उठाते हुए बहुत पहले से उनके लिए अपने को तैयार करने की कोशिश करते हैं। इससे घबराहट पैदा होती है और ऐसे दबाव उत्पन्न होते हैं जो महान् क्षणों में उन्हें प्रवेश करने से रोकते हैं—उन क्षणों में जब उनके लिए अपने को, अपनी भूमिका को पूरी तरह से समर्पित करना ज़रूरी हो जाता है।

कई बार माथे पर खरोंच लग सकती है, या गूमड़ उभर सकता है, यह देखना प्रशिक्षक का काम है कि वह बहुत बड़ा न हो जाए। लेकिन ज्ञान-लाभ के लिए थोड़ी-सी चोट अभिनेता के लिए बहुत हानिकर नहीं होगी। वह शिक्षा देगी कि वह बिना किसी हिचक के मानवीय निर्णय के साथ अपने भौतिक अन्तःस्फुरण और अन्तःप्रेरणा का उपयोग करते हुए पुनः कोशिश करे।

जब अभिनेता अपनी शारीरिक गतिविधियों और चेष्टाओं के लिए इच्छा-शक्ति विकसित कर लेगा तो उसके लिए उसे अपनी भूमिका में ले जाना बड़ा आसान हो जाएगा। और वह यह सीख जाएगा कि बिना सोच-विचार के फेर में पड़े वह अपने को तुरन्त और पूरी तरह से अन्तःस्फुरण और अन्तःप्रेरणा की शक्ति को समर्पित कर दे। हर भूमिका में इस प्रकार के मुश्किल स्थल होते हैं। इसलिए नटक्रीड़ाओं को उस सीमा तक मदद करने की छूट दे देनी चाहिए जहां तक वे मददगार हो सकते हैं।

स्तानिस्लाव्स्की आंगिक अभिनय के लिए नटक्रीड़ाओं को एक और कारण से भी सहायक मानते हैं। नटक्रीड़ाएं अभिनेताओं को अधिक स्फूर्त्त, अधिक समर्थ बनाने में मदद करती हैं। जब अभिनेता मंच पर पहुंचकर झुकता

है, घूमता है, दौड़ता है, त्वरा के साथ अनेक जटिल घुमाव लेता है, तब ये क्रीड़ाएं उसे द्रुतगति और लय के साथ सक्रियता प्रदान करती हैं। अप्रशिक्षित शरीर के लिए यह सब असम्भव होता है।

4

स्तानिस्लाव्स्की के निकट नृत्य का प्रशिक्षण अभिनेताओं के लिए उतना ही महत्त्वपूर्ण है, जितना व्यायाम। नृत्य अभिनय या रंगमंच के लिए भले ही आधारभूत महत्त्व का न हो, लेकिन वह अभिनेताओं को और बहुत से महत्त्वपूर्ण अभ्यासों के लिए तैयार करता है। इसके साथ ही नृत्य का प्रशिक्षण हमारे शारीरिक विकास में भी सहायक होता है। यह शरीर को केवल सीधा ही नहीं बनाता वरन् उसकी सक्रियता को उन्मुक्त करता है, उसे व्यापक बनाता है, उसे सुनिश्चित रूप और पूर्णता प्रदान करता है। यह बहुत महत्त्वपूर्ण है क्योंकि सीधी कटावधार मुद्राएं रंगमंच के लिए उचित नहीं होतीं।

उन्होंने आगे कहा कि नृत्य को मैं इसलिए भी महत्त्वपूर्ण मानता हूं क्योंकि वह हाथों, पैरों और पीठ की स्थितियों के लिए बड़ा विलक्षण संशोधक होता है।

कुछ लोगों की छाती भीतर धंसी होती है, उनके कन्धे कूबड़ की भांति आगे उठे रहते हैं और उनकी बांहें उनके सामने हिलती-डुलती रहती हैं और जब वे चलते हैं तो वे उनके पेट या जांघों से टकराते रहते हैं, कुछ लोगों के कन्धे पीछे की ओर झुके और छाती मुर्गों की भांति फूली हुई होती है, उनका पेट भी कुछ निकला होता है। उनके हाथ उनके पीछे लटकते रहते हैं। स्तानिस्लाव्स्की की दृष्टि में रंगमंच के लिए न तो पहला और न दूसरा स्वरूप ही उचित कहा जा सकता है। बांहें एक तो बगल में लटकी रहनी चाहिए, दूसरे कोहनियां शरीर के बाहर की ओर होनी चाहिए। लेकिन यह बहुत अनुशासित ढंग से होना चाहिए क्योंकि अतिरंजना शरीर की भाव-भंगिमा को ही नहीं बिगाड़ेगी, वह उद्देश्य को भी नष्ट कर देगी।

पैरों की स्थिति भी कम महत्त्वपूर्ण नहीं। अगर वह ग़लत है तो पूरी आकृति बिगड़ जाएगी। आदमी बेडौल, भारी-भरकम और एक ओर झुक जाएगा।

बहुत-सी महिलाओं के पैर कूल्हे से लेकर घुटनों तक भीतर घूमे रहते हैं। यह अवस्था उनके पैरों के तलवों के साथ भी होती है। उनकी एड़ियां बाहर की ओर और पंजे भीतर घूमे होते हैं। उन्होंने बैले के अभ्यास को इन

दोषों को विलक्षण ढंग से सुधारने वाला माना है। वे पैरों को कूल्हों की ओर बाहर घुमा देते हैं और फिर उन्हें सही कोण में व्यवस्थित कर देते हैं। यह क्रिया उनकी स्थूलता को कम कर देती। कूल्हे पर पैरों की सही स्थिति उनके पंजों और एड़ियों को प्रभावित करती है। हर चीज़ एक रेखा में आ जाती है। जब पैर वैसे ही रहते हैं जैसे उन्हें होना चाहिए तो पंजे भी वैसे ही हो जाते हैं जैसे उन्हें होना चाहिए। संयोग से नृत्य की बहुत-सी गतिविधियां इस अवस्था तक पहुंचाने में सहायक होती हैं। वे पैरों की अनेक अवस्थाओं और स्थितियों पर आधारित हैं जिनमें कूल्हे के पास पैरों का बाहर निकला रहना ज़रूरी होता है और पैर उचित रूप में ज़मीन पर जमे होते हैं।

शरीर को यह अवस्था प्रदान करने के लिए वे प्रायः एक और आसान दैनिक अभ्यास की सिफ़ारिश करते हैं। अपने बाएं पैर के पंजों को जितना हो सके बाहर की ओर घुमाकर दाहिने पैर को उसके सामने कुछ इस प्रकार रखना कि पंजे यथासम्भव बाहर की ओर हों। यह करते समय दाहिने पैर के पंजे बाएं पैर की एड़ी को छूने चाहिए और बाएं पैर के तलवे दाहिने पैर की एड़ी के पास आने चाहिए। यह करते हुए शुरू में अपना सन्तुलन बनाए रखने के लिए किसी कुर्सी को पकड़ना होगा, अपने घुटनों को काफ़ी घुमाना होगा और पूरे शरीर को मोड़ना भी होगा। लेकिन कोशिश करनी होगी कि व्यक्ति स्वयं, उसके पैर और शरीर भी सीधे रहें। इस सीधे रहने की कोशिश में कूल्हे पर अपने पैरों को बाहर की ओर बलपूर्वक घुमाना होगा। आरम्भ में पैर एक साथ पास नहीं आ सकेंगे लेकिन जब तक वे नहीं आते, अपने को सीधा नहीं बनाया जा सकता। समय के साथ पैर जैसे-जैसे बाहर की ओर घूमने लगेंगे, यह अवस्था प्राप्त हो जाएगी। एक बार जब यह हो जाएगा तो हर दिन इसे करना होगा। इस अवस्था में जितने लम्बे समय तक खड़ा हुआ जा सकता है उतने समय तक दृढ़ता के साथ पैर कूल्हे पर और पांवों पर भी बाहर की ओर घूमे रहना चाहिए।

शरीर की सुनम्यता और अभिव्यंजनाशीलता के समान ही बांहों और पैरों, कलाई, अंगुलियों और कोहनियों को अन्तिम सीमा तक मोड़े जाने के व्यापारों का भी समान महत्त्व है।

इस कार्य में स्तानिस्लाव्स्की ने नृत्य-नाटिका और अन्य प्रकार के नृत्य-अभ्यासों का बहुत अधिक योग माना है। नृत्य में पैर और पंजे धरती पर फिसलते हुए अनेक प्रकार की चरण-भंगिमाएं बनाते हुए बड़े ही प्रखर रूप में अभिव्यंजनाशील होते हैं; वे काग़ज़ की एक शीट पर एक जटिल आकृति

की संरचना करती हुई कलम के समान होते हैं। जब कोई पंजों पर उठता है तो दौड़ने का संकेत होता है। पैर और पंजे मरोड़ को कम करते हैं, सिद्धता का गुण प्रदान करते हैं, गरिमामय बनाते हैं, नृत्य की लय और उठान को प्रखर बनाते हैं। अभिनेता को बैले से पहले से विकसित किए गए तरीकों का लाभ उठाना चाहिए।

जहां तक कलाई और अन्य अंगों की बात है, बैले के अभ्यास से उनकी गतिविधियों में कोई लाभ सम्भव है, स्तानिस्लाव्स्की इसे नहीं मानते, लेकिन बैले के अनुशासन में एक और वस्तु का महत्त्व है जो अभिनेता के भौतिक उपकरणों, शरीर के लचीलेपन के उपयोग, सामान्य भाव-भंगिमा और व्यापार के लिए तथा अधिकाधिक विकास के लिए उपयोगी है।

हमारा मेरुदण्ड, जो सभी दिशाओं में झुकता है, एक सर्पिल कमानी जैसा है। ज़रूरत उसे आधारभूमि में दृढ़ता के साथ व्यवस्थित करने की है। मेरुदण्ड के सबसे निचले भाग को घुमाव के साथ, बड़ी दृढ़ता से व्यवस्थित करना चाहिए। अगर व्यक्ति को यह लगता हो कि (मेरुदण्ड का) वह तथाकथित पेंच मजबूत है, शरीर के ऊपरी भाग को सहारा देता है, गुरुत्वाकर्षण के केन्द्र में स्थित है, स्थिर है औंर सीधा भी है, तो ठीक है। लेकिन अगर उसे लगता हो कि वस्तुस्थिति इससे उलटी है, उसका मेरुदण्ड नहीं है और परिणामतः उसका पूरा धड़ अपनी स्थिरता, अपना सीधापन खो रहा है, वह विरूप हो रहा है और इसके साथ ही उसकी गति में शोभा और लचीलापन नहीं रहा, तो यह स्थिति ठीक नहीं है।

इस कल्पित पेंच या केन्द्रबिन्दु की, जो मेरुदण्ड को ऊपर पकड़े रहता है, नृत्य-नाटिका की कला में बड़ी महत्त्वपूर्ण भूमिका रहती है। इसका लाभ अभिनेता को उठाना चाहिए और अपनी नृत्य की कक्षाओं से मेरुदण्ड को विकसित करके फिर से शक्तिमान बनाने और उसे व्यवस्थित करने की शिक्षा लेनी चाहिए।

स्तानिस्लाव्स्की ने इस कार्य के लिए घर पर प्रयोग करने की आसान और परम्परागत प्रणालियों का भी समर्थन किया है। इस सम्बन्ध में तोर्त्सोव के हवाले से वे कहते हैं कि पूर्व काल में फ्रांसीसी धायाएं गोल कन्धों वाले बच्चों को सख़्त फ़र्श या मेज़ पर घंटों इस तरह सीधे लिटा देती थीं कि उनके सिर का पिछला हिस्सा, कमर और रीढ़ सतह को छूती रहें।

"गोल कन्धों वाले बच्चों के कन्धों को सीधा करने का एक और तरीका भी है", तोर्त्सोव कहते हैं, "धाया उनके बाजुओं को पीछे घुमाकर बाज़ुओं और

कमर के बीच में एक डण्डा घुसा देती थीं। बच्चा जब अपनी स्वाभाविक मुद्रा में आने की कोशिश करता था, तो उसके बाज़ू डण्डे को कमर की ओर दबाते थे। इस दबाव से बच्चे का शरीर सीधा होता था। बच्चों को इसी मुद्रा में घंटों चलाया जाता था, जिससे उसका मेरुदण्ड धीरे-धीरे सीधा हो जाता था।''

शारीरिक व्यायाम गतियों को विषम रूप तक विकसित कर देता है, यहां तक कि उनकी लय सैनिकों जैसी लोचहीन हो जाती है, जबकि नृत्य मुद्राओं में लचक, फुर्तीलापन, व्यापकता और आरोह-अवरोह पैदा कर देता है। दोनों मिलकर ऐसी मुद्राओं की रचना करने में सक्षम होते हैं, जो रेखा, रूप, दिशा और लय लिये होती हैं।

शारीरिक व्यायाम की गतिविधियां सीधी रेखाओं में होती हैं, लेकिन नृत्य की रेखाएं बड़ी जटिल और विविधतापूर्ण होती हैं।

फिर भी नृत्य-नाटिका और नृत्य अक्सर रूप की भव्यता के अतिरेक तक ले जाते हैं तथा अतिरंजित गरिमा एवं प्रभावाधिक्य उत्पन्न करते हैं। यह अच्छा नहीं होता। इन अनुपातरहित और अतिरेकपूर्ण गतिविधियों में पुरुष और स्त्री दोनों ही प्रकार के नर्तक आवश्यकता से अधिक शोभा और जगमगाहट उत्पन्न करना चाहते हैं। यह विभिन्न मुद्राओं की संरचना को संवेदनशीलता, बनावटीपन और अस्वाभाविक तथा कभी-कभी अशोभनीय अतिरंजना से भर देता है।

रंगमंच पर इन आवृत्तियों से बचने के लिए कोई भी आंगिक चेष्टा केवल प्रदर्शन के लिए ही नहीं की जानी चाहिए। अभिनेता की प्रत्येक गतिविधि का हमेशा कोई उद्देश्य होना चाहिए। उसकी भूमिका के सारतत्त्व से उसका सम्बन्ध अवश्य होना चाहिए। सप्रयोजन और रचनाशील कार्य स्वभावतः अतिरंजना को अनावश्यक मुद्राओं को और ऐसे ही ख़तरनाक प्रतिफलों से अभिनेता को बचाता है।

5

स्तानिस्लाव्स्की ने इसके बाद कोस्त्या के, जिसकी भूमिका में वे स्वयं उतरे हैं, अपने मित्र पॉल के साथ उसके घर जाने और वहां एक अति प्रसिद्ध अभिनेता से मिलने का विवरण दिया है। उससे मिलने पर कोस्त्या को यह लगा कि यह विलक्षण अभिनेता शब्दों में नहीं वरन् देह-भाषा में अधिक बोलता है; उसकी आंखें, मुख, कान, नासिका की नोक, उसकी अंगुलियां प्रत्यक्षतः बिना विशेष गतिविधियों का प्रदर्शन किए ही मुखर हो उठती हैं।

किसी व्यक्ति के बाहरी रूप, वस्तु-विशेष के आकार और एक भूखण्ड के रेखांकन के वर्णन के लिए उसके मन में जो कुछ है, उसे प्रकट करने की, उसके रूपायन की उसमें बड़ी ही विलक्षण, विशद सामर्थ्य थी। उदाहरण के लिए जब वह अपने से तगड़े एक दोस्त के घरेलू परिवेश का वर्णन कर रहा था, तो वह उसको अपनी आंखों के आगे, अपने देखते-देखते सामान से भरी मेज़, अत्यधिक भरी हुई अलमारी अथवा अपार बोझ से लदी कुर्सी के रूप में बदलते हुए देख सकता था। यह करने में उसने उन वस्तुओं की नक़ल नहीं की थी, वरन् अपने जोड़ों पर दबाव डालकर उनका बोध उत्पन्न किया था।

जब उसने यह बताया था कि कैसे वह और उसका वह मोटा दोस्त उन मेज़-कुर्सियों के बीच चारों ओर उठा-पटक करने में लगे थे, तो कोस्त्या की आंखों के आगे एक गुफा या मांद में दो भालुओं के लड़ने का दृश्य खिंच गया था।

इस दृश्य के अंकन के लिए उसे अपनी कुर्सी भी नहीं छोड़नी पड़ी थी। वहां बैठे-बैठे ही वह इधर-उधर थोड़ा-बहुत हिला-डुला था, नीचे झुका था अथवा अपने भारी-भरकम पेट को ऊपर उठाया था और भ्रान्ति जमाने के लिए यह काफ़ी था कि किसी वस्तु के पास से गुज़रते हुए वह उसे भींच रहा है।

अपने एक अन्य प्रदर्शन में, जिसमें किसी के सड़क पर पूरी गति से दौड़ती हुई गाड़ी से, किसी खम्भे से टकराने से पहले कूद पड़ने का विवरण था, उसने इस घटना को इतना विशद बना दिया था कि सभी लोग एक साथ सराहना करने लगे थे।

इससे भी कहीं अधिक विलक्षण पॉल के चाचा के साथ उस अभिनेता की निर्वाक् क्रीड़ा थी जिसमें यह बताया गया था कि जब वे जवान थे, तो कैसे उन दोनों ने ही एक ही किशोरी के साथ प्रणय-क्रीड़ा का प्रयास किया था। चाचा सुस्तोव ने तो अपनी सफलता के घमण्ड का बड़ा ही मनोरम प्रदर्शन किया था, और उस अभिनेता की पराजय का विवरण तो और भी अधिक रोचक था।

उस दूसरे अभिनेता ने एक शब्द भी नहीं कहा, लेकिन प्रसंग में कुछ स्थलों को लेकर आपत्ति करने के लिए उसने मात्र अपनी आंखों को उपस्थित लोगों की ओर ऐसे घुमाया था जैसे वह कह रहा हो, "यह सब गुस्ताख़ी है! यह झूठ बोल रहा है और यहां बैठे हुए तुम सब बेवक़ूफ़ उसे सुन रहे हो और उसके हर शब्द पर विश्वास कर रहे हो!"

एक क्षण को तो वह मोटा आदमी यह बहाना करते हुए कि वह हताश और परेशान है, अपनी आंखें बन्द किए हुए बैठा रहा था। अपने सिर को पीछे डाले निष्चेष्ट बना रहा था, और तब अपने कानों को हिलाया-डुलाया था। लगा था जैसे अपने हाथों के स्थान पर कानों का उपयोग अपने दोस्त की निरन्तर की चटर-पटर को एक ओर हटाने के लिए कर रहा हो।

चाचा सुस्तोव के कुछ और घमण्ड भरे शब्दों पर उसके मेहमान ने अपनी नाक की नोक को पहले दाहिनी और फिर बायीं ओर बड़े ही बेढंगे तरीके से घुमाया था। उसके बाद उसने पहले अपनी एक भौं और फिर दूसरी भौं उठाई थी। यही उसने अपने माथे के साथ भी किया था; और फिर उसके पूरे होंठों पर थोड़ी-सी मुस्कान खिल उठी थी। इन सभी छोटी-छोटी लेकिन सामान्यतः दिखाई न देने वाली गतिविधियों से उसने शब्दों से कहीं ज़्यादा कारगर तरीके से चाचा सुस्तोव के आक्रमण को निरस्त कर दिया था।

एक और हंसाने वाला बहस-मुबाहिसा शब्दों के उपयोग के बिना ही उन दोनों दोस्तों के बीच चला था : उन दोनों ने अपनी उंगलियों से ही अपने-अपने तर्क दिए थे; लेकिन यह पूर्णतः स्पष्ट था कि वे दोनों एक-दूसरे पर प्रणय-प्रसंग के सन्दर्भ में आरोप-प्रत्यारोप लगा रहे हैं।

भोजन के बाद कॉफ़ी पी लेने पर चाचा पॉल ने अपने मेहमान से ओस्त्रोव्स्की के नाटक 'दि स्टॉर्म' से अपने प्रसिद्ध मौन-दृश्य का अभिनय करने का निवेदन किया। उसकी यह प्रस्तुति इतनी चित्रात्मक और मनोवैज्ञानिक थी कि उसकी अभिव्यक्ति केवल चेहरे और आंखों की भंगिमाओं से ही सम्भव हो सकती थी।

5

गति की नमनीयता

1

स्तानिस्लाव्स्की ने लयात्मक व्यायामों के साथ गति की नमनीयता के अध्ययन को भी आवश्यक माना है। सामान्यतः यह सोचा जाता है कि गति की नमनीयता के प्रशिक्षण का कार्य नृत्य के अध्यापन में संलग्न व्यक्तियों को ही सौंप दिया जाना चाहिए। लेकिन स्तानिस्लाव्स्की का विचार है कि अधिकांशतः बैले नर्तकियां और वरिष्ठ पुरुष नृत्यकार प्रदर्शन में बड़ी ही बनावटी मुद्राएं बनाते हैं, उनकी आंगिक चेष्टाएं अनुपातरहित और भड़कीली हो जाती हैं, वे गति की नमनीयता का प्रयोग बल-प्रयोग के लिए करते हैं। अभिनय के लिए वस्तुतः बड़ी ही सरल और अभिव्यंजनाशील चेष्टाओं की अपेक्षा होती है, जो अर्थगर्भित होनी चाहिए। उसके लिए अन्य प्रकार के प्रशिक्षकों की ज़रूरत पड़ेगी।

तोर्त्सोव के अनुसार संयोग से एक और प्रकार के नृत्यकार और अभिनेता हैं, जिन्होंने अपने लिए नमनीयता की एक स्थायी और सुव्यवस्थित प्रणाली विकसित कर ली है। वस्तुतः नमनीयता उनके व्यक्तित्व का अंग बन गई है। उसने उनके व्यक्तिगत गुण और द्वितीय प्रतीक का रूप ग्रहण कर लिया है। ये बैले नर्तकियां और अभिनेता बड़ी ही तरलता के साथ चलते-फिरते हैं।

"अभी तक जो कुछ उन्होंने सीखा है, अगर उसके प्रति ध्यानस्थ हो जाएं तो उन्हें लगेगा कि आपके व्यक्तित्व की गहराई से ऊर्जा का स्रोत उठ रहा है। यह ऊर्जा भीतर से खाली नहीं, वह भावनाओं, इच्छाओं, प्रयोजनों और स्फूर्ति से परिपूर्ण होती है जो उन्हें बड़े स्पन्दन के साथ आन्तरिक चेतना की ओर अग्रसर करती है और उन्हें हर प्रकार के कार्य करने की प्रेरणा देती है," तोर्त्सोव ने अपने विद्यार्थियों से कहा, "वास्तव में भावना से उत्तप्त, इच्छा-शक्ति से स्पन्दित, बुद्धि से निर्देशित ऊर्जा, विश्वास और स्वाभिमान

के साथ गतिशील होती है, जैसे कोई राजदूत किसी महत्त्वपूर्ण कार्य के लिए तत्पर हो रहा हो। वह अपने को सचेतन कार्य-व्यापार में अभिव्यक्त करती है, जो अपने साथ भावना, अन्तर्वस्तु और उद्देश्य लिये हुए होता है। यह उद्देश्यनिष्ठ व्यापार उल्टी-सीधी यान्त्रिक विधि से नहीं किया जा सकता, वरन् अपनी आध्यात्मिक अन्तःवृत्तियों से परिचालित होना चाहिए।

"वह जब तुम्हारी मांसपेशियों के जाल में प्रवाहित होता है तो तुम्हारे भीतरी गति-केन्द्रों को जगाता है और तुम्हें बाहर कार्य करने के लिए उत्प्रेरित करता है। यह ऊर्जा तुम्हारी बांहों, तुम्हारी रीढ़, तुम्हारी गर्दन को ही गतिशील नहीं करती, वरन् तुम्हारे पैरों में भी उतरती है। वह तुम्हारे पैरों की मांसपेशियों को उत्प्रेरित करती है और तुम्हें प्रेरणा देती है कि एक विशेष ढंग से चलो। जब तुम रंगमंच पर होते हो तो उसका यह प्रयास बड़ा ही महत्त्वपूर्ण होता है।"

तोर्त्सोव ने इसके बाद पूछा कि क्या रंगमंच पर चलना व्यक्ति की सड़क की चाल से सर्वथा अलग प्रकार का होता है? उन्होंने खुद ही जवाब दिया है, "हां, अलग प्रकार का होता है; और इसका कारण यह है कि सामान्य जीवन में हम ग़लत ढंग से चलते हैं, लेकिन रंगमंच पर हमारे लिए यह आवश्यक हो जाता है कि हम सही ढंग से चलें।" इसलिए रंगकर्मियों के लिए यह परमावश्यक है कि वे मंच पर चलना सीखें। उन्होंने अपने छात्रों से कहा है कि यह इसलिए ज़रूरी हो जाता है ताकि हम लोग रंगमंच पर और रंगमंच के नीचे दोनों अवस्थाओं में सही ढंग से चलना पूरी तरह से फिर से सीखें। तोर्त्सोव के इन शब्दों को सुनने के बाद, सोन्या, वास्या, लियो, ग्रीशा, पॉल, अन्ना, मारिया आदि सभी ने अपने-अपने ढंग से चलकर दिखाया था और तोर्त्सोव ने उन सभी की समीक्षा की थी, उनकी कमज़ोरियां बताईं थीं। उसके बाद उन्होंने कहा था कि अपने शरीर के गतिशील उपकरण के कार्य-व्यापार को पूरी तरह से समझने के लिए उन्हें एक अभिनेता से अधिक एक इंजीनियर या मैकेनिक होने की ज़रूरत है।

उसके बाद उन्होंने कहा था, "मनुष्य का पैर कूल्हे से लेकर पांवों तक मुझे एक पुलमैन कार की आन्तरिक संरचना की याद दिलाता है। अपनी अत्यधिक कमानियों के कारण जो सभी दिशाओं से आने वाले मामूली धक्कों को आत्मसात कर लेती है, गाड़ी के ऊपर का हिस्सा, जहां यात्री बैठते हैं, लगभग गतिहीन रहता है। इसके बावजूद कार बड़ी तेज़ गति से चल रही है और चारों ओर से उस पर आघात हो रहे हैं।"

तोर्त्सोव के अनुसार किसी व्यक्ति के साथ भी चलते या दौड़ते समय बिल्कुल ऐसा ही होना चाहिए।

इस विचार को स्पष्ट करने के लिए तोर्त्सोव ने एक अनुभव सुनाया था : वे कुछ सैनिकों को जाते हुए देख रहे थे। उस चहारदीवारी के ऊपर जो उन्हें उन लोगों से अलग कर रही थी, उनके सिर, कन्धे और छातियां ही दिखाई दे रही थीं। वे चलते हुए नहीं लग रहे थे। लग रहा था जैसे पूरी तरह से चिकनी सतह पर स्केट या स्कीपर लुढ़कते चले जा रहे हैं। लगता था वे हवा में उड़ रहे हैं, उनके पैरों के उठने और गिरने का कोई भी आभास नहीं हो रहा था। अपने इस अनुभव की व्याख्या करते हुए उन्होंने कहा है कि उन सैनिकों के कूल्हे, घुटने, टखने और पैरों के पंजों की कमानियां तो पूरी तरह से सक्रिय थीं, लेकिन उनके शरीर के ऊपरी भाग उस चहारदीवारी की समतल रेखा के ऊपर निश्चित रूप से तैर रहे थे।

मानव शरीर के विभिन्न अंगों के व्यापार कार की कमानियों के व्यवहार से कैसे मिलते-जुलते हैं, यह समझाने के लिए तोर्त्सोव एक-एक अंग को अलग-अलग लेने की वकालत करते हैं। शुरुआत के लिए उन्होंने कूल्हे और नितम्ब के जोड़ों की बात की है : "इनका कार्य दोहरा है। पहला यह कि चलते समय ये रीढ़ की भांति अगल-बगल से लगने वाले धक्कों से बचाते हैं और शरीर को इधर-उधर गिरने से रोकते हैं। दूसरा यह कि वे हर कदम पर पूरी टांग को आगे की ओर धकेलते हैं। यह गति हमारे कद, हमारी टांगों की लम्बाई, हमारे क़दम के नाप, वांछित गति और चाल-ढाल के अनुपात में विस्तृत और स्वच्छन्द होनी चाहिए।

"कूल्हे से पैर जितनी अच्छी तरह से आगे बढ़ेगा, उतनी अधिक स्वच्छन्दता और सहजता से वह पीछे घूमेगा, बढ़ाया गया कदम उतना ही लम्बा, उतना ही बड़ा और गतिमय होगा। कूल्हे से पैर का आगे या पीछे हिलाया जाना, हमारे धड़ पर निर्भर नहीं करना चाहिए। हालांकि वह अक्सर हमारी चाल को गति प्रदान करने के लिए आगे-पीछे होकर दख़लअंदाज़ी करता है, लेकिन यह काम हमारी टांगों को ही करना चाहिए।" तोर्त्सोव ने इसके लिए सावधान होकर चलने के लिए केवल कूल्हे को ही सक्रिय करने के विशेष अभ्यास की आवश्यकता बताई है।

रंगमंच पर शरीर के विभिन्न अंगों को सुनम्यता प्रदान करने के लिए उन्होंने अनेक प्रकार के व्यायामों का निरूपण किया है। उन्होंने कहा है, "खड़े होकर पहले दाहिनी तरफ़ और फिर बायीं तरफ अपने कन्धों को झुकाओ।

इस प्रयास में खम्भे या दरवाज़े के चौखट के साथ तुम्हारे धड़ का एक पक्ष लगा रहना चाहिए। तुम्हारे शरीर को स्थायी रूप से सीधा खड़ा रखने के लिए यह सहारा बड़ा ज़रूरी है। यह तुम्हारे शरीर को किसी भी दिशा में झुकने से बचाता है। अपने शरीर को इस प्रकार लम्बाई में व्यवस्थित करते हुए खम्भे या दरवाज़े के पास अपने पैर के वज़न को दृढ़ता से डालो। अपने उस पैर के पंजे को थोड़ा-सा उठाओ और फिर अपने दूसरे पैर को, अपने घुटने को बिना झुकाए हुए, सीधे पहले आगे की ओर और फिर पीछे की ओर ले जाओ। यह करते हुए कोशिश करो कि पैर आगे और पीछे दोनों ओर समकोण में धीमी गति से जाएं। उसके बाद अवधि बढ़ाते रहो जिससे तुम्हारी सभी सम्बन्धित मांसपेशियों का व्यायाम हो जाए। निश्चय ही तुरन्त तुम ऊपरी सीमा तक नहीं पहुंच सकते। यह धीरे-धीरे और व्यवस्थित रूप से किया जाना चाहिए।

"जब तुम यह व्यायाम दाहिने पैर से कर लो तो घूमो और फिर यही व्यायाम इसी तरीके से अपने बाएं पैर से करो।

"यह ध्यान रखो कि हर बार जब तुम अपने पैर को बाहर फेंकते हो तो तुम्हारे पैरों का पंजा उसके समकोण में न रहे, वरन् जिस दिशा में तुम्हारा पैर जा रहा है उसी ओर उन्मुख हो।

"चलने में, जैसा मैं पहले कह आया हूं, कूल्हे गिरते और उठते हैं। जब दाहिना कूल्हा उठता है तो जैसे ही तुम्हारा दाहिना पैर आगे फैलता है, तुम्हारा बायां कूल्हा नीचे गिरता है, क्योंकि तुम्हारा बायां पैर पीछे झूलता है। यह होते ही तुम्हारे कूल्हे के जोड़ तुम्हें चारों ओर घूमते हुए लगते हैं।

"श्रोणि के नीचे दूसरी कमानी घुटनों में होती है। घुटनों का भी दोहरा कार्य है : वे शरीर को आगे ले जाने में मदद करते हैं और शरीर के वज़न के लम्बे धक्कों को भी समाहित करते हैं। शरीर का वज़न जब एक पैर से दूसरे पैर में जाता है, इस स्थिति में एक पैर उस वज़न को लेकर थोड़ा झुक जाता है, ठीक उतना ही जितना कन्धों और शरीर के सन्तुलन को बनाए रखने के लिए ज़रूरी होता है। कूल्हे जब धड़ को आगे ले जाने और उसके सन्तुलन को नियन्त्रित करने में अपनी भूमिका निभा चुकते हैं तो शरीर को सीधा आगे की ओर ले जाएं। शरीर को सीधा रखने में घुटनों की बारी आती है।

"कमानियों का तीसरा समूह, जो हमारे शरीर की गतियों को सन्तुलित और प्रोत्साहित करता है, हमारी एड़ियों, पांवों और पंजों के सारे जोड़ों में

स्थित होता है। यह बहुत जटिल, तीव्र बुद्धि और महत्त्वपूर्ण यान्त्रिकता लिये हुए होता है, क्योंकि उसका सम्बन्ध हमारे चलने से होता है।"

तोर्त्सोव ने कहा है कि इन पर विशेष रूप से ध्यान दिया जाना चाहिए। इस सम्बन्ध में उन्होंने आगे लिखा है कि एड़ी पर पैर की लचक धड़ को अपने रास्ते पर और भी आगे ले जाती है। पांव और पंजे भी इस कार्य में भाग लेते हैं, लेकिन उन्हें कुछ और भी करना होता है। अपनी चक्रवत् यान्त्रिकता के कारण वे गति के आघातों को आत्मसात करते हैं।

हमारे पांवों और पंजों में यह यान्त्रिकता तीन तरीके से कार्य करती है और उनसे तीन प्रकार की चालें उत्पन्न होती हैं : पहले में एड़ी से कदम आरम्भ होता है। दूसरे में पूरा तलवा तत्काल ज़मीन पर जम जाता है। तीसरे में पहले पंजे रखे जाते हैं और तब एड़ी तक पूरा तलवा। बदन तब एक प्रकार की लुढ़कती हुई गति से पंजों पर लौटता है। इसे ग्रीक अथवा इसाडोरा डंकन की चाल कहा जाता है।

तोर्त्सोव ने पहली प्रकार की चाल की व्याख्या करते हुए कहा है कि "यह उन लोगों के साथ बहुत अधिक प्रचलित है जिनके जूतों में एड़ियां होती हैं। जब तुम इस तरीके से चलते हो तो तुम्हारी एड़ी पांवों का वह भाग होती है जो तुम्हारे वज़न को सबसे पहले उठाती है। पंजों को इसके बाद लाया जाता है; फिर भी ये अपने आगे-पीछे की ओर नहीं झुकते बल्कि एक जानवर के पंजों की तरह ज़मीन को पकड़ते हैं।

"शरीर का भार जैसे ही पंजों के जोड़ों को दबाना शुरू करता है, वे सीधे हो जाते हैं, और इस तरह ज़मीन से अपने को उस समय तक ऊपर उठा लेते हैं, जब तक कि गतिशीलता पंजों की बड़ी अंगुली की नोक तक नहीं पहुंच जाती। क्षणभर के लिए शरीर का भार वहीं बना रहता है, जैसे किसी नर्तकी के पंजों पर नाचते समय होता है। लेकिन वह आगे बढ़ने की गतिशीलता को बाधित नहीं करता। एड़ी से घुटने तक सबसे नीचे की कमानियों का समूह यहां बड़ी और महत्त्वपूर्ण भूमिका निभाता है।"

तोर्त्सोव ने इसके बाद कदम के आकार को बढ़ाने में पंजों के प्रभाव को समझाने और उससे चाल में आने वाली तेज़ी को स्पष्ट करने के लिए अपना एक अनुभव सुनाया है : "जब मैं घर जा रहा होता हूं या रंग संस्थान को आ रहा होता हूं और मेरे पंजे अपना कार्य पूरी सीमा तक कर रहे होते हैं तो मैं अपनी चाल की गति को बिना बढ़ाए पांच या सात मिनट पहले पहुंच जाता हूं। अगर चलते समय मेरे पंजे और पांव मेरी गति को तेज़ बनाने

के लिए उचित रूप से कार्य नहीं कर रहे होते तो मुझे पांच-सात मिनट ज़्यादा लगते हैं। यह महत्त्वपूर्ण है कि तुम्हारे पंजे क़दमों को अपने छोर तक पूरी तरह से ले जाएं।"

"पंजे भी इसी प्रकार आघातों को संयमित करते हैं और इसमें उनकी भूमिका बड़ी उल्लेखनीय होती है। ये उस कठिन परिस्थिति में और भी महत्त्वपूर्ण होते हैं, जब तुम अपनी चाल को सीधा रखने की कोशिश में होते हो या एक पैर से दूसरे पर भार डालते समय ऊपर से नीचे की ओर झटका लगता है। एक पांव से दूसरे पांव पर भार डालने का संक्रमण का यह क्षण बहुत ख़तरनाक होता है। इस क्षण सब कुछ तुम्हारे पंजों पर निर्भर करता है—विशेष रूप से अंगूठे पर। शरीर के अन्य लचीले अंगों की अपेक्षा इनमें संचरणशील भार के चरम को संयमन-प्रक्रिया के माध्यम से तोड़ने की शक्ति सर्वाधिक होती है।

"मैंने तुमसे तुम्हारे पांवों की विभिन्न इकाइयों के कार्यों का वर्णन करने की कोशिश की है, और इस उद्देश्य से हमने उनमें से हरेक के कार्य की बड़े ही विस्तार से व्याख्या की है। लेकिन वे वास्तव में अकेले नहीं, वरन् एक साथ और मिल-जुलकर काम करते हैं। उस क्षण को लो, जिसमें शरीर का वज़न एक पैर से दूसरे पर ले जाया जाता है, जैसे कि शरीर को आगे लाए जाने की दूसरी अवस्था में, और तीसरी स्थिति में दूसरे पैर पर फिर से वज़न को स्थानान्तरित करते समय, धकेलते हुए—कुछ अंश में पैर के सभी गतिशील भाग एक साथ सक्रिय होते हैं। उन सभी के पारस्परिक सम्बन्धों और परस्पर सहयोग के विषय में लिखना असम्भव है। जब तुम गतिशील होते हो तो अपने संयोजनों की मदद से ही तुम अपने भीतर ही इन चीज़ों की खोज कर सकते हो। मैं तुम्हें इस बड़े ही विलक्षण और जटिल उपकरण पैर की सक्रियता की योजना के सम्बन्ध में केवल कुछ सुझाव ही दे सकता हूं।"

तोर्त्सोव के यह व्याख्या पूरी करने के बाद सभी छात्र चलने की कोशिश करने लगे। कोस्त्या ने भी यह प्रयास किया था। उसे चलते हुए देखकर तोर्त्सोव ने कहा था कि उसके कन्धे और सिर तो झटके से उठ रहे हैं। वह उड़ तो रहा है लेकिन केवल धरती के साथ-साथ। उड़ान हवा में नहीं है। कुछ और समझाने के बाद उन्होंने यह भी कहा था कि चलना रेंगना नहीं, वरन् उड़ना होना चाहिए। स्वभावतः यह सुनकर कोस्त्या ने जानना चाहा था कि इन दोनों में क्या फ़र्क है?

तोर्त्सोव ने जवाब में कहा था कि मुझे यह लगता है कि रेंगती हुई चाल में जब शरीर का वज़न दाहिने पैर से बाएं को ले जाया जाता है तो पहला अपना कार्य उसी समय बन्द कर देता है जबकि दूसरा सक्रिय हो उठता है। अन्य शब्दों में कहा जाए तो, बायां पैर जब शरीर के वज़न को स्थानान्तरित करता है उसी समय दाहिना उसे अपने ऊपर ले लेता है। फलस्वरूप रेंगती या घिसटती हुई चाल में वह कटा हुआ तन नहीं होता, जब शरीर अपने पूर्व-नियोजित कार्य को पूरा करने की अन्तिम अवस्था में एक पैर के अंगूठे पर टिका हवा में उठा हुआ-सा लगता है। उड़ती हुई चाल में एक क्षण ऐसा होता है जब एक क्षण के लिए व्यक्ति किसी नर्तकी की भांति अपने बिन्दुओं पर उठा हुआ धरती को छोड़े हुए लगता है। हवा में उठे हुए इस क्षण के बाद वह सहज अनदेखा, बिना भटके नीचे उतरना आरम्भ करता है और शरीर का वज़न् एक पैर से दूसरे पैर को चला जाता है।

स्तानिस्लाव्स्की की दृष्टि में ये दोनों ही क्षण—हवा में उठना और सहज रूप में (शरीर के भाग का) एक पैर से दूसरे में चले जाना—सर्वाधिक महत्त्वपूर्ण होते हैं, क्योंकि वे ही एक हल्के, सहज, अखण्डित कदम की—एक हवाई उड़ान के गुण से युक्त कुंजी—पकड़े होते हैं।

तोर्त्सोव ने इसके बाद कहा था कि चलते हुए उड़ने की यह प्रक्रिया इतनी आसान नहीं है जैसे वह दिखाई देती है। पहले तो उस क्षण को पकड़ना बहुत कठिन है जिसमें पैर ऊपर उठता है।

कोस्त्या ने उसके बाद उस ढंग से चलने का प्रयास किया था और तब तोर्त्सोव ने कहा था कि तुम समतल रेखा में अपने पैरों को ऊपर-नीचे रख रहे हो।

कोस्त्या ने जानना चाहा था कि बिना यह किए मैं अपने पैरों को कैसे ऊपर उठा सकता हूं? तोर्त्सोव ने सलाह दी थी कि उसे अपने पैर को ज़मीन से ऊपर नहीं उठाना चाहिए, वरन् लम्ब रेखा में उसे आगे ले जाना चाहिए। इसके साथ ही उन्होंने कहा था कि जब कदम उठाया जाता है तो शरीर की गति में न तो व्याघात आना चाहिए और न उसे धीमा होना चाहिए। एक क्षण के छोटे-से भाग में भी आगे बढ़ने की प्रक्रिया में कोई रुकावट नहीं होनी चाहिए। पहले पांव के पंजे की सन्तुलित मुद्रा में व्यक्ति को उसी अनुपात में अपनी गति सम्पन्न करनी चाहिए जिसमें कि कदम उठाया गया था। इस प्रकार का कदम ज़मीन को छूते हुए उठ जाता है। वह अचानक या समतल रूप में ऊपर नहीं उठता, लम्बित रूप में आगे और आगे बढ़ता है। यह ठीक

वैसे होता है जैसे हवाई जहाज़ ऊपर उठने के क्षण में अनदेखे ही ज़मीन को छोड़ देता है और बड़ी सहजता से फिर नीचे उतरता है। यह लम्बित रूप में आगे बढ़ने की गति लहर की रेखा के समान हल्का-सा घुमाव उत्पन्न करती है; समतल गति से पैर का ऊपर उठना और नीचे गिरना बड़ी विकृत, टेढ़ी-मेढ़ी और सकोण रेखा बनाता है।

सभी छात्र उसके बाद पूरी तरह से तन्मय होकर अपनी मांसपेशियों में अपने ध्यान को केन्द्रित करते हुए इस समस्या के समाधान में संलग्न हो गए कि रंगमंच पर कैसे चलना चाहिए। उनके लिए अब यह आवश्यक हो गया था कि जो कुछ अब तक वे अन्तःकरण से करते रहे थे, उसे अब शरीर-संरचना और सक्रियता-व्यवस्था के किसी जानकार व्यक्ति के निरीक्षण में किया जाए। प्रारम्भ में हुआ यह कि प्रायः सभी छात्रों ने सभी ग़लत कमानियों को खींचा और बड़ी असम्भावित चेष्टाएं कीं जैसे कि चाभी वाली गुड़िया चाभी घुमाए जाने पर करती है। लेकिन छात्रों ने जब अपनी चेष्टाओं पर ध्यान केन्द्रित करके काम किया तो उन्हें सकारात्मक फल देखने को मिले और उनके मन में पैरों की यान्त्रिकता की भव्यता और जटिलता के सम्बन्ध में स्वस्थ आदर की भावना पैदा हुई। उन्हें सहसा यह लगने लगा कि यह सब अन्तःग्रथित और परिपूरक है।

तोर्त्सोव ने उनसे बताया कि उन्हें हर कदम को पूर्णता तक ले जाना चाहिए। उन्होंने अपने हाथ में एक छड़ी को पकड़ा और कोस्त्या के पैर की मांसपेशियों में जहां सघनता हुई थी, ठीक वहीं संकेत किया। उसी समय रख़्मानव उसके दूसरी ओर गया और उसने अपनी छड़ी से उसके बाएं पैर की मांसपेशियों की सघनता की ओर, उसी के अनुरूप इशारा किया।

तोर्त्सोव ने कहा, "जैसे मेरी छड़ी तुम्हारे दाहिने पैर के समानान्तर उठती है, जो आगे फैलकर तुम्हारे शरीर के बोझ को अपने ऊपर लिये हुए है, रख़्मानव की छड़ी तुम्हारे बाएं पैर के साथ नीचे की ओर चल रही है, जो तुम्हारे शरीर और उसके वज़न को दाहिने पैर की ओर ले जा रही है, और अब उल्टी चेष्टा आरम्भ होती है। मेरी छड़ी नीचे की ओर जाती है और उसकी ऊपर उठती है। क्या तुम्हारा ध्यान इस ओर जाता है कि हमारी छड़ियों का बारी-बारी से तुम्हारे पंजों से कूल्हों तक जाना और फिर कूल्हे से पांवों की ओर उतरना, विपरीत दिशाओं में चलता है। मेरी छड़ी जब ऊपर जाती है तो उसकी छड़ी नीचे उतरती है और फिर इसके विपरीत प्रक्रिया सम्पन्न होती है। समतल आकार के भाप के इंजन के पिस्टन भी ऐसा ही करते हैं। यह विश्वास के

साथ नोट करो कि कैसे जोड़ों का लचीला होना और फिर आराम के साथ कसना क्रम से एक-दूसरे का पीछा करना है, ऊपर से नीचे और नीचे से ऊपर।

"अगर हमारे पास तीसरी छड़ी होती तो हमने अभी संकेत किया होता कि कैसे ऊर्जा का कुछ भाग तुम्हारी रीढ़ के साथ ऊपर उठता है, उसके खोलों को कोमल करता है और सन्तुलन बनाए रखता है। इस लक्ष्य को पा लेने के बाद रीढ़ का तनाव फिर से पांव के पंजों की ओर उतरता है, जहां से वह आया था।

"एक और बारीकी की ओर तुम्हें ध्यान देना चाहिए, जब हमारी छड़ियां तुम्हारे कूल्हे की ओर आती हैं तो वहां एक क्षण का ठहराव होता है, जब वे रक्तप्रवाह के बिन्दु की ओर घूमती हैं और तब फिर से नीचे उतरने लगती हैं।"

छात्रों का ध्यान इस ओर गया तो था, लेकिन छड़ी के घूमने का मतलब क्या है, यह समझ में नहीं आया था।

जवाब मिला, "क्या तुम्हें नहीं लगता कि तुम्हारे कूल्हों के जोड़ों के भीतर कोई वस्तु वास्तव में घूमती-सी लगती है। पैर में नीचे की ओर उतरने के पहले एक चक्करदार गति होती है। मुझे यह उस घुमाव-पटल की याद दिलाती है जहां इंजन आख़िरी स्टेशन पर पहुंचने पर विपरीत दिशा में चलने के पहले चक्कर देकर घुमाया जाता है। हमारे कूल्हे के जोड़ों में भी ठीक ऐसे ही घुमाव पटल होते हैं; वह ऐसी गतिविधि है जिसका मुझे भली प्रकार ज्ञान है।"

उन्होंने छात्रों से यह भी पूछा कि "क्या तुम्हें यह अनुभव होता है कि हमारे कूल्हों के जोड़ उस समय कितने शिल्प-कौशल के साथ सक्रिय होते हैं, जब तनाव ऊपर की ओर आता है और फिर नीचे की ओर प्रवहमान होता है। वे भाप के इंजन के सन्तुलित करने वाले पहियों के समान होते हैं। ख़तरनाक क्षणों में वे आघातों को संयमित करते हैं। यह तब होता है जब हमारे कूल्हे ऊपर से नीचे और नीचे से ऊपर उठते हैं।"

2

कोस्त्या उस दिन कक्षा से अपने घर लौटते समय भी यह अभ्यास करता रहा कि कैसे चलना चाहिए। उसे देखकर राहगीरों को यह लगा था कि या तो वह शराब पीकर आया है या बड़े ही असामान्य मनोविज्ञान का व्यक्ति है। उस क्षण जब उसका वज़न एक पैर से दूसरे पैर पर जाता था तो उसे विशेष

रूप से बड़ी जटिलता का अनुभव होता था। घर पहुंचते-पहुंचते उसे लगने लगा था कि शरीर को एक पैर से दूसरे पैर पर ले जाते समय बल्कि कहना चाहिए कि दाहिने पैर के पंजे से बाएं पैर की एड़ी तक ले जाते समय जो झटके लगते थे, वे अब नहीं लग रहे। उसके साथ ही उसके अपने अनुभव ने यह भी सिखाया कि आगे की ओर होने वाली गति की सहजता और अविच्छिन्नता टांगों की सभी कमानियों की परस्पर सम्बद्ध क्रिया कूल्हों, घुटनों, टांगों, ऐड़ियों और पंजों के समंजित सहयोग पर निर्भर करती है।

कोस्त्या की आदत थी कि घर जाते हुए वह गोगोल के स्मारक के पास बैठता था। उस दिन भी वहां बैठकर उसने देखा कि कोई भी तो ऐसा व्यक्ति नहीं है जो अपना पूरा कदम ठीक अपने पंजों के अन्त तक उठाता हो और क्षण के छोटे-से-छोटे अंश तक भी पंजे के अन्तिम छोर तक भव्य मुद्रा में रहता हो। केवल एक छोटी बालिका ही ऐसी थी जो औरों की भांति रेंगती नहीं, वरन् तैरने की चाल से चल रही थी। तभी उसे लगा था कि तोर्त्सोव ठीक ही कहते हैं कि पैर में अवस्थित विलक्षण उपकरण का प्रयोग करना लोग जानते ही नहीं। अतः इसके प्रशिक्षण की आवश्यकता है। रंग-संस्थान के छात्रों के लिए तो चलने, बोलने, देखने और करने आदि सभी कार्यों का प्रशिक्षण अनिवार्य है।

3

स्तानिस्लाव्स्की के अनुसार अन्तश्चेतना की गहराई से उत्पन्न होने वाली सभी गतिविधियां और चेष्टाएं एक आन्तरिक व्यवस्था का अनुसरण करती हैं; वे नाटक नृत्यनाटिका और रंगमंच की सभी मूर्तकलाओं के वास्तविक कलाकारों के लिए परमावश्यक हैं। जब हम किसी चरित्र के भौतिक स्वरूप की रचना करते हैं तो केवल इसी प्रकार की चेष्टाएं हमारे प्रयोग के लिए उपयुक्त होती हैं। सवाल उठता है कि इन्हें कैसे प्राप्त किया जाए। स्तानिस्लाव्स्की कहते हैं कि तोर्त्सोव ने यह समस्या सुलझाने में मादाम सुनोवा की मदद ली थी।

मादाम सुनोवा ने बोलना आरम्भ किया, "इधर देखो! मेरे हाथ में पारे की एक बूंद है। अब मैं उसे बड़ी सावधानी के साथ अपनी तर्जनी के छोर पर रखूंगी।" जब वह यह कह रही थीं तो उन्होंने ऐसे प्रदर्शित किया कि जैसे वे उस काल्पनिक पारे को अपनी उस अंगुली की मांसपेशियों में उंड़ेल रही हैं। उसके बाद उन्होंने कहा, "अब तुम भी यही करो और उसे (पारे को) अपने पूरे शरीर में प्रवाहित होने दो। जल्दी मत करो। धीरे-धीरे करो।

पहले अपनी अंगुलियों के जोड़ के पास से गुज़रो—उन्हें सीधा होने दो और अपनी हथेली तक उस पारे को उतरने दो। फिर कलाई के जोड़ तक; और तब बांह और अपनी कोहनी तक। क्या वह वहां पहुंच गया है? क्या वह प्रवाहित होने लगा है? क्या तुमने उसे स्पष्टतः अनुभव किया है? जल्दी मत करो, अपने रास्ते का अनुभव करो। यह बड़ा ही विलक्षण है। अब धीरे-धीरे उसे अपने कन्धे तक आगे बढ़ते देखो। यह ठीक है। विलक्षण है! तुम्हारी पूरी बांह खुल गईं, सीधी, जोड़ से जोड़ तक उठी हुई हैं। नहीं, नहीं! अपनी पूरी बांह को तुरन्त एक लकड़ी की छड़ी की भांति उतरने क्यों देते हो? पारा नीचे गिर जाएगा। लो, वह धरती की ओर बह रहा है। तुम्हें उसे धीरे-धीरे प्रवाहित होने देना चाहिए, पहले कन्धे से कोहनी तक, अब उसे झुकाओ, अपनी कोहनी को झुकाओ। यही तरीका है। लेकिन कुछ समय तक अपनी बांह को विश्राम के लिए भी नीचे मत जाने दो। किसी भी हालत में नहीं, अन्यथा तुम पारे को बिखेर दोगे। यही रास्ता है। अब आगे बढ़ो। उसे अपनी कलाई तक बहने दो। इतनी तेज़ी से नहीं। उसे देखो, उसे बड़ी सावधानी से देखो। अपनी कलाई को गिरने क्यों देते हो, उसे ऊपर रखो। उस पारे को खोजो। धीरे, बहुत धीरे। यह बिल्कुल ठीक है। अब उसे क्रमशः अपने हाथ के और अंगुलियों के जोड़ों में बहने दो। इस तरह उन्हें नीचे और नीचे जाने दो। धीरे-धीरे। यह ठीक है। यह अन्तिम प्रवाह है। हाथ अब खाली है, पारा सब बह गया है।"

उसके बाद उन्होंने कहा कि अब वे उस पारे को छात्रों के सिर पर डालना चाहती हैं। "तुम उसे अपनी गर्दन से गुज़रने दो। अब उसे अपनी गर्दन में उतरने दो, अपनी रीढ़ के पास से गुज़रने दो, अपने कूल्हे के मेहराब में दाहिने पैर के साथ, तब फिर ऊपर की ओर कूल्हे के मेहराब के आर-पार, बाएं पैर के नीचे की ओर, अपने बाएं पैर के अंगूठे की ओर, अब पीछे की ओर कूल्हे की दिशा में, और अब पारे को अपनी रीढ़, अपनी गर्दन और फिर अपने सिर की चोटी की ओर ले जाओ।"

सभी छात्रों ने वही सब किया। काल्पनिक पारे को अपने अंगों में उतारा। कन्धे, ठोड़ी, नासिका और तब उसे फिर बाहर की ओर दौड़ने दिया।

तब यह पूछा गया कि क्या सभी छात्रों ने अपनी मांसपेशियों की व्यवस्था में उस पारे को बहते हुए अनुभव किया है? लेकिन हमें इस बात का समय नहीं दिया कि हम इस सम्बन्ध में विचार-विमर्श करें अथवा कल्पना में अनुभव करें कि वह काल्पनिक पारा हमारे भीतर प्रवहमान हो रहा है। लेकिन

स्तानिस्लाव्स्की मादाम सुनोवा के हवाले से सभी अभिनेताओं से रंगकर्म सम्बन्धी अन्य बातों का प्रशिक्षण लेते समय भी इस कल्पना-अभ्यास की बार-बार आवृत्ति की सिफ़ारिश करते हैं—उस समय तक जब तक वह कल्पना वास्तविक न लगने लगे।

तोर्त्सोव ने उसके बाद शेष बातों को स्वयं समझाया : "मादाम सुनोवा ने तुम्हारी मांसपेशियों के जाल में ऊर्जा के प्रवहमान होने की ओर तुम्हारा भौतिक ध्यान आकर्षित किया है। इसी प्रकार का ध्यान तुम्हें अपनी मांसपेशियों के शिथिलन की प्रक्रिया में दबाव के बिन्दुओं को खोज निकालने में लगाना चाहिए। मांसपेशियों का दबाव या उनका संकुचन बहती हुई ऊर्जा के रुक जाने के अलावा और क्या है?"

किरणों के संप्रसार या शब्दहीन संप्रेषण के अभ्यास से (सन्दर्भ : 'ऐन ऐक्टर प्रिपेयर्स') ऊर्जा केवल भीतर ही नहीं, बाहर भी सक्रिय होती है। चेतना की गहराई से वह ऊपर उठती है और हमारे बाहर किसी वस्तु की दिशा में चलती है।

ठीक वैसी ही प्रक्रिया में हमें गति की सुनम्यता के क्षेत्र में अपना ध्यान स्थित करना चाहिए, जिसमें वह एक महत्त्वपूर्ण भूमिका निभाती है। यह महत्त्वपूर्ण है कि अभिनेता का ध्यान निरन्तर ऊर्जा की धारा के साथ-साथ चले, क्योंकि यह एक अन्तहीन अविच्छिन्न रेखा की रचना में सहायक होता है, और यह हमारी कला के लिए बहुत आवश्यक होता है। तोर्त्सोव ने कहा है कि इस अविच्छिन्न रेखा की रचना केवल रंगकला के लिए नहीं; वरन् चित्र, मूर्ति आदि सभी कलाओं के लिए आवश्यक होती है। "कला उस क्षण उत्पन्न होती है, जब वह अविच्छिन्न रेखा स्थापित हो जाती है—वह चाहे ध्वनि की कला हो या वाणी, रेखांकन या गति की। जब तक अलग ध्वनियों, खण्डित स्वरों, संगीत के स्थान पर उच्छवासों या अलग रेखाओं, रूपाकृति के स्थान पर बिन्दुओं या समंजित गतियों के स्थान पर अव्यवस्थित झटकों का अस्तित्व रहेगा, तब तक संगीत, गायन, रेखांकन या चित्र, नृत्य, वास्तुकला, मूर्तिकला और यहां तक कि नाट्यकला का भी अस्तित्व नहीं होगा।"

स्तानिस्लाव्स्की के अनुसार अभिनेता के लिए भली प्रकार यह देखना-समझना अनिवार्य है कि गतिशीलता की यह अविच्छिन्न रेखा कैसे स्थापित होती है। इसके लिए अपनी गतिविधियों और कार्यकलापों को समझना और दोहराना उनके लिए अनिवार्य है। स्तानिस्लाव्स्की ने लिखा है कि तोर्त्सोव ने इस सम्बन्ध में कहा था कि "तुम देख रहे हो कि मेरी बांह अंगुलियों में

उस काल्पनिक पारे को लिये हुए एक ओर लटक रही है, लेकिन मैं उसे उठाना चाहता हूं, इसलिए तालमापक (मेट्रोनोम) को उसकी सबसे धीमी गति नम्बर दस पर कर दो। उसकी हर ताल को चौथाई संगीत-स्वर समझो। चार तालों को लेकर चार-चार समय की माप बनेगी। इतना समय वे एक बांह के उठाने में लेंगे।"

तोर्त्सोव ने उसके बाद तालमापक को चला दिया और फिर सावधान किया कि मैं अब सत्र आरम्भ करने जा रहा हूं।

"यह एक की गणना है। एक-चौथाई सांगीतिक स्वर की, जिसमें मैं एक अंगभूत गति सम्पन्न करूंगा—बांह का उठाया जाना और ऊर्जा का कन्धे से लेकर कोहनी तक प्रवाहित होना।

"बांह का वह भाग जो अभी तक उठाया नहीं गया है, सभी प्रकार के तनाव से मुक्त और शिथिल रहना चाहिए और उसे कोड़े की तरह ढीला-ढाला लटका रहना चाहिए। शिथिल मांसपेशियां बांह को नमनशील बना देती हैं और जब वे सीधी होती हैं तो हंस की गर्दन के समान फैल जाती हैं।

"ध्यान से देखो, बांह के उठाए या गिराए जाने में उनके साथ कुछ और जो चेष्टाएं होती हैं उन्हीं की भांति तुम्हें अपनी बांह को शरीर के निकट रखना चाहिए। शरीर से दूर रखी गई बांह एक छोर से उठाई गई छड़ी की तरह होती है। तुम्हें अपने हाथ को अपने से अलग रखना चाहिए, और जब वह चेष्टा पूरी हो जाए तो उसे फिर अपने निकट कर लो। यह चेष्टा कन्धे से आरम्भ होती है, बांह की चरम सीमाओं तक जाती है और फिर कन्धे में प्रस्थान बिन्दु तक लौटती है।

"आओ, हम अभ्यास जारी रखें। संख्या दो। यहां माप का दूसरा चौथाई है, जिसके बीच बाद में आने वाली दूसरी चेष्टा की जाती है और जैसे बांह का वह भाग उठाया जाता है, वह काल्पनिक पारा कोहनी से कलाई तक चलता है।

"उसके बाद तीन। यह तीसरा चौथाई है, जिसमें कलाई और उसके बाद अंगुलियों के एक के बाद एक जोड़ उठाए जाते हैं। अन्ततः चार की गिनती पर, जो तुम्हारा अन्तिम चौथाई का सांगीतिक स्वर है, तुम अपनी सभी अंगुलियों को उठाते हो।

"ठीक इसी प्रकार मैं अब अपनी बांह को गिरने देता हूं। चारों लचीलेपन की क्रियाओं में से हर एक को एक-चौथाई सांगीतिक स्वर प्रदान करते हुए एक, दो, तीन, चार..."

तोर्त्सोव ने अब सैनिक आदेश की भांति अलग-अलग गिनतियों की घोषणा की—

"एक!" दूसरी गणना से पहले विराम।

"दो!" दूसरा विराम।

"तीन!" एक और विराम।

"चार!" एक विराम, और उसी प्रकार फिर विराम और फिर विराम।

स्तानिस्लाव्स्की ने आगे लिखा है कि धीमी गति के कारण से आदेश के शब्दों के बीच के विराम काफ़ी लम्बे थे। मौन निष्क्रियता के बाद आते हुए स्पन्दन गति की किसी तरलता को बाधित करते थे। हमारी बांहें गहरे गड्ढों को पार करती हुई, हिचकोले खाती हुई गाड़ी के समान झटके के साथ चलती थीं।

तोर्त्सोव ने उसके बाद इसी अभ्यास को थोड़ी तेज़ रफ़्तार से करने को कहा। प्रत्येक चौथाई के सांगीतिक स्वर में दो स्पन्दन हैं—एक और एक, संगीत की युगलबन्दी के समान, तब सामान्य संख्याओं के स्थान पर दो और दो, तीन और तीन, चार और चार, फलस्वरूप प्रत्येक प्रयास में हम सांगीतिक स्वर की उन्हीं चार चतुर्थांशों को सुरक्षित रख सकेंगे, लेकिन वे आठ भागों या आठ स्वरों में विभाजित होंगे।"

तोर्त्सोव ने अपनी बात को जारी रखते हुए कहा कि "तुम्हें लगा होगा कि गिनती के बीच अन्तराल बहुत लघु हैं क्योंकि निर्धारित माप में उनकी संख्या अधिक है और उसने गति की विशिष्ट तरलता को सहज बना दिया है।

यह बड़ी अजीब बात है। क्या यह सम्भव है कि मात्र गिनती करना बांह के उठाने या गिराने की सहजता को प्रभावित करे? निश्चय ही इसका रहस्य शब्दों में नहीं, बल्कि व्यक्ति की ऊर्जा के दिशा-निर्देश में निहित है। हर स्पन्दन के अंश जितने छोटे होते हैं, वे उतनी अधिक संख्या में अवतरित होते हैं और प्रत्येक माप को भरते हुए ऊर्जा के हर प्रवाह के बाद ध्यान की दिशा और अधिक अविच्छिन्न हो जाती है क्योंकि माप जैसे-जैसे सघनित होती जाती है, वैसे-वैसे वह और छोटे खण्डों में विभाजित होती चलती है, इसलिए ध्यान की दिशा में ऊर्जा की गति और अधिक निरन्तरता प्राप्त कर लेती है, और इसी प्रकार बांह की गति और ऊर्जा के साथ भी यही होता है।

तोर्त्सोव ने इसके बाद सभी छात्रों को परीक्षाओं की एक श्रृंखला से गुज़ारा था, जिनके बीच सांगीतिक स्वर का चतुर्थांश तीन, चार, छह, बारह, सोलह, चौबीस खण्डों तथा उससे भी बड़ी संख्या में विभाजित हो गया था।

गतिविधियां एक-दूसरे में समाहित स्पन्दनों के गुंजन की भांति अविराम और अविच्छिन्न हो गई थीं—एक-एक-एक-एक-एक-एक-एक-एक, दो-दो-दो-दो-दो-दो-दो-दो, तीन-तीन-तीन-तीन-तीन-तीन-तीन-तीन, चार-चार-चार-चार-चार- चार-चार-चार... ।

एक सीमा पर पहुंचकर गिनती करने वाला छात्र आगे नहीं गिन सका, क्योंकि उसके लिए प्रवहमान और त्वरित उच्चारण की अपेक्षा थी। उसकी जीभ गुनगुनाई थी, हिली-डुली थी, लेकिन शब्द अस्पष्ट रहे थे। इस उच्च गति में मेरी बांह बिना ध्यान दिए धीरे-धीरे और अविराम गति से चली थी, क्योंकि तालमापक अभी दस पर ही टिका हुआ था।

फलस्वरूप बड़ी विलक्षण सहजता पैदा हो गई थी। उसकी बांह वास्तव में घुमाव से मुक्त हुई थी और फिर हंस की गर्दन के समान घूम गई थी।

तोर्त्सोव ने उसके बाद अपने छात्रों से कहा था, "हम एक और समानान्तर अभ्यास कर सकते हैं, इस बार बाहर लगे गति-यंत्र के साथ। आरम्भ में वह रुक-रुककर विस्फोट की आवाज़ें निकाल रहा है और अब वह चालक-यंत्र की तरह आवाज़ें करने लगेगा।

"तुम्हारे साथ भी यही सही है। पहले तुम रुक-रुककर आदेश के स्वरों को ही उगल रहे थे; लेकिन अब ताल को संकेत, गुंजन के एक अविच्छिन्न ध्वनि-प्रवाह और नमनीय गति में बदल गया है। इस रूप में वह कला की ज़रूरत के मुताबिक बन गया है, क्योंकि तुमने एक अविच्छिन्न स्वर-माधुरी और गति की निरन्तरता प्राप्त कर ली है।

"जब तुम संगीत के स्वरों के साथ यह अभ्यास करोगे, तो तुम्हें इसकी और भी अधिक जानकारी हो जाएगी क्योंकि गिनती करते समय तुम्हारी आवाज़ का गुंजन संगीत के एक मनोरम स्वर-प्रवाह में बदल जाएगा।"

यह सुनते-सुनते रख़्मानव पियानो पर मन्द प्रेम-विह्वल स्वर में कुछ बजाने लगे। सभी छात्र उस स्वर-लहरी के साथ अपनी बांहों, पैरों और रीढ़ को मुड़काने लगे।

तोर्त्सोव ने कहा, "तुमने अनुभव किया, तुम्हारी ऊर्जा कितनी शानदार गति से अविच्छिन्न रेखा के रूप में बढ़ चली है। यही वह गति है जो प्रवहमानता और शारीरिक चेष्टाओं में नमनीयता उत्पन्न करती है, जो हम रंगकर्मियों के लिए बड़ी ज़रूरी होती है।

"यह आन्तरिक रेखा हमारी अन्तश्चेतना की गहराइयों से आती है, और जो ऊर्जा वह उत्पन्न करती है, वह भावनाओं, इच्छाशक्ति और बौद्धिकता

की उत्प्रेरणाओं से सराबोर होती है। जब तुम सुव्यवस्थित अभ्यास की सहायता से अपने कार्य-व्यापारों का बाह्य की अपेक्षा आन्तरिक अविच्छिन्नता पर आधारित करने में आनन्द अभ्यस्त हो जाओगे—तब तुम जान जाओगे कि भावना की गतिशीलता का अपने आपमें क्या मतलब है।"

तोर्त्सोव ने अपने सिद्धान्त को आगे बढ़ाते हुए कहा, "गति की ठोस और अविच्छिन्न रेखा हमारी कला का ऐसा कच्चा माल है जिससे हम नमनीय रूप को ढालते हैं। जैसे ऊन या रुई का अविच्छिन्न धागा कताई करने वाली मशीन से गुज़रता हुआ स्वरूप ग्रहण करता है, वैसे ही हमारे कार्य की रेखा कलात्मक स्वरूप ग्रहण करती है। एक बिन्दु पर हम उसे हल्का बना सकते हैं; दूसरे पर हम उसे और शक्ति दे सकते हैं; तीसरी अवस्था में हम इस काम को जल्दी कर सकते हैं, धीमे कर सकते हैं, रोक सकते हैं, तोड़ सकते हैं, लयात्मक गति प्रदान कर सकते हैं और अन्ततः अपनी गतिविधि को लय और गति की सबलता के समन्वित भी कर सकते हैं।

"हमारे मनोजगत् में कार्य में उत्पन्न हुए कौन-से क्षण ताल के सुमापित स्वरूपों के साथ मिल जाने चाहिए?" तोर्त्सोव का छात्रों से अगला प्रश्न था। फिर स्वयं उत्तर देते हुए उन्होंने कहा, "ये अवस्थाएं लगभग अदृश्य, सूक्ष्म और विच्छिन्न क्षण होती हैं, जिनके बीच ऊर्जा का प्रवाह, मुखरता के अलग-अलग बिन्दुओं, अंगुलियों के जोड़ों अथवा रीढ़ की संरचना में से गुज़रता है।

"ये ही वे अलग-अलग क्षण हैं, जिन्हें हमारा ध्यान लक्षित करता है। पारे की काल्पनिक बूंद को जैसे-जैसे हम एक जोड़ से दूसरे में ले जाते हैं, हम उस संकेतित क्षण को लक्षित करते हैं जिसमें वह ऊर्जा कन्धों, कोहनियों, कलाइयों के झुकाव और अंगुलियों के जोड़ों में प्रवहमान होती है। यही सब हमने संगीत की स्वर-लहरी के साथ किया था।

"हो सकता है कि यह संयोग सटीक न रहा हो, वह तब न घटित हुआ हो जब तुम उसकी सम्भावना कर रहे थे, वह कुछ पहले या देर से घटित हुआ हो। हो सकता है तुमने उस सुमापित ताल को सही रूप के बजाय लगभग सुमापित ताल में गिना हो। लेकिन महत्त्वपूर्ण बात तो इस प्रकार विभाजित वह कार्य है, जिसने तुममें लय और गति का संचार कर दिया कि तुम माप के प्रति निरन्तर सतर्क रहे तथा तुम्हारे ध्यान ने लगातार खण्डित होती गिनती के पीछे चलते हुए उसे पकड़ने में समर्थ हो सके, हालांकि तुम्हारी ज़ुबान उसकी गति के साथ नहीं चल सकी। फिर भी ध्यान

की एक अविच्छिन्न रेखा तो बनी और उसके साथ हुआ अविच्छिन्न कार्य का प्रवाह। हमें इसी की तलाश थी।''

विशेष रूप से जो बात आनन्दमय सिद्ध हुई, वह थी आन्तरिक गतिविधि के साथ, एक स्वर-लहरी के साथ ऊर्जा की आन्तरिक गतिविधि को जोड़ना। वास्तव में संगीत सभी प्रकार की गतिविधियों को अबाध बना देता है और वे चिकने विद्युत-प्रवाह के समान बहने लगती हैं। ध्वनि और लय गति के अविराम और सहज प्रवाह तथा कोमलता को बढ़ाते हैं, जिससे ऐसा अनुभव होता है, जैसे बाज़ू अपने आप धड़ से बाहर आकर गतिमान हो गई है।

स्तानिस्लाव्स्की ने छात्र-अभिनेताओं के सन्दर्भ में इस बात को स्पष्ट करते हुए कहा कि उन्होंने अपने पैरों, मेरुदण्डों और गरदनों के इसी प्रकार के अभ्यास किए। उनके अनुसार इस अवस्था में ऊर्जा उनकी रीढ़ से वैसे ही प्रवाहित हुई जैसे मांसपेशियों के तनाव को शिथिल करने के अभ्यास के प्रशिक्षण के समय हुई थी।

जब ऊर्जा की धारा नीचे की ओर प्रवहमान हुई तब छात्रों को लगा कि जैसे वे नीचे के तलों में डूबे जा रहे हैं। जब वह मेरुदण्ड से ऊपर उठी तो उन्हें लगा कि जैसे वे धरती से सीधे-सीधे ऊपर उठ रहे हैं।

छात्रों ने जब इसी प्रकार का कार्य अपने पैरों के साथ किया तब ऊर्जा ने पैरों और टांगों की मांसपेशियों को चलने में उत्प्रेरित किया।

जब कभी छात्र ऊर्जा के सहज और अविराम प्रवाह को स्थापित कर पाए, उनके कदम बड़े सहज, सुमापित और लचीले हो गए। जब भी ऊर्जा अलग-अलग झटकों के रूप में उतरी तो वह रक्त-प्रवाह के अन्य केन्द्रों में रुक गई और तब उनकी चाल असन्तुलित और अस्थिर हो गई।

तोर्त्सोव ने इसका निष्कर्ष प्रस्तुत करते हुए कहा, "तुम्हारी चाल में क्योंकि अब गति की अविच्छिन्न रेखा है, इसका मतलब है कि गति और लय उसमें अन्तर्निहित हैं।

तुम्हारी बांहों की भांति वहां की कोई भी गति क्षणों के उन अंगभूत अंशों में विभाजित होती है, जब ऊर्जा तुम्हारी वाणी के साथ-साथ प्रवहमान होती है तब (यह स्थिति पैर के फैलने, शरीर के आगे झुकने, उसके पीछे होने, पैरों के स्थान बदलने, हिचकोलों के सन्तुलन और इसी प्रकार के अन्य प्रयासों में देखने को मिलती है)।

इसीलिए जैसे तुम्हारा अभ्यास आगे बढ़ता है तुम्हें अपने पैरों की गति और लय की बाहरी ताल को ऊर्जा की गति की आन्तरिक रेखा की

मिलती-जुलती चाल से उसी तरह जोड़ना होता है जैसा हमने अपनी बांहों और मेरुदण्ड के साथ अपनी चेष्टा या अपने कार्य में किया था।"

ऊर्जा के नियमित लयात्मक प्रवाह को देखते रहने में कितना ध्यान लगाना होता है। एक छोटा-सा विराम आ जाए तो एक अवांछनीय झटका लगता है, गति का प्रवाह और उसकी सहजता टूट जाती है, गति का प्रवाह छिन्न-भिन्न हो जाता है।

छात्रों को उसके बाद ऊर्जा के प्रवाह को रोकने तथा गति और लय को बाधित करने के अभ्यास कराए गए। फलस्वरूप अगतित मुद्रा का आविर्भाव हुआ। छात्रों ने जब उसे अपनी अन्तःप्रवृत्ति से अनुभव किया तो उसकी सच्चाई पर उनका विश्वास जम गया। उस मुद्रा ने प्रतिबन्धित कार्य-व्यापार, जीवन्त प्रतिमा का रूप ग्रहण कर लिया। अन्तःप्रवृत्ति से रंगमंच पर सक्रिय होने के साथ-साथ लय और गति में निष्चेष्ट बने रहना भी बड़ा रुचिकर होता है।

तोर्त्सोव ने विषय को समाप्त करते हुए सारांश रूप में कहा था, "अपने आरम्भिक प्रशिक्षण में, व्यायाम और नृत्य की कक्षाओं में तुम लोग बांहों, पैरों और शरीर की बाह्य गतिविधियों तक सीमित रहे। आज तुमने आगे की बात सीखी है—गति की आन्तरिक रेखा, जो नमनीयता का मूलाधार है।

"अब यह तुम पर निर्भर करता है कि मानव जीवन को और चरित्र के रचाव को मंच पर प्रस्तुत करने के लिए बाह्य और आन्तरिक दोनों में से कौन-सी पद्धति तुम्हें बेहतर लगती है।"

छात्र सर्वसम्मति से आन्तरिक पद्धति के पक्ष में थे। इससे प्रेरित होकर तोर्त्सोव ने बात को आगे बढ़ाते हुए कहा था कि क्योंकि ऊर्जा के आन्तरिक प्रवाह की प्रतिष्ठा गति की नमनीयता का मूलाधार है, इसलिए उसे गति और लय की सुमापित ताल से युक्त करने की आवश्यकता है। शरीर के अन्दर प्रवहमान ऊर्जा की आन्तरिक अनुभूति की गति ही चेतना है; बाह्य नमनीयता भी ऊर्जा की गति की आन्तरिक चेतना पर आधारित है।

6

आत्मसंयम और अनुशासन

स्तानिस्लाव्स्की ने अभिनय की सफलता के लिए आत्मसंयम और अनुशासन को परम आवश्यक माना है। तोर्त्सोव के रूप में उन्होंने कहा है, ''कल्पना करो कि तुम्हारे सामने सफ़ेद कागज़ का एक फलक है; उस पर बहुत-सी आड़ी-तिरछी रेखाएं और धब्बे हैं। तुमसे कहा जाता है कि तुम उस फलक पर पेंसिल से एक प्राकृतिक दृश्य या व्यक्ति-विशेष का अनेक सूक्ष्मताओं से युक्त चित्र बनाओ। इसके लिए पहले तुम्हें उस कागज़ पर जो बेकार के धब्बे और रेखाएं हैं, उन्हें साफ़ करना होगा। अगर वह सब कुछ बना रहता है, तो तुम्हारा रेखांकन भद्दा और बेढंगा हो जाएगा।

''यही कुछ हमें अभिनय की प्रणाली में भी करना होता है। अतिरिक्त मुद्राएं और चेष्टाएं कचरा, धूल और धब्बों की भांति होती हैं, उन्हें दूर करना बड़ा ज़रूरी होता है।

''अभिनेता का आंगिक चेष्टाओं की अधिकता से बेढंगा और भद्दा प्रदर्शन कागज के उसी गड्ड-मड्ड फलक के समान होता है। इसीलिए पेशतर इसके कि वह अपने चरित्र की बाहरी संरचना करे, उसकी भौतिक विवेचना में तत्पर हो तथा अपनी भूमिका के आन्तरिक जीवन को रूपायित करना आरम्भ करे, उसे अपने को सभी बेकार की आंगिक चेष्टाओं से मुक्त कर लेना चाहिए। यह कर लेने के बाद ही वह उस भौतिक रूपायन के लिए अपेक्षित तीव्रता प्राप्त कर सकता है। अनियन्त्रित गतिविधियां स्वाभाविक होने पर भी भूमिका के आकार को बिगाड़ती ही हैं। वे अभिनेता के प्रदर्शन को अनियन्त्रित, अस्पष्ट और विरस कर देती हैं।

''प्रत्येक अभिनेता को अपनी चेष्टाओं पर कुछ ऐसी लगाम लगानी चाहिए कि उन पर सदा उसका नियन्त्रण बना रहे, चेष्टाओं का उस पर नहीं। व्यक्ति बड़े ही मार्मिक, भावात्मक, नाटक के अनुभव के बीच गुज़रते समय उसके विषय में कुछ कहने में असमर्थ होता है, क्योंकि ऐसे समय उसके आंसू

उसके गले को अवरुद्ध कर देते हैं, उसकी वाणी खाण्डत हो जाती है और उसकी भावनाओं का उद्वेग उसके विचारों को उलझा देता है। उसकी यह दयनीय स्थिति उसे देखने वालों को भी विचलित कर देती है और उसकी उस पीड़ा के कारण को समझने में रुकावट डालती है। लेकिन सबसे बड़ा उपचारक समय, उस व्यक्ति की अन्तरात्मा की व्यथा का शमन करता है; और व्यतीत घटनाओं को बड़ी शान्ति के साथ ग्रहण कर सकना सम्भव कर देता है। इसके बाद वह उनके विषय में, धीरे-धीरे बौद्धिकता के साथ व्यवस्थित रूप में वैसे ही कह सकता है, जैसे वह जब कोई कहानी सुनाते समय शान्त बना रहता है, जबकि उसे सुनने वाले रोते हैं।''

स्तानिस्लाव्स्की का विचार है कि हमारी कला इसी प्रतिफल को पाना चाहती है; वह मांग करती है कि अभिनेता अपनी भूमिका की गहन पीड़ा का अनुभव करे। जब वह पूर्वाभ्यास कर रहा हो अथवा जब घर में ही आराम कर रहा हो, तो रोने में अपने मन की पीड़ा को बाहर निकालकर अपने को शान्त कर ले तथा भूमिका को बाधित करने वाले अथवा उसके विरोधी प्रत्येक भावावेग से स्वयं को मुक्त कर ले। तभी सामाजिकों को अर्थगर्भित और गहरे अनुभव प्रदान करना सम्भव होगा। इस प्रकार अभिनेता उन्हें उन विषम परिस्थितियों से परिचित करा सकेगा, जिनसे मूल चरित्र को गुज़रना पड़ा था। इस अवस्था में दर्शक अभिनेता से कहीं अधिक प्रभावित होंगे, वह अपनी सारी शक्तियों को बचाए रखेगा, ताकि उन्हें उस ओर ले जा सके जहां उसे उसकी सबसे अधिक ज़रूरत हो। वह जिस चरित्र को रूपायित कर रहा है, उसके आन्तरिक जीवन को बड़े प्रभावपूर्ण रूप में प्रस्तुत कर सकेगा।

यह अक्सर होता है कि अभिनेता प्रदर्शित भूमिका के लिए सही और ज़रूरी कार्य को ग़ैर-जरूरी और बहुत-सी बेकार चेष्टाओं से ऊटपटांग और अस्पष्ट बना देते हैं। प्रायः अभिनेता, जिसका मौखिक अभिव्यंजना पर विशेष अधिकार होता है, अपने दर्शकों को पूरी तरह से उसका आनन्द लेने का अवसर प्रदान नहीं करता, क्योंकि वह उसे अपनी बांहों और हाथों की बड़ी ही दिखावटी चेष्टाओं से ढंक देता है। इस तरह के अभिनेता खुद अपने सबसे बड़े दुश्मन होते हैं, क्योंकि वे जिन विलक्षण विशेषताओं का प्रदर्शन कर सकते हैं, उन्हें दर्शकों के आगे प्रकट नहीं होने देते।

आंगिक चेष्टाओं का अत्यधिक प्रयोग भूमिका को वैसे ही हल्का कर देता है, जैसे अच्छी शराब को पानी। भूमिका की सही कार्य व्यापार-रेखा आंगिक

चेष्टाओं के जाल के बीच ठीक वैसी ही अस्पष्ट हो जाती है, जैसे बढ़िया लाल शराब की रंगत पानी के साथ मिलकर हल्की गुलाबी हो जाती है।

स्तानिस्लाव्स्की का मानना है कि अभिनेता की भूमिका से पूर्णतः असम्बद्ध किसी स्वतन्त्र गतिविधि के रूप में आंगिक चेष्टा चरित्र के अंशों जैसी विरल परिस्थितियों को छोड़कर कतई अनिवार्य नहीं होती। आंगिक चेष्टाओं से न तो भूमिका की आन्तरिक चेतना को प्रकट किया जा सकता है और न कार्य की अविच्छिन्न धारा को, जो उसमें आद्यन्त बहती दिखाई देती है। इसके लिए तो उन गतियों का प्रयोग करना होगा, जो भौतिक चेष्टाओं को उत्प्रेरित करती हैं। वे फिर भूमिका की अन्तश्चेतना का प्रकटीकरण करेंगी।

आंगिक चेष्टाएं अपने आप में, उन अभिनेताओं का साज़ो-सामान होती हैं, जो अपनी मुद्राओं और प्रदर्शनों के माध्यम से स्वयं अपने रूप-वैभव को प्रकट करना चाहते हैं।

अभिनेता आंगिक चेष्टाओं के अतिरिक्त, अपनी भूमिका के कठिन स्थलों पर, अपनी मदद करने की कोशिश में, अनजाने ही बहुत-सी गतिविधियां अपनाते हैं। ये गतिविधियां, बाहरी भावात्मक प्रभावों अथवा भावनाओं के बाहरी भौतिक प्रदर्शन को उत्प्रेरित करती हैं। ये बाह्य भौतिक प्रदर्शन सतही अभिनेताओं में होते ही नहीं। इस प्रकार की गतिविधियां आपत्तिजनक विकृतियों का रूप ग्रहण कर लेती हैं। मांसपेशियों में अनावश्यक और हानिकर तनाव उत्पन्न करती हैं, लेकिन सामान्यतः यह समझा जाता है कि नाटकीय भावनाओं की अभिव्यक्ति के लिए वे सुविधाजनक होती हैं, फिर भी वे भूमिका में केवल धब्बे ही नहीं डालतीं वरन् नियन्त्रण और अनुशासन को बाधित करने के साथ-साथ मंच पर उपस्थित अभिनेता की सही और स्वाभाविक चेष्टाओं को बाधित भी करती हैं।

स्तानिस्लाव्स्की इसके लिए कई शास्त्रों को इसका दोषी मानते हैं। इसे स्पष्ट करने के लिए उन्होंने तोर्त्सोव से कहलवाया है कि अभिनेता जब आत्मानुशासन की प्रक्रिया को अपनाता है और भावावेगपूर्ण विकृत चेष्टाओं में संलग्न नहीं होता, तो उसे मंच पर देखना अत्यन्त रुचिकर होता है। हम उसकी भूमिका के स्वरूप को अनुशासन के कारण बड़े ही स्पष्ट रूप में देखते हैं। रूपायित मूल चरित्र जब अतिरिक्त, अनर्गल और शुद्ध रूप से नाटकीय चेष्टाओं से आवृत्त नहीं होते, तो उनका कार्य-व्यापार तुरन्त असाधारण महत्त्व प्राप्त करके आकर्षक हो उठता है।

इन अतिरिक्त चेष्टाओं के विषय में यह भी कहा जा सकता है कि वे उस ऊर्जा को अपने में समेट लेती हैं जिसका उपयोग शरीर की मुख्य धमनी के साथ निकटता के साथ जुड़े कार्यों के लिए किया जा सकता है, यह धमनी भूमिका के आरम्भ से लेकर अन्त तक स्पन्दित होती रहती है।

आंगिक चेष्टाओं के अनुशासन और नियन्त्रण के अभिप्राय को समझकर व्यक्तिगत रूप से उनका प्रयोग करने पर ही भौतिक अभिव्यंजना विस्तृत, पूर्णतः सुविकसित, स्पष्टता से सुव्यवस्थित और पारदर्शी होती है। इसके साथ ही अभिनेता की चेष्टाओं में जो कमी आ जाती है, उसकी आपूर्ति उसकी वाणी का स्वर-विन्यास और मौखिक अभिव्यंजनाओं के लचीलेपन से हो जाती है : ये सभी वस्तुतः संप्रेषण के उत्कृष्ट तथा सटीक माध्यम हैं, जो भावनाओं की सूक्ष्म भंगिमाओं एवं भूमिका के आन्तरिक जीवन को औरों तक पहुंचाने के लिए सर्वाधिक महत्त्वपूर्ण हैं।

आंगिक चेष्टाओं का नियन्त्रण चरित्र-चित्रण के क्षेत्र में विशेष रूप से महत्त्वपूर्ण है। इस दृष्टि से कि अभिनेता व्यक्तिगत चेतना से विलग न हो और प्रत्येक भूमिका में उन्हीं बाहरी व्यवहारों को न दोहराए, यह परमावश्यक होगा कि बहुत सारी आंगिक चेष्टाओं को छोड़ दिया जाए। हर प्रकार की वह बाहरी गतिविधि जो अभिनेता को रंगमंच से दूर होने पर बड़ी स्वाभाविक लगती है, रंगमंच पर रूपायित चरित्र से उसे अलग करती है तथा उसे अपने व्यक्तित्व की याद दिलाती रहती है। अगर अभिनेता अपनी भूमिका की आन्तरिक अवधारणा में अपने को समाहित कर अपनी व्यक्तिगत चेतना से अपने को मुक्त नहीं कर लेता तो उसे कम-से-कम अपनी भूमिका की चारित्रिक गतिविधियों से, अपने को बाहर से आवृत्त कर लेना चाहिए।

यह अक्सर होता है कि अभिनेता तीन-चार प्रकार की विशिष्ट आंगिक चेष्टाओं को ही ग्रहण कर पाता है। नाटक के पूरे विस्तार में केवल इतनी ही चेष्टाओं से सन्तुष्ट रह पाने के लिए गतिविधि की अत्यधिक मितव्ययता ज़रूरी होती है। अनुशासन इस प्रयास में बड़ी मदद करता है। लेकिन अगर ये तीन-चार विशेष आंगिक चेष्टाएं, सैकड़ों छोटी-छोटी व्यक्तिगत गतिविधियों में, जो भूमिका से नहीं वरन् अभिनेता के अपने व्यक्तित्व से सम्बद्ध होती हैं, डूब जाती हैं, तो वह मुखौटा फिसल जाएगा जिसे वह धारण किए होता है और उसका प्रतिदिन का चेहरा फिर सामने आ जाएगा। इसके अतिरिक्त अगर यह उसकी हर भूमिका के साथ होता है तो उसका नतीजा यह होगा कि दर्शकों के ऊपर उसका प्रभाव मन्द पड़ जाएगा।

अभिनेता को यह नहीं भूलना चाहिए कि प्रतीकात्मक चेष्टा उसे रूपायित चरित्र के नज़दीक लाती है, जबकि उसकी व्यक्तिगत चेष्टाओं का बीच में आ जाना उसे उससे अलग कर देता है। वे व्यक्तिगत चेष्टाएं उसे ख़ालिस निजी भावनाओं की ओर धकेलती हैं।

यह अच्छी तरह समझ लिया जाना चाहिए कि चारित्रिक चेष्टाएं अक्सर दोहराई नहीं जा सकतीं, अन्यथा वे अपना प्रभाव खो देती हैं और नीरसता उत्पन्न करने लगती हैं।

अभिनेता रचनात्मक प्रक्रिया में जितना अधिक अनुशासन और आत्म-संयम से काम लेता है, उसकी भूमिका का रूपाकार उतना ही स्पष्ट होता है और दर्शक भी उतना ही अधिक प्रभावित होते हैं। इसी स्थिति में उसे अधिक सफलता मिल सकती है और इसी स्थिति में नाटककार को भी सफलता मिलती है जिसकी रचनाओं का जनता तक पहुंचना अभिनेताओं और निर्देशक की सफलता तथा प्रस्तुति के साथ जुड़े सभी रंग-कर्मियों की प्रतिभा और योगदान पर निर्भर करता है।

तोर्त्सोव इस सन्दर्भ में एक प्रसंग सुनाते हैं : "एक दिन एक प्रसिद्ध चित्रकार ब्रियूलव, कला की कक्षा में, अपने एक छात्र की रचना की समीक्षा कर रहे थे। उन्होंने ब्रश उठाया और उसके अपूर्ण चित्र पर मात्र एक स्पर्श दे दिया; वह चित्र तुरन्त ही सजीव हो उठा। उस चमत्कार को देखकर वह छात्र विस्मित हो उठा।

उसके इस विस्मय को देखकर ब्रियूलव ने कहा, "कला का आरम्भ बड़े ही छोटे स्पर्शों के साथ होता है।"

तोर्त्सोव ने इसके बाद इस बात को स्पष्ट करते हुए कहा, "उस कलाकार के इन्हीं शब्दों को हम अपनी कला के सम्बन्ध में भी उपयोग में ला सकते हैं। हमें केवल किसी भूमिका को सजीव बनाने और उसे चरमावस्था तक पहुंचाने के लिए एक या दो बड़े छोटे-से संस्पर्श चाहिए। इन छोटे-से-छोटे स्पर्शों के बिना उसमें समुचित परिपूर्णता की दीप्ति का अभाव ही रहेगा।

"फिर भी, कितनी ही बार हम रंगमंच पर ऐसी भूमिका देखते हैं, जिसमें उस छोटे-से संस्पर्श का बिल्कुल अभाव होता है, जैसे उस पर भली प्रकार कार्य तो किया गया हो, लेकिन फिर भी सर्वाधिक महत्त्वपर्णू तत्त्व उसगें से ग़ायब रहे। हो सकता है कोई प्रतिभावान निर्देशक आकर उसमें सिर्फ़ एक शब्द जोड़ दे, जिससे अभिनेता प्रज्वलित हो उठे और उसकी भूमिका उसकी आत्मा के बहुरंगी कांच (प्रिज़्म) के सभी रंगों से आलोकित हो उठे।" तोर्त्सोव

को इतना कहते-कहते सैनिक बैण्ड के एक संचालक की याद हो आई, जो अपने प्रदर्शन में श्रम और समय तो बहुत देता था, लेकिन जादूभरा स्पर्श नहीं प्रदान कर पाता था; इसलिए उसका प्रदर्शन चरमावस्था तक नहीं पहुंच पाता था।

इसके ठीक तुलनात्मक विरोध में उन्होंने एक ऑर्केस्ट्रा के संचालक (कण्डक्टर) आर्थर निकिश का प्रसंग उठाया, जो कद में तो छोटे थे, लेकिन महान् संगीतकार थे। वे मात्र कुछ ध्वनियों के माध्यम से इतना कुछ कह देते थे जो बहुत से लोग शब्दों से भी नहीं कह पाते थे। अपने बेटन के सिरे से वे अपने ऑर्केस्ट्रा से ध्वनियों का एक सागर उत्पन्न कर देते थे और उसके माध्यम से वे विस्तृत संगीतात्मक चित्रों की रचना कर देते थे।

हमें यह नहीं भूल जाना चाहिए कि निकिश प्रदर्शन आरम्भ होने के पहले कैसे अपने सभी संगीतकारों को बड़ी सावधानी से देखते थे, अपना बेटन उठाने के पहले सभी वृन्द-वादकों एवं दर्शकों के ध्यान को अपने बेटन के छोर पर केन्द्रित करके सभागार में शान्ति स्थापित होने तक इन्तज़ार करते थे। उस क्षण उनका बेटन कहता था, ''सावधान, सुनो, मैं अब आरम्भ कर रहा हूं।''

इस प्रारम्भिक क्षण में भी निकिश के पास वह बड़ा ही सूक्ष्म संस्पर्श होता था, जो बड़ी सुन्दरता के साथ उनकी प्रत्येक गति को पूरा करता था। निकिश के लिए प्रत्येक पूर्ण स्वर, प्रत्येक अर्द्ध स्वर, प्रत्येक आठवां और सोलहवां स्वर-विन्यास तथा प्रत्येक गणितीय सटीकता का विरोधी बिन्दु अत्यन्त महत्त्वपूर्ण था।

वे अपने बेटन के संचालन से ही प्रत्येक वाद्य-यंत्र और सभी संगीतकारों की आत्माओं से अपेक्षित वस्तु निकाल लेते थे। उनका बायां हाथ चित्रकार के ब्रश की भांति विभिन्न रंगों की अभिव्यंजना में सक्रिय रहता था। ध्वनि-प्रवाह को समतल बनाने, संगीत के स्वरों को धीमा करने, उन्हें ऊपर उठाने और उनकी गति को बढ़ाने में उनका नियन्त्रण बहुत विलक्षण था...उनकी गतिशीलता बराबर अपेक्षित स्तर पर बनी रहती थी। निकिश की धीमी गति भी अपने भीतर अपने त्वराशील स्वरूपों को लिये रही थी। उन्होंने संगीत के प्रवाह में कभी जल्दबाजी नहीं की और न उसे कभी रोका ही। केवल समापन के अवसर पर ही, जब सब कुछ कहा जा चुका था, तो निकिश गति को मन्द या तीव्र करते थे। इसका प्रयोजन होता था, जो पीछे रुक गया है उसे पकड़ना अथवा जिसे तीव्रगति से पहले जान-बूझकर छोड़ दिया हो,

उस तक लौटना। इसके लिए उन्होंने एक संगीतात्मक शब्दावली का निर्माण किया था। वे कहते हैं, "कभी जल्दी न करो। संगीत में जो कुछ अन्तर्निहित है उसका उद्‌घाटन करो।" अब हम इस शब्दावली के शिखर की बात करें। पहले से इस बात को कौन जान सकता था कि वे अपनी रचना को परिणति तक कैसे पहुंचाएंगे—वह किसी नई, किसी मन्द गति या इसके एकदम विपरीत किसी अप्रत्याशित साहसिकता, द्रुतगति या सबलता से उसका समापन करेंगे?

निकिश यह सब करने में समर्थ थे क्योंकि उनका प्रदर्शन केवल शानदार नियन्त्रण से ही नहीं वरन् सुमेधा-सम्पन्न पूर्णता से होता था।

तोर्त्सोव ने इसके बाद कहा है कि कभी-कभी बड़ा ही विपरीत उदाहरण भी विश्वास जगा देता है। अपने कार्यक्षेत्र के सम्बन्ध में उन्होंने उसी विपरीत पद्धति के समापन से अभिप्राय और मूल्य का विवेचन किया है। अपने छात्रों से उन्होंने कहा था कि तुम अभिनेताओं की कोटि को जानते हो जिनमें अग्नि की भांति त्वरा और गतिशीलता होती है। वे अपने को सदाबहार दिखाना चाहते हैं। वे लोगों को हंसाते हैं और प्रत्येक मर्मस्पर्शी स्थल पर अपने कदम रखते हैं, लेकिन जब तुम अपने को भीतर से दुःखी अनुभव कर रहे हो, तो बाहर से अपने को खुश दिखाना बड़ा मुश्किल होता है। इसके लिए वे बाहरी नित्य-नैमित्तिक चेष्टाओं का सहारा लेते थे। इस अवस्था को पाने का सबसे आसान तरीका बाहरी गति और लय को पकड़ना है। इस कोटि के अभिनेता अपनी पंक्तियों को बड़ी तेज़ी के साथ बोलते हैं और नाटक के कार्यव्यापार में बड़ी ही अतिरंजित गति से काम करते हैं। पूरा नाटक सम्पूर्णतः एक अराजक घाल-मेल का रूप ग्रहण कर लेता है। दर्शक इसे सुलझाने में असमर्थ रहते हैं। यहां कुछ भी सुव्यवस्थित नहीं मिलता। उसमें अनुशासन और सम्पूर्णता का अभाव होता है। रंगमंच के कलाकारों में से सर्वाधिक गुणवत्ता उनमें होती है जो अपने नियन्त्रण और कार्य को सम्पूर्णता प्रदान करने की दृष्टि से उच्चत्तम स्तर प्राप्त कर लेते हैं। अगर प्रशिक्षार्थी उनके साथ-साथ चलेगा, तो उसे मालूम होगा कि कैसे वे उसकी आंखों के सामने अपनी भूमिका का उद्‌घाटन करते हैं और उसे विकसित होता हुआ देखते हैं। यहीं अभिनेता इस बात को भी महसूस कर सकता है कि जब किसी महान् कलाकृति को जीवन प्रदान किया जाता है, तो उस विलक्षण कार्य-व्यापार के बीच वह भी उपस्थित है।

तोम्मासो साल्विनी जैसे महान् प्रतिभावान कलाकारों की रचनाएं कालजयी स्मारक होती हैं। इतने महान कलाकार पहले ही अंक में मूल चरित्र के प्रारम्भिक स्वरूप का निर्माण निःशस्त्र कर देने वाले शान्त वातावरण में

करते हैं और बाद के अंकों में भूमिका को अंश-दर-अंश धीरे-धीरे बड़ी शान्ति और निश्चय के साथ जोड़ते जाते हैं। जब सभी अंगभूत भाग अपने सही स्थान पर एक साथ एकत्र हो जाते हैं तो वह मानवीय भावनाओं—ईर्ष्या, स्नेह, त्रास, प्रतिशोध और क्रोध—से बना अमर स्मारक बन जाता है। यह बिना नियन्त्रण और अनुशासन के सम्भव ही नहीं। मूर्तिकार कांसे में अपना स्वप्न उतारता है, अभिनेता अपनी अन्तश्चेतना, अपनी आन्तरिक रचनात्मक अवस्था, अन्तर्पाठ से और भूमिका के चरम लक्ष्य से मूल चरित्र के स्वप्न को ग्रहण करता है और फिर अपने वाचन, अपनी गतिविधियों और अपनी भावात्मक शक्ति से अपने मूल चरित्र के स्वरूप को लेता है और अपने वाचन, अपनी गतिविधियों और अपनी सुमेधा से, अपनी भावात्मक शक्ति से अपनी भूमिका को जीवन्त बनाता है।

2

स्तानिस्लाव्स्की ने साल्विनी को पहली बार लेण्ट के अवसर पर आयोजित बोल्शोई थिएटर में इटली की एक नाट्यमण्डली की प्रस्तुति में देखा था। 'ऑथेलो' का प्रदर्शन हो रहा था। मालूम नहीं क्यों स्तानिस्लाव्स्की ने इयागो की भूमिका करने वाले अभिनेता को ही साल्विनी समझ लिया। उसके अभिनय को देखकर उन्होंने मन ही मन कहा था : "हां, इसकी आवाज़ तो अच्छी है। इसमें अच्छे अभिनेता की विशेषताएं हैं। इसकी उपस्थिति अच्छी लगती है। यह प्रचलित इतालवी शैली में अभिनय करता है, लेकिन इसमें कुछ भी विलक्षण नहीं। वह अभिनेता जो ऑथेलो की भूमिका कर रहा है, समान रूप से अच्छा है, उसके पास अच्छी सामग्री है। उसकी आवाज़ भी विलक्षण है। वाचन और चाल-ढाल भी प्रभावपूर्ण है। अन्य विशेषज्ञ तो साल्विनी को पहचान रहे थे और उसके पहले ही संवाद से उस पर प्रशंसा बरसाने को तत्पर हो उठे थे, लेकिन स्तानिस्लाव्स्की शान्त बैठे रहे।

उस प्रदर्शन की आन्तरिक विवेचना करते हुए उन्हें लगा कि जैसे वह अभिनेता अपने प्रदर्शन के आरम्भ में ही दर्शकों का ध्यान अपनी ओर नहीं आकर्षित करना चाहता था। अगर उसने ऐसा करना चाहा तो उसके पास अवसर था, उसने अपने एक विलक्षण मौन से अपना प्रयोजन सिद्ध कर लिया होता। लेकिन यह उसने बाद में सेनेट के दृश्य में किया था। उस दृश्य के पहले भाग को संभालने में कुछ भी नया नहीं था। इसके अतिरिक्त स्तानिस्लाव्स्की को साल्विनी की रूप-सज्जा के अध्ययन का अवसर भी मिला

था। किसी में भी उन्हें कोई विलक्षणता नहीं दिखाई दी थी। तथ्यतः कहा जाए तो उसकी वेशभूषा न तो उस समय और न बाद में ही अच्छी लगी थी। उसकी रूप-रचना को देखकर लगा था जैसे उसने कुछ किया ही नहीं। वह उसका अपना चेहरा था और यह लग रहा था कि उसकी रचना का कोई भी प्रयास बेकार होता। वह बड़ी-बड़ी नुकीली मूंछें धारण किए था। बनावटी बाल तो साफ़ दिखाई दे रहे थे। उसका चेहरा चौड़ा, भारी और लगभग स्थूल था। उसकी कमर में एक पूर्वी खंजर लटक रहा था। इस सबके कारण वह और अधिक मांसल लग रहा था—विशेष रूप से मूरों के गाउन और शिरोभाग के वस्त्र के कारण। यह सब 'ऑथेलो' के सैनिक-स्वरूप को उजागर नहीं करता था।

"फिर भी...

"साल्विनी मजिस्ट्रेट के मंच की ओर बढ़ा। एक क्षण चिन्तन की मुद्रा में खोया रहा और तब हमारे बिना जाने ही उस बड़े बोल्शोई थिएटर के सारे दर्शक समुदाय को मानो हथेलियों में समेट लिया। ऐसा लगा जैसे यह सब उसने अपनी एकमात्र चेष्टा से दर्शकों को बिना देखे ही कर लिया है, उसने अपना हाथ फैलाया और हम सबको पकड़ लिया जैसे कि हम सभी चींटियां या मक्खियां हों। उसने अपनी हथेली दबाई और हमें लगा कि जैसे हम अन्तिम सांस ले रहे हों। उसने अपना हाथ खोला—और वह बड़ा ही आनन्दमय था। अब हम उसकी शक्ति के अधिकार में थे और नाटक के अन्त तक और उसके भी बहुत देर बाद तक हम उसी के अधिकार में रहेंगे। अब हमने जाना कि उसकी प्रतिभा कितनी महान् है और हम उससे क्या आशा कर सकते हैं। पहले हमें लगभग यह लगा था कि उसका ऑथेलो वास्तव में ऑथेलो नहीं वरन् रोमियो है। उसकी आंखों में केवल एक देस्दीमोना थी, वह केवल उसी के विषय में सोच रहा था, उसका उसमें असीम विश्वास था और हम सभी ताज्जुब कर रहे थे कि इयागो कैसे इस रोमियो को ईर्ष्या से भरे हुए ऑथेलो में बदलने में समर्थ हो सकेगा।"

स्तानिस्लाव्स्की ने इसके बाद लिखा है कि साल्विनी ने अपने इस प्रदर्शन से जो सशक्त प्रभाव सब पर उत्पन्न किया था, उसका मैं वर्णन नहीं कर सकता। उन्होंने अपने उस विलक्षण प्रभाव को वाणी देने के लिए एक कवि की पंक्ति उद्धृत की है, 'रचना अनन्त काल के लिए होती है'। साल्विनी ने अपने प्रदर्शन से उनके ऊपर कुछ ऐसा ही प्रभाव छोड़ा था।

7

वाचन और गायन

1

स्तानिस्लाव्स्की ने तोर्त्सोव की भूमिका में नाट्य-प्रदर्शन के सम्बन्ध में वाचन और गायन की चर्चा के दौरान अपने अनुभव अंकित करते हुए कहा है, "जब मैंने अपने निमित्त काव्य-पाठ किया, तो मैंने बिना झूठी संवेदना जगाए, बिना कण्ठस्वर के बनावटी प्रभाव उत्पन्न किए अथवा छन्द-विन्यास पर बिना अतिरिक्त बल दिए, यथासम्भव सहज रूप में पढ़ने की कोशिश की थी। मैंने कविता की अन्तश्चेतना को बनाए रखने का प्रयत्न किया था। उससे उत्पन्न प्रभाव शब्दावली के दोलायमान एवं रागात्मक हो उठने पर आधारित है; उसने मेरी वाणी को सौजन्य एवं संगीतात्मक गुणवत्ता प्रदान कर दी थी।

"जब मैंने इसी रीति से रंगमंच पर नाटकीय संवाद बोले, तो मेरे सहयोगी अभिनेता मेरी वाणी, वाचन और भावों तथा विचारों की अभिव्यंजना के नये स्वरूप को देखकर आश्चर्यचकित हो उठे थे। लेकिन मुझे यह लगा कि अभी समस्या के सभी पक्षों का समाधान नहीं हुआ है। अभिनेता को स्वयं अपने वाचन के ध्वनि-विन्यास से सन्तुष्ट नहीं हो जाना चाहिए; वरन् उसे यह भी ध्यान देना चाहिए कि दर्शक-समुदाय उसे भली प्रकार सुन रहा है, और जो कुछ भी ध्यान देने योग्य है, उसे ग्रहण कर रहा है। शब्दावली और स्वर-माधुरी का दर्शकों के कानों तक अनायास पहुंचना अनिवार्य है।"

उन्होंने रंगमंच पर सफलता पाने के लिए असाधारण वाक्-कौशल की अपेक्षा पर बल दिया है। यह सफलता प्राप्त करने के बाद उन्होंने शब्दों की अनुभूति को पहचाना।

तोर्त्सोव ने इसके बाद रंग-जीवन के अपने अनुभव को लेकर कहा है कि नाट्य-वाचन वस्तुतः संगीत की साधना है। नाटक या उसके किसी भाग का आलेख, वास्तव में स्वर-माधुरी है, एक गीतिनाट्य है अथवा 'सिम्फ़नी'

(स्वर-सुसंगति) है। रंगमंच पर शब्दों का उच्चारण, गायन की ही भांति, एक जटिल कला है। उसके लिए प्रशिक्षण और कलात्मकता की ओर अग्रसर तकनीक को समझना बहुत ज़रूरी है। जब एक अभिनेता सुशिक्षित वाणी और वाक्-कौशल पर असाधारण अधिकार के साथ अपनी भूमिका के शब्दों को बोलता है, तो वे उसके इस अत्युत्तम कलाविधान में पूरी तरह से बह जाते हैं; अगर वह लयात्मक स्वर-विन्यास में बोलता है, तो उसकी वह स्वर-साधना, उन्हें अनजाने ही पकड़कर स्पन्दित करती है; अगर वह अपनी भूमिका के शब्दों की अन्तरात्मा में उतर जाता है, तो वह उन्हें अपने साथ नाटककार की संरचना के रहस्य-लोक और अपनी अन्तरात्मा के भी गोपनीय स्थलों तक ले जाता है। नाटककार के शब्दों की जीवन्त विषयवस्तु के साथ जब एक अभिनेता अपने वाचन की विशद आलंकारिकता को जोड़ देता है तो वह उनकी अन्तर्दृष्टि को जगा देता है, और अपनी रंगमंचीय कल्पना से निर्मित्त बिम्बों का अन्तर्दर्शन करवाता है।

तोर्त्सोव ने इस प्रसंग पर विस्तृत चर्चा की है : "जब एक अभिनेता अपनी गतिविधियों को नियन्त्रित करता है और फिर उन्हें अपने शब्दों एवं वाचन से जोड़ देता है, तो मुझे लगता है कि वह एक सुसमन्वित संगीतकार बन गया है। एक भले आदमी की वाणी, अपने संकेतवाचक शब्द के साथ जब दृश्य-विधान में प्रवेश करती है तो वह एक 'सेलो' (एक बड़े वायलिन एवं शहनाई की जुगलबन्दी) जैसी लगती है। सांकेतिक शब्द के अनुरूप, एक रूपसी की निर्मल और उदात्त वाणी, मुझे एक विलक्षण वायलिन की स्वर-साधना की याद दिलाती है। एक सम्भ्रान्त पिता का गुरु-गम्भीर मन्द स्वर अलगोझा-सा गुंजन उत्पन्न करता है—भीतर ही भीतर थरथराता और सब कुछ गड्ड-मड्ड करता हुआ खलनायक का तुरही जैसा बोल, जैसे वह क्रोध से, मुंह में भरी हुई लार के साथ बोल रहा हो।"

तोर्त्सोव ने रंगमंच पर वाचन को अनिवार्यतः संगीतात्मक माना है। अपनी इस मान्यता को स्पष्ट करने के लिए उन्होंने केवल सात शब्दों का एक साधारण-सा वाक्य लिया है, 'लौटो, मैं तुम्हारे बिना नहीं रह सकता!" ('Come back–I cannot live without you'.) उनका कहना है कि यह छोटा-सा वाक्यांश न जाने कितनी रीतियों से बोला, वस्तुतः गाया जा सकता है, और हर बार एक नये रूप में, अलग-अलग अर्थ उसे दिए जा सकते हैं। न जाने कितने प्रकार की भाव-भंगिमाएं वह जगा सकता है। इसे बोलते हुए, शब्दों के बीच मौन की कालावधि और स्वर-संघातों को, ज़रा बदलने की

कोशिश करते ही बहुत से नये अर्थ मिलेंगे। छोटे-बड़े विश्राम और उनके साथ स्वराघात, शब्द-विशेष को तीव्रता प्रदान कर देते हैं और उसे औरों से अलग कर सर्वथा विलक्षण बना देते हैं। कुछ लम्बे विश्राम, बिना ध्वनियों का सहारा लिये शब्दों में ताज़ी अन्तर्वस्तु संगर्भित कर देते हैं। आंगिक चेष्टाएं, मौखिक अभिव्यंजनाएं और कण्ठ-स्वर, इन सभी में सहायक होते हैं। इस प्रकार के परिवर्तन नई भाव-भंगिमाएं उत्पन्न करते हैं और वाक्यांश को नई अर्थवत्ता प्रदान कर देते हैं।

तोर्त्सोव ने इस वाक्यांश के सातों शब्दों की व्याख्या करते हुए निष्कर्षतः कहा है कि "एक शब्द या वाक्यांश में कितना कुछ भरा जा सकता है : भाषा कितनी धनवान है! कितनी सशक्त है! अपने आप में ही नहीं वरन् इस दृष्टि से भी कि वह मनुष्य के मन और उसकी अन्तरात्मा में भी अन्तर्निहित भावों को औरों तक पहुंचाती है। रंगमंच पर बोले जाने वाले शब्दों में प्रायः बड़ी ही भावात्मक एवं अत्यधिक आध्यात्मिक विषयवस्तु होती है, वह कभी हमें मनुष्य के जीवन के बड़े ही त्रासद क्षणों की अनुभूति कराती है और कभी बड़े ही आनन्दमय भावलोक में पहुंचा देती है। फिर भी, नाटककार की विराट अवधारणा में एक दृश्य में, एक अंक में अथवा सम्पूर्ण रचना में एक वाक्यांश का क्या महत्त्व है? वह तो उसके वृहद् आकार में एक छोटा-सा बिन्दु, एक क्षण, एक महत्त्वहीन अंशमात्र है। जैसे अणु इस विशाल विश्व की रचना करता है, वैसे ही अलग-अलग ध्वनियां शब्दों को बनाती हैं। शब्द पदावली का रूप ग्रहण करते हैं। पदावलियां विचारों को जगाती हैं, विचारों को लेकर दृश्य बनते हैं। विभिन्न अंकों की रचना होती है। एक महान् नाटकीय रचना की विषयवस्तु का निर्माण इसी प्रकार होता है, जो अपने साथ—हैमलेट, ऑथेलो, हेड्डागैबलर, मादाम रानेव्स्काया जैसी मानवीय आत्मा के त्रासद जीवन को, अपने भीतर समाहित किए रहती हैं। यही ध्वनि समुदाय एक सम्पूर्ण सिम्फ़नी की संरचना करता है।

2

तोर्त्सोव ने इस प्रसंग में एक अनुभव प्रस्तुत किया है। उन्होंने एक बार एक अभिनेता को रंगमंच पर कुछ इस प्रकार बोलते हुए देखा था कि उसका एक भी शब्द उन्हें समझ में नहीं आया; लगा जैसे वह किसी को डांट रहा है। वास्तव में उसने कहा था, "यह सही समय है कि तुम अपनी प्रसन्नता के लिए दरवाज़ा पूरी तरह से खोल दो।" ('Stym ta'ope nwy dor t'yawn p'ness!') आप देख रहे हैं कि इन शब्दों में डांटने का कोई भाव नहीं है। वैसे वह अच्छा अभिनेता था; उसकी आवाज़ बड़ी बुलन्द थी; और उसके शब्द पूरे प्रेक्षागृह में सुनाई देते थे। फिर भी, जो कुछ उसने कहा था, वह किसी की समझ में नहीं आया। विश्लेषण करने पर ज्ञात हुआ कि उसका उच्चारण सही नहीं था, उसने शब्दों का वास्तविक अर्थ भी नहीं समझा था; और उसे पूरे कथन के अभिप्राय की भी समुचित जानकारी नहीं थी।

तोर्त्सोव के अनुसार हर अभिनेता को नाटक की भाषा की सभी ध्वनियों का शुद्ध उच्चारण आना चाहिए; और उच्चरित शब्दों के अर्थ की भी उसे समुचित जानकारी होनी चाहिए। उसे केवल वाक्यांशों और अलग-अलग शब्दों की ही नहीं, प्रत्येक अक्षर की, हर वर्ण की अनुभूति होनी चाहिए। ('अक्षर' शब्द का प्रयोग यहां एक पारिभाषित शब्द के रूप में, अंग्रेज़ी के 'सिलेबिल' के अर्थ में किया जा रहा है—शब्द का वह भाग जिसे सांस के एक प्रवाह में बोला जाता है')। वास्तविकता यह है कि सच्चाई, जितनी आसान दिखाई देती है, उसे समझना उतना ही ज़्यादा मुश्किल होता है।

तोर्त्सोव के विचार में "हम सभी भाषा को, वाक्यांशों को, अक्षरों को, वर्णों को भीतर से अनुभव नहीं करते; इसीलिए उसे बिगाड़ना हमारे लिए आसान होता है। 'व' के स्थान पर 'फ', 'ग' के स्थान 'कुअ', इनके साथ तुतलाना, कण्ठ से बोलना, सानुनासिकता उत्पन्न कर देना और अच्छे भाषण में कुछ और भोंड़ी प्रवृत्तियों का योग।

"स्थानापन्न अंशों के साथ शब्द-विन्यास मुझे कुछ उस आदमी जैसा दिखाई देता है, जिसके मुख की जगह कान, कान के स्थान पर आंख, नाक के स्थान पर अंगुली है। किसी शब्द को बोलते हुए उसके किसी वर्ण या अक्षर का छूट जाना ऐसा लगता है मानो शरीर से आंख या कान, अथवा कोई अंग या उपांग ग़ायब हो गया हो। यह विकलांगता अर्थ-विधान को भी बिगाड़ देती है।"

तोर्त्सोव ने उसके बाद मुद्रण की ग़लतियों से किसी पुस्तक या अख़बार को पढ़ने में उत्पन्न कठिनाई की चर्चा की। इसके अतिरिक्त लेख ख़राब होने के कारण भी सही ढंग से बोलना मुश्किल हो जाता है। इन दोनों ही विकृतियों को सावधानी के साथ पढ़कर सुधारा जा सकता है। सामान्य जीवन में तो भूल-सुधार से वस्तुस्थिति को सुधारा जा सकता है, लेकिन कोई अभिनेता जब ग़लत ढंग से बोलता है, तब वह आधारभूत महत्त्व वाले अनेक वर्णों, अक्षरों, शब्दों, वाक्यांशों को छोड़ देता है, तो बड़ी कठिनाई उत्पन्न हो जाती है। बोले

गए शब्द को वापस नहीं लाया जा सकता। जब नाटक उपसंहार की ओर बढ़ता है तो रुककर सुलझाने का समय नहीं होता। इसी प्रकार ग़लत पाठ एक के बाद दूसरी कठिनाई उत्पन्न करता जाता है। वह नाटक की विचार-परम्परा को, उसकी कथावस्तु के मूल अभिप्राय को भी उलझा देता है, धुंधला कर देता है, अथवा कुछ छिपा भी देता है। दर्शक आरम्भ में अपने कानों को, अपने ध्यान को, अपने मन को भी कष्ट देते हैं, जिससे कि रंगमंच पर घटित कार्य-व्यापार और कथोपकथन से कुछ छूट न जाए। अगर दर्शक प्रसंग को भली प्रकार ग्रहण नहीं कर पाते तो बेचैन हो उठते हैं, घबरा जाते हैं, एक-दूसरे से फुसफुसाकर बातचीत करने लगते हैं, और फिर अन्त में खांसने लगते हैं।

तोर्त्सोव ने इसके बाद छात्रों से पूछा था कि क्या आप खांसी से अभिनेता के लिए उत्पन्न ख़तरे को ख़तरा समझते हैं? हज़ारों लोगों का वह दर्शक-समुदाय, जो अपने धीरज को खो देने की अवस्था तक पहुंच गया हो, रंगमंच पर हो रहे कार्य-व्यापार से उसका सम्पर्क टूट गया हो, अपने खांसने से अभिनेताओं को, नाटक के पूरे प्रदर्शन को ही प्रेक्षागृह के बाहर कर देगा। यह नाटक और उसके प्रदर्शन के लिए सर्वनाश का संकेत होगा। इस दुष्परिणाम से बचने का एक साधन, अपने वाचन को सुस्पष्ट, विशद और मनोरम बनाना है।

उन्होंने इस सन्दर्भ में एक बात और कही थी : "घर के वातावरण में परस्पर बातचीत में वाचन की ये गड़बड़ियां अंशतः माफ़ कर दी जाती हैं। लेकिन इस प्रकार बोलने का ढंग जब रंगमंच पर अपनाया जाता है और उदात्त विषयों, स्वातंत्र्य की विवेचना, आदर्शों के निरूपण और निर्मल स्नेह की अभिव्यंजना में, छन्द के विधान की स्वर-माधुरी जब खंडित हो जाती है, तो वह बड़ा ही आपत्तिजनक और हास्यास्पद हो जाता है। वर्णों, शब्दों और अक्षरों का आविष्कार मनुष्य ने नहीं किया था, उसकी अन्तःप्रवृत्तियों, आन्तरिक संचेतना और स्वयं प्रकृति ने उनका सुझाव दिया था, और यह भी बताया था कि कब और कहां उनका प्रयोग किया जाए।

"मैंने जब समझ लिया कि ये वर्ण केवल ध्वनियों के प्रतीक हैं जो अपनी अन्तर्निहित वस्तु के क्रियान्वयन की मांग करते हैं, तब मैंने अपने को स्वभावतः, इन ध्वनियों को सीखने की समस्या के सामने खड़ा हुआ पाया था, ताकि मैं उनमें उनकी अन्तर्वस्तु को भली प्रकार भर सकने में समर्थ हो सकूं।

“तभी मैं चेतना के साथ वर्णमाला का अध्ययन आरम्भ करने की ओर फिर से प्रवृत्त हुआ था और मैंने एक-एक वर्ण को अलग-अलग पढ़ना आरम्भ किया था।”

उन्होंने अपना यह अध्ययन स्वर-ध्वनियों के अनुशीलन से आरम्भ किया था क्योंकि ये ध्वनियां, गायन से बड़ी सुव्यवस्थित तथा अभ्याससिद्ध हो गई थीं। इस प्रयास में उन्हें यह भी अनुभव हुआ कि ये ध्वनियां भीतर से खाली नहीं हैं, उनमें आध्यात्मिक विषयवस्तु है।

स्वर-ध्वनियों पर अधिकार होने के बाद वे व्यंजन ध्वनियों की ओर अग्रसर हुए थे। उन्हें लगा था कि ये ध्वनियां, उनके गायन के प्रशिक्षण के अनन्तर भी, उनकी वाणी पर अभी भली प्रकार परिष्कृत और परिमार्जित नहीं हुई। इस सन्दर्भ में उन्होंने एस.ए. वल्कोन्स्की की पुस्तक ‘दि एक्सप्रेसिव वर्ल्ड’ भी पढ़ी थी। वल्कोन्स्की ने लिखा है कि स्वर-ध्वनियां अगर नदी हैं तो व्यंजन उसके किनारे अथवा कगार हैं, जिन्हें मज़बूत बनाए रखना बड़ा ज़रूरी है, नहीं तो बाढ़ से वे गिर भी सकते हैं।

3

तोर्त्सोव ने अगले दिन छात्रों से पहले स्वर-व्यंजनों, ध्वनियों और फिर दो और तीन अक्षरों से बनने वाले शब्दों का अभ्यास कराया। इस अभ्यास से कोस्त्या को लगा कि शायद वह ज़िन्दगी में पहली बार विभिन्न वर्णों की ध्वनियों का सही उच्चारण सीख रहा है। उसे लगा कि स्वयं उसके मुख से तथा अन्य छात्रों की वाणी से कितने अपूर्ण रूप में और तोर्त्सोव के मुख से कितने पूर्ण रूप में निकल रहे हैं। तोर्त्सोव जैसे विभिन्न ध्वनियों के स्वाद के अच्छे पारखी हैं और हर अक्षर की प्रत्येक ध्वनि का आनन्द लेकर उसका उच्चारण करते हैं।

तोर्त्सोव जब अपने वक्तव्य की ध्वनि का आस्वाद लेकर उसका उच्चारण कर रहे थे तो कोस्त्या ने उनके मुख की विभिन्न भंगिमाओं को बड़े ध्यान से देखा। उसे अनुभव हुआ कि उनके होंठ विशेष रूप से सक्रिय होते हैं, यह देखते हुए उसे हवा से चलने वाले पीतल के उस वाद्ययंत्र की याद हो आयी जिसके वाल्व अर्थात् पर्दे बड़े ही सुव्यवस्थित होते हैं और जब वे खुलते-मुंदते हैं तो उनकी दरारों में हवा खो नहीं जाती। इस सटीक गणितीय संरचना से जिन ध्वनियों का वे उच्चारण करते थे, वे असाधारण रूप से सुस्पष्ट और विशुद्ध होती थीं। तोर्त्सोव ने इस प्रकार

बोलने का कुछ ऐसा अभ्यास कर लिया था कि विभिन्न ध्वनियों के उच्चारण में उनके होंठ अविश्वसनीय सहजता, गति और औचित्य के साथ सचेष्ट होते थे।

कोस्त्या यह सब देख-सुनकर भी अपने होंठों की गतिविधियों को नियन्त्रित नहीं कर पा रहा था; इसलिए उसका उच्चारण बिगड़ जाता था। स्वर-ध्वनियों के उच्चारण में हवा बहुत अधिक निकल जाती थी और जीभ भी इधर-उधर घूम जाती थी। इस अनचाही वस्तुस्थिति से बचने के लिए, तोर्त्सोव ने छात्रों को एक प्रसिद्ध गायिका और प्रशिक्षिका पॉलीं वियार्दो का एक सूत्र सुनाया—'अपने होंठों के आगे के भाग से गाना चाहिए।'

तोर्त्सोव की सलाह है कि व्यंजन ध्वनियों को सुस्पष्ट और समुचित रूप में उच्चारण के लिए अपने होंठ, जीभ तथा अन्य सभी उच्चारण अवयवों का भली प्रकार से प्रयोग करना चाहिए, और इस अभ्यास से यथासम्भव अपनी वाचन-शक्ति को विकसित करने की विशेष काशिश करनी चाहिए।

4

तोर्त्सोव छात्र-अभिनेताओं को उच्चारण का अभ्यास करवाने के लिए, गायन की सहायता लेने के समर्थक दिखाई पड़ते हैं। इसीलिए वे इस सन्दर्भ में मदाम ज़रेम्बो की सहायता लेते हैं ताकि अपने छात्रों की स्वर-ध्वनियों, व्यंजनों के उच्चारण में सुधार लाकर उनके गायन और वाचन को बेहतर बना सकें।

तोर्त्सोव ने इस तथ्य पर दुःख प्रकट किया है कि दुर्योग से ऐसे गायक भी हैं, जिनकी सामान्य शब्दों में और विशेष रूप से व्यंजन-ध्वनियों में कोई रुचि नहीं है। इसी प्रकार शब्दावली के ऐसे प्रशिक्षक भी हैं, ज़िनकी लयात्मक वाचन पर कोई पकड़ नहीं है। इसका परिणाम यह होता है कि गायकों की वाणी स्वर-ध्वनियों के उच्चारण में तो प्रायः सही रहती है, लेकिन व्यंजन ध्वनियों का उच्चारण वे ग़लत ही करते हैं। इसके विपरीत वाक्यांश के प्रशिक्षक ऐसे हैं, जो व्यंजन-ध्वनियों का उच्चारण तो सही कर लेते हैं, लेकिन स्वर-ध्वनियों में ग़लतियां कर जाते हैं। इस स्थिति में तोर्त्सोव के अनुसार यह आवश्यक हो जाता है कि वाचन और गायन दोनों का ही प्रशिक्षण एक साथ दिया जाए।

तोर्त्सोव ने अभ्यास के आरम्भ में ही छात्रों को सावधान करते हुए कहा कि सामान्य, प्रचलित, नाटकीय ओजस्विता से परिपूर्ण, लेकिन लयहीन

भाषण अच्छे नहीं लगते। जिनमें संगीतात्मकता का अभाव होता है वे ही यह कार्यविधि अपनाते हैं। अपनी वाणी में गुंजन पैदा करने के लिए ये अभिनेता मजबूर होकर अपने कण्ठस्वर को भींचते हैं और नाटकीय ओज पैदा करने के लिए अपने मुख से जैसे चिनगारियों की तरकीब से वर्षा करते हैं। उदाहरण के लिए प्रशान्त गम्भीरता का भाव जगाने के लिए वे थोड़े-थोड़े अन्तराल से, अपनी वाणी को नीचे ले जाते हैं, अथवा विरसता दूर करने के लिए सप्तक और यहां तक कि अष्टक से भी उठकर, व्यक्तिगत विधियों का प्रयोग करते हैं, लेकिन बाकी समय, उनका स्वर-संधान बड़ा सीमित रहता है, वे अर्द्ध एकस्वरता के पथ पर बढ़ते रहते हैं। अगर ये अभिनेता अपने स्वर-विन्यास को सहज रूप में लयात्मकता की ओर बढ़ने दें, तो उन्हें इन ग़लत तरीकों का सहारा नहीं लेना पड़ेगा।

अच्छा कण्ठस्वर कम ही सुनने को मिलता है। अगर कुछ लोग मिल भी जाते हैं, तो उनमें सामर्थ्य का और क्षेत्र के विस्तार का अभाव होता है। क्षेत्र के विस्तार के अभाव में कोई भी वाणी मानवीय व्यक्तित्व को भली प्रकार अभिव्यक्त नहीं कर सकती।

प्रसिद्ध इतालवी अभिनेता तोम्मासो साल्विनी से एक बार पूछा गया था कि किसी त्रासद भूमिका का सफलता के साथ निर्वाह कैसे किया जा सकता है? उन्होंने जवाब दिया था, "समुचित वाचन के सहारे।" उनसे पूछा गया कि उसके बाद और क्या ज़रूरी होगा, तो उनका जवाब था, "वाचन!" उनसे फिर पूछा गया कि उसे बाद क्या करना होगा? उनका फिर वही जवाब था, "वाचन!" साल्विनी के इन उत्तरों पर विचार करते हुए तोर्त्सोव ने कहा कि उनके इस 'वाचन' शब्द के अभीष्ट अर्थ को केवल भावना और बुद्धि के स्तर पर ही समझा जा सकता है; इसलिए छात्रों को स्वयं अपने अभ्यास और अनुभव से उसे समझना होगा।

5

स्तानिस्लाव्स्की की मान्यता है कि अच्छी आवाज़ केवल किसी अतीव सुन्दरी के लिए ही नहीं, रंगमंच के कलाकारों के लिए भी वरदान है। अपनी आवाज़ को इस प्रकार नियन्त्रित और निर्देशित करने की क्षमता कि वह कलाकार की रचनाशीलता की सूक्ष्मतम स्वर-भंगिमाओं और अर्थ-छायाओं को अभिव्यक्त कर दे, एक विलक्षण उपलब्धि है।

वाचन पर अधिकार न होना, गायक और अभिनेता दोनों के लिए कष्टकर होता है। अभिनेता के लिए यह अनुभव सबसे कष्टप्रद होता है कि वह अपनी वाणी को नियन्त्रित न कर सके, जो वह बोल रहा है, वह प्रेक्षागृह में सभी व्यक्तियों तक नहीं पहुंच पाए! भीतर की रचनाशीलता की विशद आवाज़ को अभिव्यक्त न कर पाना, अभिनेता के लिए दारुण यंत्रणा का कारण बनता है, जिसे वह स्वयं ही समझ सकता है। केवल वही बता सकता है कि अन्ततः उसकी अन्तश्चेतना के लोक में क्या कुछ बनकर तैयार हुआ है, और उसे आवाज़ और शब्दों से दूसरों तक कैसे पहुंचाया जा सकता है? अगर उसके वाचन में कोई अवरोध उत्पन्न हो जाता है तो उसके लिए वह बड़े शर्म की बात होती है क्योंकि उसे लगता है कि भीतर का रचना-लोक बाहर आते-आते बिखर गया है।

ऐसे अनेक अभिनेता होते हैं जिनकी वाणी स्वाभाविक नहीं होती। वे बड़े कर्कश स्वर में बोलते हैं। परिणामतः उनके शब्द बिगड़ जाते हैं। फिर भी उनकी अन्तरात्मा एक मनोरम संगीत से परिपूर्ण होती है। कल्पना कीजिए कि एक गूंगा अपनी सुप्रिया से अपनी सुकोमल काव्यात्मक भावनाओं को अभिव्यक्त कर रहा है। समुचित वाचन के स्थान पर, वह बड़े ही अनाकर्षक, कठोर स्वर में बोलता है। वह मन के सुन्दर और मनोरम भाव को बिगाड़ देता है। यह बिगड़ा हुआ स्वर उसे हताशा की अवस्था में ले जाता है। कुछ ऐसी ही वस्तुस्थिति उस अभिनेता की होती है जिसके मन में तो बड़ी भव्य भावनाएं होती हैं, लेकिन उसके वाचक अवयव उन्हें अभिव्यक्त कर पाने में असमर्थ होते हैं।

हताशा की एक और स्थिति तब होती है जब अभिनेता की वाणी काल की मात्रा के निर्वाह, नमनशीलता और अभिव्यंजना के शील में तो समर्थ होती है और उसमें यह सामर्थ्य भी होती है कि वह भूमिका की आन्तरिक संरचना की सूक्ष्मतम भंगिमाओं को भी भली प्रकार प्रकट कर दे, फिर भी कण्ठस्वर अनाकर्षक होने के कारण सामाजिकों के कान और मन उसके लिए बन्द हो जाते हैं। ऐसी स्थिति में वाचन की सारी सामर्थ्य और उसकी विशेषताएं बेकार हो जाती हैं।

यह हो सकता है कि किसी अन्तर्निहित शारीरिक कारण या वाद्ययंत्र के दोष के फलस्वरूप वह अपनी कमियों का कोई उपचार न कर पाए, लेकिन अधिकांश ध्वनियों के उचित स्थापन, दबावों अथवा तनावों से मुक्ति,

श्वास-प्रणाली के संशोधन और उच्चारण में होंठों के समुचित प्रयोग से उन्हें सुधारा जा सकता है।

सवाल उठता है कि इस सम्बन्ध में क्या कुछ किया जाए? क्या इसके लिए संगीत-नाटक की विधि अपनानी होगी अथवा रंगमंच पर किसी अन्य विधि का अनुसरण करना होगा? कुछ लोगों का कहना है कि दोनों के रास्ते अलग-अलग हैं। रंगमंच पर बातचीत के लिए बड़ी उन्मुक्त ध्वनियां चाहिए। लेकिन स्तानिस्लाव्स्की ने अपने अनुभव के आधार पर विचार व्यक्त किया है कि वाणी का इतना व्यापक स्वरूप रंगमंच पर बड़ा अभद्र, रंगहीन और अव्यवस्थित हो जाता है; और इससे भी अधिक, स्वर का प्रवाह, अक्सर ज़रूरत से ज़्यादा ऊपर हो जाता है। यह रंगमंच पर वाचन के लिए हानिकर होता है। कुछ लोगों का कहना है कि यह बेवक़ूफ़ी भरी बात है क्योंकि बातचीत में तो ध्वनियां संक्षिप्त और सुसम्बद्ध होनी ही चाहिए।

तोर्त्सोव ने इसी दृष्टि से छात्रों को यह समझाया था कि इस प्रकार बोलने से वाचन की प्रक्रिया अवरुद्ध और दमित हो जाती है; और साथ ही उसका प्रभावक्षेत्र भी सीमित हो जाता है। ऐसा लगता है कि शब्द जैसे किसी नली के भीतर से निकल रहे हों। इस प्रकार के वाचन से ध्वनियां सहज रूप में उड़ान भरने के स्थान पर मानो वक्ता के ठीक पैरों के आगे ज़मीन पर गिरने लगती हैं।

तोर्त्सोव ने इस समस्या के समाधान के रूप में अपना एक अनुभव सुनाया था। उन्होंने बताया कि "जब मैं युवा था, तो मैंने गीति-नाटक का गायक बनने की कोशिश की थी। मुझे इसका कुछ ज्ञान था कि गायन में श्वास-प्रक्रिया और ध्वनि-प्रवाह को नियन्त्रित किया जाता है। मुझे इनकी वास्तव में गायन के लिए नहीं, वरन् स्वाभाविक, मनोरम एवं अर्थगर्भित वाचन के लिए अपेक्षा थी। उसकी भूमिका शब्दों के माध्यम से त्रासद शैली में उदात्त भावनाओं अथवा नाटक और कॉमदी के लिए विशेष रूप से सहज और अन्तरंग शैली प्रदान करने की है। मेरे कार्य की परिस्थितियों ने मेरे इस अनुसंधान को विशेष रूप से आगे बढ़ाया। गायकों के सम्पर्क में आने पर मैंने वाचन की कला के सन्दर्भ में उनसे विशेष बातचीत की। मैंने उन्हें बड़े ही सुव्यवस्थित कण्ठस्वर में विभिन्न ध्वनियों का उच्चारण करते हुए सुना और यह सीखा कि कण्ठ, नाक, शिरोभाग, छाती आदि से उत्पन्न विभिन्न ध्वनियों को कैसे अलग-अलग किया जा सकता है। यह सब मैंने अपने स्मृति के रजिस्टर में अंकित कर लिया। मुख्य बात यह है कि मैंने यह जानकारी प्राप्त

कर ली कि मुख के भीतर स्थित अवयवों से उत्पन्न ध्वनियों से किस प्रकार के प्रभाव उत्पन्न किए जा सकते हैं तथा कठोर तालु, नासिका-रन्ध्र, कण्ठ आदि से उत्पन्न ध्वनियों के विभेद क्या होते हैं।"

तोर्त्सोव ने इसे उदाहरणों से स्पष्ट करना चाहा है :

"वह ध्वनि जो दांत और मूर्द्धा के साथ संघर्ष को लेकर उत्पन्न होती है, एक वृत्त तथा विशेष शक्ति अर्जित कर लेती है। इसके विपरीत वे ध्वनियां जो तालु के कोमल भाग को छूती हैं अथवा कण्ठद्वार का स्पर्श करते हुए निकलती हैं, प्रकम्पित हो उठती हैं, ऐसा लगता है जैसे कपास में लिपटकर बाहर आ रही हों।"

इस सम्बन्ध में उन्होंने एक और अनुभव लिखा है : "एक बार एक गायक ने मुझसे कहा कि वह बन्द मुख से ध्वनियों का उच्चारण बिल्कुल उसी तरह करता है, जैसे कि कोई बीमार व्यक्ति अथवा सोया हुआ आदमी 'आह! ऊह!' करता है। इस प्रकार की ध्वनि के उच्चारण में उसे मुख के आगे की ओर नासिका विवरों में ले जाते हैं; और फिर मुख खोलते हैं तो भी पहले जैसी वह 'आह! ऊह!' की ध्वनि चलती रहती है, लेकिन अब पहले का उच्छ्वास स्वच्छन्द रूप में प्रवाहित ध्वनि में परिवर्तित हो जाता है और नासिका-विवरों तथा मुख के अन्य ध्वनि-पटलों को छूता हुआ गुंजन के रूप में प्रस्फुटित हो उठता है।

तोर्त्सोव ने अपने रंगजीवन में इन सारी विधियों का प्रयोग करने की कोशिश की थी—इस दृष्टि से कि इस प्रकार शायद वे ध्वनि के उस विशेष प्रकार की खोज कर लें, जिसका वे स्वप्न देखते रहे हैं।

6

तोर्त्सोव (वस्तुतः स्तानिस्लाव्स्की ने) ने अपनी रुचि के उस स्वर-विन्यास की खोज बहुत दिनों तक जारी रखी थी। इस सम्बन्ध में उन्होंने इटली के एक लब्धप्रतिष्ठ गायक से अपनी एक विशेष भेंट का विवरण दिया है। एक दिन वह गायक उनके पास आया और उसने कहा कि न जाने क्यों आज मेरी आवाज़ में समुचित जीवन्तता नहीं है, इसलिए मैं शाम के संगीत समारोह में भाग नहीं ले सकूंगा। उस समय उसके हाथ बर्फ़-से ठंडे थे, चेहरा पीला था और वह बहुत परेशान लग रहा था। उसी बेचैनी के साथ उसे मंच पर जाना पड़ा था। लेकिन जब उसने गाना प्रारम्भ किया तो उसकी वाणी में विलक्षण सम्मोहन था। अपने एक कार्यक्रम को पूरा करने के बाद वह पार्श्व

में आया और उसने आनन्दविभोर होकर नृत्य-भंगिमा के साथ संगीत की स्वर-लय में कहा था : "मिल गया, मिल गया, मिल गया!"

स्तानिस्लाव्स्की ने स्वभावतः उससे जानना चाहा कि क्या मिल गया? उसने उत्तर दिया, "वह सुर–वह स्वरविन्यास!" और उसके बाद उसने अपने दूसरे गीत की तान छेड़ दी थी।

स्तानिस्लाव्स्की ने तब विस्मय-विभोर होकर उससे पूछा था कि वह कहां मिल गया? गायक ने अपने चेहर के आगे के भाग, अपनी नाक, अपने होंठों की ओर इशारा करते हुए कहा था, "यहां!"

इस सन्दर्भ में स्तानिस्लाव्स्की का दूसरा अनुभव एक विख्यात गायिका को लेकर हुआ था। वह उनकी बगल में बैठी हुई छात्रों के प्रदर्शनों को देख रही थी। वह कभी उनकी बांह पकड़ लेती थी और कभी बेचैनी के साथ अपनी कोहनी या घुटनों से उन्हें विचलित कर देती थी। इन दोनों ही स्थितियों में कभी परेशानी, तो कभी प्रसन्नता के साथ कहती थी–"वह खो गया, वह खो गया!" अथवा "वह पकड़ में आया! पकड़ में आ गया!"

स्तानिस्लाव्स्की ने आश्चर्यचकित होकर उससे जानना चाहा, 'कौन और कहां खो गया?' उसने बड़े भयभीत-से स्वर में उनके कानों में कहा, "वह सुर उसके सिर में पीछे चला गया है," अथवा बहुत खुश होकर कहती, "वह पकड़ में आ गया, वह उसके मुख में फिर से पकड़ में आ गया है!"

स्तानिस्लाव्स्की ने इस बात पर विचार किया है कि स्वर-विशेष का दिमाग़ में पीछे चला जाना, गायिका के लिए इतना भयावह क्यों होता है? अथवा वह विशेष रूप से प्रसन्न क्यों हो उठती है, जब वह स्वर उसके मुख से फिर से निकलने लगता है? इन सवालों का उत्तर खोजने के लिए उन्होंने स्वर-गायन का अभ्यास आरम्भ किया। लेकिन उनके घर के और लोग उनकी स्वर-साधना से परेशान न हों, इसके लिए उन्होंने बन्द मुंह के साथ धीमी आवाज़ में गाना आरम्भ किया। उनकी इस युक्ति का अच्छा फल देखने को मिला। उन्हें यह लगा कि किसी स्वर को स्थापित करने का प्रयत्न करने के लिए अच्छा यह होगा कि पहले उसे हल्के स्वर में गुनगुनाया जाए, और यह प्रक्रिया तब तक चलती रहे, जब तक कि उसके वाचन के लिए समुचित सहायता न मिले।

इस विधि को अपनाकर उन्होंने भीतर महसूस होने वाले पहले मुख के गुंजन उत्पन्न करने वाले उपांगों के अनुरूप एक, दो या तीन स्वरों के मध्यम स्वरमान में स्थापित किए। कभी उन्हें लगा कि ध्वनि उसी विशेष स्थान पर

पहुंच गई है, जहां उसे पहुंचना चाहिए; अन्य अवसरों पर उन्हें ऐसा लगा जैसे कि वह खो गई है। अन्ततः बड़े लम्बे समय के अभ्यास के बाद वे दो या तीन सुरों को ऐसे स्थानों पर स्थापित कर सके जहां वे स्पष्टतः अलग-अलग प्रतिभासित होते थे—वे पूर्ण, सुसंगठित, गूंजते हुए और उन सभी गुणों से परिपूर्ण थे जिनका उन्होंने पहले कभी अनुभव किया था। लेकिन इस अवस्था में वे कहीं रुके नहीं थे। उन्होंने निश्चय किया था कि वे उस ध्वनि को कुछ इस प्रकार से बाहर निकालेंगे कि उनकी नाक की नोक उससे उत्पन्न हुए स्पन्दनों से प्रकम्पित हो उठे।

वे इसमें सफल तो हुए, लेकिन उनके स्वर में अनुनासिकता आ गई थी। उस अनुनासिकता से छुटकारा पाने के लिए, उन्हें पुनः लम्बा अभ्यास करना पड़ा था। इस लम्बे प्रयास से उन्हें यह पता चला कि उनसे होने वाली भूल तो बड़ी सरल है। उन्हें बस यही करना था, नासिका विवर में तनिक आभासित होने वाला तनाव उस बिन्दु से दूर किया जाए जहां उन्हें कुछ हल्का-सा दबाव लग रहा था।

अन्ततः वे उस दबाव को दूर करने में सफल हुए। अब वे पहले से कहीं अधिक शक्ति के साथ सुर निकालते थे, लेकिन उनका वाचन उस स्वर-विन्यास को नहीं पकड़ पा रहा था जैसा वे चाहते थे। उसमें अब भी प्रारम्भिक अवांछनीय ध्वनि की झलक थी, जिससे वे अपने को मुक्त नहीं कर पा रहे थे। उन्होंने बड़ी दृढ़ता के साथ उस स्वर-विन्यास को फिर से अपने गले में इस आशा के साथ नहीं रखा कि समय आने पर इस ताज़ी बाधा पर वे विजय प्राप्त कर लेंगे।

अपनी खोज के दूसरे चरण में उन्होंने अपने अभ्यास के लिए सुनिश्चित कार्यक्षेत्र को बढ़ाने की कोशिश की। उन्हें यह देखकर बड़ा विस्मय हुआ कि मध्यमान के सुर, उच्चतर और निम्नतर स्वर-विन्यास में, अपने आप बड़े ही मनोरम लगने लगे थे। अपनी प्रकृति में वे उस पहले स्वर-विन्यास के समान हो गए, जिसे उन्होंने पहले क्रियान्वित किया था। इस प्रकार क्रमशः उन्होंने अपने क्षेत्र के स्वाभाविक मुक्त स्वरों से उनकी कमियों को दूर कर लिया और उन्हें पर्याप्त सहज बना लिया था। अब उनके सामने सीमा रेखा के पास के उच्चतम सुरों को स्थापित करने का काम था, जिनके लिए, जैसा हर कोई जानता है, बनावटी तरीके से स्थापित बन्द स्वर-विन्यास की अपेक्षा होती है। और यह काम सबसे मुश्किल था।

स्तानिस्लाव्स्की को अपनी इस स्वर-साधना में एक बहुत बड़ा सूत्र मिला था : "अगर तुम किसी वस्तु की खोज कर रहे हो, तो तुम्हें समुद्र किनारे जाकर इस आशा से नहीं बैठ जाना चाहिए कि वह तुम्हें मिल जाएगी, अपने आप तुम्हारे पास आ जाएगी। तुम्हें उसकी खोज करनी चाहिए और अपनी सारी दृढ़ता के साथ इस खोज में लगे रहना चाहिए।" यही सबक लेकर वे अपने घर में फ़ुर्सत के हर क्षण में गुनगुनाने रहते थे, न गुंजनों का अनुभव करते थे, सहारे के नये बिन्दु मिलते थे और वे अपने को बराबर उनके अनुरूप बनाते रहते थे।

खोज के इस प्रयास में उन्होंने यह अनुभव किया कि जब कभी वे ध्वनियों को अपने मुख के अग्रभाग में लाते थे, सिर थोड़ा आगे आ जाता था और ठोड़ी नीचे हो जाती थी। इस अवस्था में वे बड़ी आसानी से उस ध्वनि को यथासम्भव आगे ले आते थे। अनेक गायक इस रीति को पहचानते हैं और उसका प्रयोग भी करते हैं।

आगे चलकर उन्होंने इस रीति से शिखर-स्वरों के उच्च प्रतिमान को भी प्राप्त कर लिया था। प्रारम्भ में उन्होंने यह सफलता केवल बन्द मुख में ही प्राप्त की थी, लेकिन कालान्तर में उनहोंने गुंजन के सहारे और वास्तविक वाणी का प्रयोग किए बिना खुले मुख से भी उन्हें संगत बना लिया था।

जब वे इस स्वर-साधना में लगे हुए थे, तभी उनके जीवन में इस कार्य के लिए जैसे बहार-सी आ गई। उनका परिवार गांव चला गया और वे अपने घर में अकेले रह गए। तभी उन्हें अवसर मिला कि अपने मुख को बन्द रखकर जिन स्वरों को उन्होंने पा लिया था, उन्हें मुख खोलकर पाने का प्रयत्न किया।

अचानक अप्रत्याशित रूप से उन्होंने देखा कि उनकीं नासिका और मुख दोनों से ही बड़ा परिपक्व सुर प्रवाहित हो रहा है—ऐसा विलक्षण सुर, जिसका उन्होंने अब तक स्वप्न-मात्र देखा था और उसे पाने की भरसक कोशिश करते रहे थे। उन्हें लगा ही नहीं था कि ऐसा विलक्षण सुर उनकी वाणी से प्रवहमान हो सकता है।

इस स्वर-साधना में स्तानिस्लाव्स्की ने एक और विलक्षण संयोग देखा : उनके मुख से कुछ ऐसे सुर भी उत्पन्न हुए, जो अब तक उनकी पहुंच में नहीं थे। उन्हें लगा कि उनकी वाणी में नये रंगों का आविर्भाव हो रहा है। बड़े विलक्षण स्वर-विन्यासों की सृष्टि हो रही थी, जो पहले से कहीं अधिक अच्छी, कोमल और मनोरम थी। उनके मन में यह सवाल उठा कि यह कैसे सम्भव हुआ। उन्हें लगा कि यह सब ध्वनियों के हल्के स्वर में गुंजन के कारण

सम्भव हुआ है। इस प्रक्रिया ने उनके कण्ठ-स्वर को केवल विकसित ही नहीं किया था वरन् सभी स्वर-ध्वनियों को समान रूप से उनके अधिकार में कर दिया था। उनके इस विकसित वाचन-कौशल से सभी स्वर-ध्वनियों के मुक्त स्वर एक ही स्थान—ठीक दांतों की जड़ों के पास कठोर तालु की ओर अग्रसर होते थे और फिर चेहरे के आगे के भाग में नासिका-विवरों की ओर जाते थे।

उसके बाद उनकी शामें, उस निर्जन भवन में बस गायन के अभ्यास में बीतने लगीं; और वे स्वयं अपने वाचन से मुग्ध हो उठे। लेकिन जल्दी ही उनका यह आत्म-सन्तोष टूट गया। संगीत नाटिका के एक पूर्वाभ्यास में एक संचालक ने एक गायक की इसलिए आलोचना की कि वह अपने सुरों को बहुत आगे खींच ले जाता था और फलस्वरूप उसकी आवाज़ से जिप्सियों जैसा अनुनासिक स्वर-विन्यास प्रवाहित होने लगता था। इस वस्तुस्थिति को देखकर अपनी स्वर-साधना पर उनका विश्वास टूट गया और वे नये स्वर-विन्यास की खोज करने लगे।

उन्होंने अब तक की अपनी ध्वनि-विन्यास सम्बन्धी खोजों की उपेक्षा नहीं की, अपने प्रत्येक उच्चारण-स्थल, कठोर तालु, कोमल तालु, मुर्द्धा एवं मुख-विवर के पीछे के भाग, जिसके विषय में उन्हें पढ़ाया गया था कि वह बड़ा ही भयानक स्थल है, हर जगह उन्होंने नये ध्वनि-पटलों का अनुभव किया। हर स्थल ने किसी-न-किसी रूप में कण्ठ-स्वर को नए रंग और नई भंगिमाएं प्रदान कीं। संयोग से उन्होंने जिप्सियों के बोल की अनुनासिकता पर अधिकार करना सीख लिया। इन परीक्षाओं से उन्हें विश्वास हो गया कि गायन बड़ा ही जटिल और बारीकियों से भरा व्यवसाय है और इस कला का रहस्य केवल मुखौटे में ही अन्तर्निहित नहीं है।

स्तानिस्लाव्स्की को अपने इस अभ्यास से एक और रहस्यपूर्ण उपलब्धि हुई थी। संगीत की कक्षाओं में उन्हें देखकर बड़ा विस्मय हुआ कि शिक्षिका अक्सर उच्च स्वरों का अभ्यास कर रहे अपने छात्रों से कहती थी, "जमुहाई लो।" उन्हें धीरे-धीरे यह समझ में आया कि किसी ऊंचे स्वर की साधना में गले और जबड़े को ठीक वैसे ही रखा जाना चाहिए जैसे कि वह जमुहाई लेने की अवस्था में होता है। इस स्थिति में गला स्वभावतः फैल जाता है और ग़ैरज़रूरी तनाव ग़ायब हो जाता है। इस नई जानकारी के साथ, उनके सामने एक नये रहस्य का उद्घाटन हुआ कि उदात्त स्वरों को उठाते समय तनाव से मुक्ति मिलती है; और कण्ठ-स्वर में गुंजन की सृष्टि हो जाती है।

स्तानिस्लाव्स्की ने उसके बाद अभ्यास से स्वर-ध्वनियों का उच्चारण तो व्यवस्थित कर लिया था, लेकिन व्यंजन-ध्वनियों को वे भली प्रकार उच्चारित नहीं कर पा रहे थे। अपनी इस कमज़ोरी का आभास उन्हें तब हुआ था जब उन्होंने गायन का अभ्यास आरम्भ किया। तभी उन्हें लगा कि स्वर-ध्वनियों का उच्चारण तो वे गायन की दृष्टि से सही कर लेते हैं, लेकिन व्यंजन-ध्वनियों में गड़बड़ा जाते हैं।

जब वे इस गड़बड़ी के कारण की खोज कर रहे थे तभी उन्हें एस.एम. वल्कोन्स्की का यह कथन याद हो आया कि स्वर-ध्वनियां तो नदियां हैं, व्यंजन उनके किनारे या तटबन्ध हैं। तभी उन्हें लगा कि उनका गायन उनके व्यंजन-ध्वनियों के भ्रष्ट उच्चारण के कारण उस नदी की भांति हो जाता है जिसका जल किनारे की दलदली गहराइयों की ओर बह जाता है, जो शब्द को अपने भीतर समाकर डुबा लेता है।

इससे उन्हें व्यंजन-ध्वनियों के उच्चारण पर ध्यान केन्द्रित करने की आवश्यकता महसूस हुई। इस प्रयास में उन्होंने यह देखा कि वे स्वयं तथा और लोग भी उन ध्वनियों का उच्चारण किस प्रकार करते हैं। उन्हें तब पूरी तरह से यह जानकारी हुई कि वास्तव में समस्या क्या है? उन्होंने जब इटली के प्रसिद्ध मध्यम सुर के एक गायक को सुना, तो जाना कि जब वह स्वर-ध्वनियों का उच्चारण करता है, तो उसकी आवाज़ कुछ कमज़ोर होती है; लेकिन जब वह उनके साथ व्यंजन-ध्वनियों को जोड़ देता है, तो उसका स्वराघात दस गुना ऊपर उठ जाता है। उन्होंने स्वयं फिर इसी प्रकार की कोशिश की, लेकिन उन्हें जल्दी सफलता नहीं मिली।

इस दिशा में बार-बार असफल होने के बाद, उन्हें अपने उच्चारण की आधारभूत भूल का आभास हुआ; व्यंजन-ध्वनियों के सही उच्चारण के लिए यह ज़रूरी है कि पहले उनके लिए ज़रूरी मुख, होंठों तथा जीभ की चेष्टाओं को सीखा जाए। इसके लिए उन्होंने पहले अपने एक छात्र की सहायता ली, जिसका उच्चारण एकदम सही था। उसके बाद उन्होंने एक लब्धप्रतिष्ठ ध्वनि-प्रशिक्षक से विभिन्न ध्वनियों के उच्चारण की शिक्षा ग्रहण की। इस प्रयास में उन्हें थोड़ी-बहुत सफलता मिली; लेकिन जल्दी ही वहां भी उन्हें निराशा का सामना करना पड़ा। हुआ यह कि संगीत-रूपकों के जिन छात्रों के साथ वे पढ़ रहे थे, उनके उच्चारण की अनेक वरिष्ठ गायकों एवं संगीतज्ञों ने बड़ी तीखी आलोचना की। उन पर आरोप था कि जब वे व्यंजन-ध्वनियों पर विशेष बल देते हैं, तो हर बार एक नहीं वरन् अनेक ध्वनियों का उच्चारण

कर जाते हैं। इसका नतीजा यह होता है कि व्यंजन-ध्वनियां स्वर-ध्वनियों से अलग हो जाती हैं और फिर सब कुछ गड़बड़ा जाता है।

उन्हें लगा कि यह प्रशिक्षण छोड़कर उन्हें अपने मूल कार्य रंगमंच पर वाचन और संभाषण की रीतियों की खोज में संलग्न हो जाना चाहिए। उन्होंने तब गायन की जो रीति सीखी थी, उसी में बोलने की कोशिश आरम्भ की। उन्हें यह देखकर बड़ा ताज्जुब हुआ कि सभी सीखी हुई ध्वनियां वे भूल चुके हैं और उन्हें याद करने में वे सफल नहीं हो पा रहे। बहुत कोशिश करने के बाद जब वे ज़ुबान पर आयीं भी, तो उन्हें बोलने में उनका उच्चारण बड़ा अस्वाभाविक हो गया। जब उन्होंने इस सम्बन्ध में सोचा-विचारा, तो उन्हें लगा कि जिस ढंग से गाया जाता है, ठीक वैसे ही बोला नहीं जाना चाहिए। अनेक गायकों को उन्होंने गाते हुए और फिर बोलते हुए देखा-सुना। कालान्तर में उन्हें यह आभास हुआ कि उनकी वाणी में स्वर-विकार इसलिए आ जाता है कि सामान्य बोलचाल में भी कण्ठस्वर की लयात्मकता बनाए रखने की वे कोशिश करते हैं। अभिनेता को तो, लयात्मक स्वर-विन्यास में बोलने में, समर्थ होना ही चाहिए। उनकी यह धारणा उस दिन और भी संपुष्ट हो गई, जब संवाद-सौष्ठव के लिए प्रसिद्ध एक वरिष्ठ अभिनेता ने उनसे कहा कि जब तुम अपनी वाणी पर नियन्त्रण स्थापित कर लेते हो, तो तुम्हें ठीक वैसे ही बोलना भी चाहिए, जैसे तुम गाते हो।

स्तानिस्लाव्स्की ने इसका अभ्यास पन्द्रह मिनट बोलकर और पन्द्रह मिनट गाकर किया। फिर भी उन्हें अपेक्षित परिणाम नहीं मिला था, क्योंकि उनके बोलने का ढंग अधिकतर ग़लत ही हुआ करता था। तभी उन्होंने यह निष्कर्ष निकाला कि सही ढंग से बोलने की प्रक्रिया बराबर चलती रहनी चाहिए, आदत बन जानी चाहिए। उसे हमारी दूसरी प्रकृति बन जाना चाहिए।

तोर्त्सोव ने स्तानिस्लाव्स्की के इस अनुभव को अपने आत्मानुभव के रूप में सुनाने के बाद अपने छात्रों से कहा :

"जब तक कि इस नयी प्रणाली पर हमारा पूरी तरह से अधिकार न हो जाए, हमें यह नहीं सोचना चाहिए कि हमने उसे आत्मसात कर लिया है। हमें यह देखने में बराबर सावधान रहना चाहिए कि हम यथा सम्भव सही ढंग से और बड़ी ही मनमोहिनी वाणी में बोलें, रंगमंच पर और उसके बाहर भी। यही एक अकेली ऐसी स्थिति है, जिससे हम बोलने की अपनी इस सही रीति को, अपनी दूसरी प्रकृति बना सकते हैं, जिससे हम रंगमंच पर जाते समय अपने वाचन से अपना ध्यान हटा सकेंगे। उन्होंने आगे अपनी बात

को एक उदाहरण से स्पष्ट करते हुए कहा था, "अगर हैमलेट की भूमिका में उतरने वाला व्यक्ति इस बात के लिए मजबूर होता है कि रंगभूमि में प्रवेश करते समय अपने कण्ठ-स्वर और वाचन के सम्बन्ध में सोचे, तो इस बात की सम्भावना कम है कि वह अपने मुख्य उत्तरदायित्व का भली प्रकार निर्वाह कर सकेगा। इसीलिए मैं तुम्हें सलाह देता हूं कि हमेशा के लिए ध्वनि-विन्यास और वाचन की सभी आरम्भिक आवश्यकताओं को पूरा कर लो। जहां तक विचारों एवं भावों की सूक्ष्मातिसूक्ष्म भंगिमाओं को कुशलता और रमणीयता के साथ सम्प्रेषण में समर्थ बनाने वाली वाचन-कला की बारीकियों का सवाल है, तो यह एक ऐसी प्रक्रिया है जिसके लिए तुम्हें जीवनभर सतर्क रहना होगा।"

इसी सन्दर्भ में उन्होंने फिर छात्रों को यह समझाया था कि अपनी पढ़ाई पूरी होने के बहुत दिनों बाद भी उन्हें यह अभ्यास जारी रखना चाहिए। उन्होंने स्वयं भी ऐसा ही किया था। अक्सर ऐसा होता था कि वे अविराम अपने वाचन का निरीक्षण करते रहते थे। यह अभ्यास पूरे-पूरे दिन भी चलता रहता था; और इसी प्रकार वे अपने वाचन की कमज़ोरियों को दूर करने में समर्थ हुए थे।

उनके इस अविराम अभ्यास का प्रतिफल यह हुआ था कि गायन में जो अविच्छिन्न रेखा उन्होंने विकसित कर ली थी, वही उन्हें वाचन में भी प्राप्त हो जाती थी। वास्तव में उनकी वाचन-कला का विकास इसी प्रकार हुआ था। अविराम अभ्यास से उन्होंने यह भली प्रकार सीख लिया था कि वाचन की यह अविच्छिन्न रेखा तभी बनती है, जब स्वर एवं व्यंजन-ध्वनियां ठीक उसी प्रकार प्रवहमान होती हैं जैसे गायन के समय। अगर केवल स्वर-ध्वनियों को ही सम्भाला जाता है, तो व्यंजन-ध्वनियां उनके पीछे चल तो पड़ती हैं, लेकिन तब हमारे वाचन में दरारें पड़ जाती हैं, खाइयां उत्पन्न हो जाती हैं, अनेक अन्तराल पैदा होते हैं, अविच्छिन्न प्रवाह के स्थान पर विरल ध्वनियां सुनाई देती हैं। यह देखकर उन्होंने निश्चय किया कि वे केवल स्पर्श-ध्वनियों के उच्चारण में ही नहीं, ऊष्म, कण्ठ्य, तालव्य, ओष्ठ्य, मूर्द्धन्य आदि ध्वनियों को बोलते समय भी सावधान रहेंगे। तभी वे अपने ध्वनि-प्रवाह में एक अविच्छिन्न रेखा बना पाने में सफल होंगे। उन्हें यह विश्वास था कि यह ध्यान-योग उन्हें, केवल सामान्य बोलचाल में ही संगीतात्मकता तथा रमणीयता के गुणों की ओर ही नहीं ले जाएगा, वरन् काव्य के औदात्य की दिशा में अग्रसर करेगा।

इस प्रकार के अभ्यास के फलस्वरूप वे सामान्य बोलचाल में भी गाने लगे थे। अपने वाचन में एक अविच्छिन्न रेखा का निर्माण करते हुए कभी

वे गुनगुनाने, कभी गुंजन उत्पन्न करने और कभी अपेक्षानुसार वे गरजने भी लगते थे। उनका स्वर-विन्यास उनके कण्ठ-स्वर की भंगिमाएं, स्वर एवं व्यंजन ध्वनियों के उच्चारण में बराबर बदलती रहती थीं। इतनी सफलता अर्जित कर लेने के बाद भी उन्होंने स्वतः स्वीकार किया है कि सभी शब्दों एवं पदावलियों के सही उच्चारण तक वे नहीं पहुंच पाए थे, इसलिए उनका अभ्यास अनवरत रहा था।

तोर्त्सोव ने इसी दृष्टि से अपने छात्रों से कहा कि विद्यालय से आरम्भ अभ्यास की प्रक्रिया उन्हें निरन्तर जारी रखनी चाहिए। इसी सन्दर्भ में उन्होंने आगे कहा था कि रंगमंच पर जाने वाले अभिनेता को अपने औज़ारों से भली प्रकार सुसज्जित होना चाहिए। उसकी वाणी उसकी रचनात्मकता के निर्वाह के लिए एक महत्त्वपूर्ण उपकरण है : व्यावसायिक अभिनेता बन जाने पर झूठा स्वाभिमान, अक्षर-ज्ञान की शुरुआत कर रहे छात्र की भांति व्यवहार करने से रोकता है। इसीलिए अभिनेता को युवावस्था में प्रशिक्षण की अवधि का समुचित उपयोग करना चाहिए। अगर वह अभी अपना प्रशिक्षण पूरा नहीं करता, तो भविष्य में उसे कभी पूरा नहीं कर पाएगा; और रंगमंच के रचनात्मक जीवन में उसकी कमी सभी बिन्दुओं पर आड़े आएगी। उसका वाचन, बोलने का ढंग, मददगार होने की बजाय बड़ी रुकावट बन जाएगा। एक प्रसिद्ध अभिनेता ने अपने सम्मान में आयोजित प्रीतिभोज में कहा था, "मेरा कण्ठ-स्वर मेरा सौभाग्य है!" और उसके बाद ही उसने अपनी जेब से थर्मामीटर निकालकर अपने सूप में, अपनी शराब में और अपने लिए रखे गए अन्य तरल पदार्थों में डाला था। अपने कण्ठस्वर के विषय में सोचते हुए ही उसने पेय पदार्थों का तापमान मापा था। यह प्रसंग स्पष्ट करता है कि अपनी रचनात्मक प्रकृति के सर्वश्रेष्ठ उपहार–एक मनोरम, जीवन्त, अभिव्यंजनाशील और प्रभावपूर्ण कण्ठस्वर–की उसे कितनी चिन्ता थी।

8

सस्वर वाचन और विराम

1

स्वर, व्यंजन और अक्षरों के उच्चारण के सम्बन्ध में बातचीत करने के बाद तोर्त्सोव ने पूरे शब्दों एवं वाक्यांशों पर विचार आरम्भ किया है। उन्होंने इस सम्बन्ध में कोई प्रवचन नहीं दिए वरन् रंगमंच पर बोलकर जो उन्होंने अनुभव किया है उसी की विवेचना की है। बीच-बीच में एस.एन. वल्कोन्स्की की पुस्तक 'द एक्सप्रेसिव वर्ड' का उल्लेख अवश्य किया है, जिसे उन्होंने अपने वाचन के अभ्यास में विशेष रूप से उपयोगी पाया है।

उनके अनुसार "हर अभिनेता को अपनी वाणी की सामर्थ्य का विशेष रूप से भान होना चाहिए। अगर उसका अपनी वाणी पर समुचित अधिकार न हो तो भावों की सूक्ष्म भंगिमाओं का समुचित प्रयोग वह कैसे कर पाएगा! एक प्रथम श्रेणी के वादक को वाद्य-यन्त्र के सुर में न होने पर उसका प्रयोग नहीं करना चाहिए। वाचन के क्षेत्र में (ध्वनि) विज्ञान की जानकारी की बड़ी ज़रूरत है, लेकिन उसे अर्जित करने के लिए हमको सुबुद्धि से सम्पन्न होना चाहिए। रंगमंच पर वाचन की आधारभूत नियमावली को समझे बिना अपने मन को नये विचारों से भर लेने की कोई उपयोगिता नहीं है; विज्ञान और कला तभी सहायक हो सकते हैं जब वे एक-दूसरे को सहारा दें और परिपूरक बनें।

तोर्त्सोव ने इस बात को स्पष्ट करते हुए कहा है कि "हर उस व्यक्ति को जो मंच पर आता है, फिर से देखना, चलना-फिरना, अनेक प्रकार की चेष्टाएं करना, परस्पर बातचीत करना और अन्ततः बोलना सीखना चाहिए। अधिकांश लोग सामान्य जीवन में बड़े ही घटिया और गंवारू तरीकों का उपयोग करते हैं; लेकिन उन्हें उसका आभास तक नहीं होता। तुम सब भी इसके अपवाद नहीं हो। इसलिए इसके पहले कि तुम व्यवस्थित रूप से वाचन का कार्य आरम्भ करो, यह पूरी तरह से ज़रूरी है कि तुम वाचन की कमज़ोरियों

को समझो, जिससे तुम स्थायी और व्यापक आदत से मुक्त हो सको ताकि रंगमंच पर बोलते समय लापरवाही से बच सको।

"शब्द और उनको बोलने का ढंग आम जिन्दगी की तुलना में रंगमंच पर कुछ ज़्यादा ही दर्शनीय हो जाता है। रंगमंच में केवल आधे-अधूरे रूप में ही यह आशा की जाती है कि वे सही ढंग से बोलें। यह लापरवाही से भरा रोज़मर्रा के ढंग से होता रहता है।

"इस तरह से बोलने के अनेक कारण हैं : सबसे पहला कारण यह है कि सामान्य ज़िन्दगी में आदमी वही बोलता है, जिसे बोलने के लिए वह बाध्य होता है; अथवा जो वह किसी प्रयोजन के लिए उद्देश्य की सिद्धि के लिए, ज़रूरत के लिए या वास्तव में किसी वास्तविक, लाभप्रद, निर्देशित कार्य-व्यापार के लिए करना चाहता है। अक्सर यह भी होता है कि वह शब्दों पर बिना ध्यान दिए वैसे ही बड़बड़ाता है। तब भी वह सकारण ही बोलता है—वक़्त गुज़ारने के लिए, ध्यान बंटाने के लिए अथवा ऐसी ही किसी और वजह से।

"रंगमंच की वस्तुस्थिति कुछ अलग ही होती है : रंगमंच पर किसी और के शब्द और वे भी उसके लिए किसी लेखक द्वारा लिखे गए बोले जाते हैं, जो हमारी इच्छाओं और अपेक्षाओं के विपरीत होते हैं।

"इसके अलावा आम ज़िन्दगी में हम उन चीज़ों के विषय में बातचीत करते हैं, जिन्हें हम वास्तव में देखते हैं, या जो हमारे मन में होती हैं, और जिन चीज़ों का वास्तव में अस्तित्व होता है। रंगमंच पर हम उन चीज़ों के सम्बन्ध में बोलते हैं, जो हमें दिखाई नहीं देतीं, जिन्हें हम अनुभव नहीं करते, जिनके विषय में अपने लिए हम सोचते भी नहीं; लेकिन जो अपनी भूमिका के काल्पनिक व्यक्ति से सम्बन्धित होती हैं।

"सामान्य जीवन में कैसे सुना जाता है, उसकी हमें समझ होती है क्योंकि कुछ सुनने में हमारी रुचि होती है, या हमें उसकी ज़रूरत होती है। रंगमंच पर हम अधिकांश सुनने का बस बहाना ही करते हैं। हमें व्यवहारतः यह ज़रूरत महसूस नहीं होती कि मंच पर जो लोग हमारे साथ हैं, उनके भाव-जगत् में हम उतरें, उनके शब्दों को ध्यान से सुनें, हमें अपने को यह कहने को बाध्य करना पड़ता है; और नतीजा होता है—अति नाटकीयता, प्रतिदिन जैसा सामान्य व्यवहार और प्रचलित युक्तियों का उपयोग।

"कुछ ऐसी ही दुःखद परिस्थितियां वे होती हैं जो जीवन्त मानवीय प्रतिक्रियाओं की हत्या कर देती हैं। पूर्वाभ्यासों और अनेकानेक प्रदर्शनों में

भी बार-बार बोले जाने वाले शब्द तोता-रटन्त बन जाते हैं। मूल शब्द के आन्तरिक अभिप्राय हवा में उड़ जाते हैं और बस यान्त्रिक-ध्वनियां ही सुनाई देती हैं। रंगमंच पर होने का अधिकार पाने के लिए अभिनेताओं को कुछ-न-कुछ करना ही होता है। अपनी भूमिका के खाली स्थानों को भरने के लिए वे यान्त्रिक रूप से बोलने लगते हैं।

"सामान्य जीवन में भी अभिवादन करने और उसका जवाब देने में भी वे इसी पद्धति का उपयोग करते हैं। सवाल उठता है कि कोई आदमी इस प्रकार यंत्रमानव की विधि से बोलते समय क्या सोच रहा होता है? उन शब्दों से सम्बन्धित न तो विचार और न भावना की ही उसे अनुभूति हो रही होती है, हम तब पूरी तरह से किन्हीं अन्य विषयों में खोए होते हैं और वे शब्द हमारे मुंह से निकलते रहते हैं। स्कूल में जब कोई छात्र कक्षा में किसी कविता को सुना रहा होता है, वह किसी अपनी बात को सोच रहा होता है या क़यास लगा रहा होता है कि उसे कितने अंक मिलेंगे। अभिनेता भी कुछ इसी दिशा में उन्मुख होते हैं।

"इस तरह सोचने वाले अभिनेताओं के बीच मूल-चरित्र के विचार और भाव सौतेले बच्चों जैसे होते हैं। आरम्भ में जब वे नाटक को पढ़ते हैं, तो उन्हें अपने शब्द और अपने सामने के चरित्र की पंक्तियां दोनों ही बड़ी रोचक और नई लगती हैं। उन्हें लगता है कि उन्हें कोई ख़ास बात कही गई है, लेकिन जब वे उन्हें पूर्वाभ्यास में बार-बार इधर से उधर जाते हुए बोलते हैं तो वे शब्दों का ज़रूरी अर्थ जान जाते हैं। अभिनेताओं की अन्तश्चेतना या मानस में उन शब्दों के आशय का भान तक नहीं होता। वे बस उनकी जीभ की मांसपेशियों में ही स्थित होते हैं। उस समय उनके लिए इस तथ्य का सारा मतलब समाप्त हो जाता है कि उनकी अपनी पंक्तियां हैं। उनके लिए बस यही महत्त्वपूर्ण हो जाता है कि वे रास्ते में रुकें नहीं, बराबर चलती रहें।"

स्तानिस्लाव्स्की के अनुसार यह अर्थहीन है कि कोई अभिनेता बिना यह सुने कि क्या कहा या पूछा जा रहा है, अपने साथी के कथन के बीच में बोल पड़े। यह भी होता है कि सांकेतिक शब्दावली का बीज शब्द कुछ ऐसे कह दिया जाता है कि वह दर्शकों तक पहुंचता ही नहीं, जिससे कि नाटक का आशय पूरी तरह से खो जाता है और साथी के पास भी जवाब के लिए कुछ बचता ही नहीं। यह कहने की कोई ज़रूरत भी शेष नहीं रहती कि सवाल फिर से दोहराया जाए। पहले अभिनेता को यह जानकारी होती ही नहीं कि कुछ देर पहले वह क्या पूछ रहा था। ये सारे गोलमाल प्रदर्शन को विरस और

बनावटी बना देते हैं जिनसे बोले गए शब्दों एवं उनके जीवन्त अभिप्रायों पर विश्वास समाप्त हो जाता है।

यह स्थिति तब और भी बिगड़ जाती है जब अभिनेता शब्दावली को जान-बूझकर गलत मोड़ देते हैं। बहुत से अभिनेता अपनी पंक्तियों का उपयोग अपनी किन्हीं वाचिक विशेषताओं—उच्चारण की विलक्षणता, सस्वर पाठ की विलक्षण भंगिमा, वाणी के वर्चस्व के प्रदर्शन के लिए करते हैं। इन अभिनेताओं का कला से कोई सम्बन्ध नहीं होता। वे वाद्ययन्त्रों के उन वादकों की तरह होते हैं, जो अपने हाथ के यन्त्र की विशेषताओं का दिखावा मात्र करते हैं।

2

तोर्त्सोव ने उपपाठ या अन्तर्पाठ के विषय को पुनः उठाते हुए प्रश्न किया है कि किसी भूमिका के शब्दों के पीछे या भीतर क्या अन्तर्निहित होता है? फिर स्वयं ही प्रश्न का उत्तर देते हुए कहा है, "भूमिका के मानवीय व्यक्तित्व की अन्तर्निहित अभिव्यक्तियों की अभिव्यंजना और उद्घोषणा मूलपाठ के भीतर से अबाध रूप में प्रवहमान होती है। वह उसके होने को जीवन्त बनाती है तथा उसे आधार प्रदान करती है। अन्तर्पाठ वस्तुतः नाटक और भूमिका की अनन्त और विविधतापूर्ण आन्तरिक संरचनाओं का जाल होता है जो जादुई अगरों, प्रदत्त परिस्थितियों, कल्पन की सभी प्रकार की वस्तुओं, ध्यान की चीज़ों, छोटी-बड़ी सच्चाइयों, उन पर विश्वास, उनके अधिग्रहण, समायोजनों तथा ऐसे ही अन्य तत्त्वों से बनता है।"

"यह सभी सायास एक-दूसरे से गुंथे होते हैं जो केबिल के अलग-अलग तारों की तरह होते हैं, जो नाटक में शुरू से लेकर आखिर तक दौड़ते हैं और अन्ततः चरम लक्ष्य की ओर ले जाते हैं।

"जब हमारी भावनाएं अन्तर्पाठ की धारा में उतर जाती हैं, सभी नाटक के आद्यन्त कार्य की रेखा अथवा भूमिका का आद्यन्त स्वरूप बनता है। वह अपने को केवल भौतिक चेष्टाओं में ही नहीं, वरन् वाचन में भी प्रकट करता है। उसका प्रदर्शन शरीर से ही नहीं, ध्वनि और शब्दों में भी सम्भव होता है।"

स्तानिस्लाव्स्की ने यह स्पष्ट किया है कि हम जिसे कार्य से सम्बन्धित आद्यन्त रेखा कहते हैं, वह अन्तर्पाठ में उसका तुल्यमान होता है जो वाचन से भी सम्बद्ध होता है।

यह कहना ग़ैरज़रूरी है कि अलग से लिया गया और बिना किसी भीतरी प्रयोजन के कोई शब्द और कुछ नहीं, बस बाहरी संज्ञा मात्र होता है। एक

भूमिका का मूलपाठ अगर ऊपरी अर्थ से ज़्यादा कुछ नहीं बताता तो वह ख़ाली शब्दों की शृंखला मात्र होता है।

शब्द की इस विलक्षण अभिव्यंजना को समझाने के लिए तोर्त्सोव ने अंग्रेज़ी का एक शब्द 'लव' (प्यार) लिया है। यह शब्द एक विदेशी के लिए मात्र कुछ वर्णों का असाधारण संयोग है। यह मात्र एक खाली ध्वनि-विन्यास है क्योंकि वह मात्र उन सभी आन्तरिक अर्थ-संकेतों के बिना है, जो हृदय को द्रुतगति से स्पन्दित कर देते हैं लेकिन भावनाओं, विचारों, कल्पना और उस खाली ध्वनि को ज़िन्दगी से भर दिया जाए तो वह बिल्कुल अलग दृष्टिकोण बन जाता है। शब्द नई सार्थकता ग्रहण कर लेता है। तब यह ध्वनि विन्यास 'आई लव' (मैं प्यार करता हूं) एक व्यक्ति को भावावेग से प्रज्वलित करने की शक्ति अर्जित कर लेता और उसके सारे जीवन की धारा को बदल देता है।

उन्होंने कहा है कि जब 'आगे बढ़ो' जैसे शब्द भीतर से स्वदेशानुराग की भावना से अभिरंजित हो जाते हैं तो सैन्य-दलों को प्राणों का बलिदान करने की प्रेरणा देने में समर्थ हो जाते हैं। आसान-सा वाक्यांश जब जटिल भावनाओं को सम्प्रेषित करने लगता है तो इस संसार के प्रति पूरा दृष्टिकोण बदल जाता है। यह अनायास नहीं है कि शब्द मनुष्य के विचार की मूर्त अभिव्यंजना बन गया है।

एक ही शब्द मनुष्य के मन में सभी पांचों ज्ञानेन्द्रियों की चेतना जगा सकता है। एक व्यक्ति कुछ और नहीं, किसी राग या रागिनी की संज्ञा को याद करे, एक चित्रकार किसी खाने की वस्तु, अपनी रुचि की सुगन्ध अथवा और किसी वस्तु का नाम ले तो तुरन्त उस शब्द से संकेतित ध्वनि और रूप के बिम्ब, स्वाद, सुगन्ध और स्पर्श के संवेदन जाग उठेंगे।

स्तानिस्लाव्स्की का कहना है कि शब्द दुःखात्मक अनुभूतियां जगाते हैं। इस सम्बन्ध में उन्होंने अपनी आत्मकथा के एक प्रसंग की भी चर्चा की है जिसमें दांत के दर्द की चर्चा ने श्रोता के मन में दर्द की अनुभूति जगा दी थी।

शब्दों के अर्थ की इस विलक्षण सामर्थ्य को दृष्टि में रखते हुए उन्होंने कहा है कि रंगमंच के ऊपर कभी किसी आत्मा से रहित या भावहीन शब्द का प्रयोग नहीं किया जाना चाहिए। शब्द को कभी विचार से और उसके कार्य-व्यापार से रंगमंच पर अलग नहीं करना चाहिए। रंगमंच पर तो शब्द की यह भूमिका होती है कि वह अभिनेता, उसके सहयोगियों और उनके माध्यम

से सारे दर्शक-समुदाय में सभी प्रकार की भावनाओं, इच्छाओं, आन्तरिक दृश्यात्मकता तथा अन्य संवेदनों को जगाए।

इससे यह संकेत मिलता है कि उच्चरित शब्द और नाटक का मूलपाठ अपने में और अपने लिए मूल्यवान नहीं है। वह अन्तर्पाठ की अन्तर्वस्तु तथा जो कुछ भी उन शब्दों के भीतर है, उनसे मूल्यवान बनता है। यह कुछ ऐसी वस्तु है जिसे हम रंगमंच पर कदम रखते समय भूल जाते हैं। हमारी यह भी भूल जाने की प्रवृत्ति बन गई है कि मुद्रित नाटक तब तक पूरी तरह से रचना नहीं बनता जब तक कि उसे मंच पर अपनी वास्तविक भावनाओं से जीवन्त नहीं बनाया जाता है। वह तब तक सिम्फ़नी (सांगीतिक संरचना) नहीं बनती, जब तक कि वह किसी समारोह में वृन्द गायकों के सहयोग से वृन्दवाद्यों के साथ समायोजित नहीं होती। कलाकार या गायक जैसे ही सामाजिकों तक सम्प्रेषण के लिए लिखित सामग्री के अन्तर्पाठ में अभिनेता या संगीतकार निज की भावनाओं का संचार करते हैं, आध्यात्मिकता का अपार जल फूट पड़ता है, भीतर की सार-वस्तु उन्मुक्त हो जाती है—वे वास्तविक वस्तुएं जिन्होंने नाटक, कविता या संगीत की स्वरलिपि को उत्प्रेरित किया था, उजागर हो उठती हैं। किसी ऐसी रचना का सारा बिन्दु-विन्यास इसी अन्तर्पाठ में निहित होता है। उसके बिना शब्दों के रंगमंच पर प्रस्तुत किए जाने का कोई और बहाना नहीं होता। शब्द जब इस चेतना के साथ बोले जाते हैं तो वे सीधे लेखक से आते हैं, अभिनेता उनके अन्तर्पाठ को मुखर कर देता है। अगर ऐसा न हो तो जनसाधारण रंग-मण्डप में आने का कष्ट नहीं करेंगे; वे अपने घर बैठेंगे और छपे हुए नाटक को पढ़ेंगे।

फिर भी केवल रंगमंच पर यह होता है कि नाटक अपने को पूरी तरह से सम्पूर्ण महत्त्व के साथ उद्घाटित करता है। केवल रंगमंच पर प्रदर्शन में ही हम उस वास्तविक अन्तश्चेतना का अनुभव कर सकते हैं जो नाटक को और उसके अन्तर्पाठ को जीवन्त बनाती है। अभिनेताओं द्वारा जितनी बार नाटक प्रदर्शित किया जाता है, उतनी बार फिर से निर्मित होती है।

यह अभिनेता पर निर्भर करता है कि वह अपनी भूमिका के पाठ के अनुरूप, उन शब्दों को उन भावनाओं के साथ गायन के रूप में प्रस्तुत करना सीखे। हम जब एक जीवन्त आत्मा की स्वर-माधुरी को सुनते हैं, हम तब और केवल तब वाक्यांश के मूल्य और लालित्य को पूरी तरह से सुरुचि के साथ ग्रहण करते हैं और जो कुछ भी उनमें निहित है, उसे आत्मसात करने में समर्थ होते हैं।

तोर्त्सोव के रूप में स्तानिस्लाव्स्की ने अभिनेता के प्रारम्भिक प्रशिक्षण के दौरान भूमिका की अन्तरंग रेखा से चरम उद्देश्य की ओर अग्रसर उसके प्रगतिशील कार्य-व्यापार का हवाला देते हुए कहा है—

"तुम यह भी जानते हो कि इन पंक्तियों की रचना एक मनोदशा के निर्माण के लिए होती है, जिसमें तुम अपनी भूमिका को जीते हो। और जब वह सहज रूप में सम्भव नहीं होती तो तुम्हें कैसे मनोवैज्ञानिक तकनीक से उसे फिर से लाने का रास्ता बनाना होता है।"

यह पूरी प्रक्रिया उच्चरित शब्दों के सम्बन्ध में समान रूप से समुचित और अनिवार्य होती है।

3

तोर्त्सोव ने बीच-बीच में अन्तराल देते हुए चार शब्दों—'बादल...युद्ध...गिद्ध... नीलक...' का उच्चारण आवेग-रहित कण्ठस्वर से किया और उसके बाद उन्होंने छात्रों से पूछा कि जब तुम एक-एक शब्द सुनते हो तो तुम्हारे भीतर क्या-क्या प्रतिक्रियाएं होती हैं?

कुछ छात्रों की प्रतिक्रियाएं सुनने के बाद तोर्त्सोव ने कहा, "प्रत्यक्षतः दो-तीन शब्द मेरे मुख से निकले ही थे कि उनके भीतर के सुझावों को तुमने मानसिक रूप से क्रियान्वित करना आरम्भ कर दिया था। कितनी मेहनत से तुमने मुझे उन सभी चीज़ों के विषय में बताया है, जो मेरे छोटे-छोटे शब्दों ने तुम्हारे मन में जगाई हैं। कितनी सावधानी के साथ तुमने ध्वनियों और उनके स्वर-विन्यास का प्रयोग करते हुए अपने रंगों को चुनकर और उनमें समन्वय स्थापित करके हमारे लिए दृश्यात्मक प्रभाव उत्पन्न किया है, जिससे हम तुम्हारी आंखों से उन्हें देख सकें...

"अगर तुम हमेशा रंगमंच पर इस स्वाभाविक प्रक्रिया के अनुसार काम करोगे और अपने शब्दों का इतनी ही आत्मीयता से उच्चारण करोगे, उनके आवश्यक अर्थविधान में इतनी ही गहराई से उतरोगे, तो तुम सभी जल्दी ही बड़े अभिनेता बन जाओगे।"

स्तानिस्लाव्स्की ने एक ही शब्द 'क्लाउड' (बादल) का विभिन्न रूपों में उच्चारण करके विभिन्न बिम्बों को जगाया है और कण्ठस्वर, मुख-मुद्रा, वस्तु-विशेष के प्रति दृष्टिकोण के बदलाव को रेखांकित किया है। यह एक अनुपस्थित वस्तु के विभिन्न रूपों की रंगमंचीय खोज है क्योंकि इससे अभिनेताओं और सामाजिकों, दोनों के सामने दृश्य उपस्थित होते हैं। वस्तुतः

यह अभिनेता की आंखों से दृश्य का अवलोकन है और अभिनेता उसे अपने अन्तर्दर्शन को सम्प्रेषित करता है। यह स्थिति व्यक्ति-सामर्थ्य से भी परे तक जाती है।

इस सन्दर्भ में उन्होंने यह सलाह भी दी है कि अपने उपचेतन के कार्य में कभी बाधा नहीं डालना चाहिए। कलाकारों को यह सीखना चाहिए कि अपनी आध्यात्मिक और जीवन्त प्रकृति को रचनात्मक कार्य में कैसे प्रकट किया जाए। वस्तुतः हमें भूमिका के शाब्दिक पक्ष को संवेदनशील और प्रतिक्रियात्मक बनाना चाहिए जिससे वह हमारी अत्यधिक अन्तर्निहित भावनाओं, विचारों और मन की आंखों के आगे बने बिम्बों आदि के सम्प्रेषण में हमारी सहायता कर सके।

शब्दों की सहायता से गिद्ध, नीलक, बादल जैसी वस्तुओं का न्यूनाधिक मूर्त रूपों में दूसरों तक सम्प्रेषण बहुत मुश्किल नहीं है, लेकिन शब्दों के द्वारा न्याय और औचित्य जैसी अमूर्त धारणाओं को सम्प्रेषित कर पाना बहुत कठिन है। इन शब्दों को बोलते समय मनोजगत् में कैसी प्रक्रिया चलती है, इसकी खोज बड़ी रोचक होगी।

कोस्त्या ने यह सुनने के बाद अपने मन की आंखों को खोला। उसे एक महिला की आकृति दिखाई दी, जिसके एक हाथ में तराजू था और सामने क़ानून की एक पुस्तक थी और उसकी एक अंगुली पुस्तक के एक विशेष अनुच्छेद की ओर संकेत कर रही थी। इस बुद्धि-विधान से उसका मन और उसकी भावनाएं सन्तुष्ट नहीं हुईं। उसकी कल्पना ने जल्दी ही एक नया दृश्य-विधान खड़ा कर दिया—न्याय और औचित्य पर आधारित जीवन का स्वरूप। इसके बाद उसे अपने जीवन का एक अनुभव याद आया। वह कल्पना में बनी बिम्ब-योजना के अनुरूप था। उसने जब तोर्त्सोव के आगे इस आत्मदर्शन की पूरी प्रक्रिया का विवरण उपस्थित किया तो उन्होंने निष्कर्ष रूप में कहा था, "प्रकृति ने विषयवस्तु को कुछ ऐसे व्यवस्थित किया है कि जब हम दूसरों के साथ शाब्दिक सम्प्रेषण के व्यापार में संलग्न होते हैं तो पहले हम शब्द को अपने मन की आंखों के दृष्टिपटल पर देखते हैं और तब उस देखे हुए को शब्दों में अभिव्यक्त करते हैं। हम औरों की बात सुनते समय अपने कहे को कानों से ग्रहण करते हैं और तब जो कुछ हमने सुना है उसका मानसिक चित्र बनाते हैं।

"जब हम सुनते हैं तो जो कुछ कहा गया है उसे देखते हैं; और जब बोलते हैं तो उसके दृश्यात्मक बिम्ब बनाते हैं।"

अभिनेता के लिए शब्द मात्र ध्वनि नहीं, बिंम्बों का व्यवसाय होता है। इसलिए जब वह रंगमंच पर शाब्दिक आदान-प्रदान करने में संलग्न होता है तो उसे कानों के लिए इतना नहीं, आंखों के लिए बोलना चाहिए।

4

तोर्त्सोव ने प्रशिक्षण के दौरान एक छात्र पॉल से कहा कि वह मंच पर जाकर कोई कविता पढ़े या कोई कहानी सुनाए। उसने एक प्रसंग सुनाया लेकिन तोर्त्सोव उससे सन्तुष्ट नहीं हुए। उन्होंने कहा कि जो शब्द उसने बोले, उनमें उसका विश्वास नहीं था; वे शब्द उसके अपने नहीं थे। इसलिए जो वह कह रहा था, उसने कहना चाहा, उन्होंने उसके भीतर समुचित अनुभूति नहीं जगाई। तोर्त्सोव ने इस बात को स्पष्ट करते हुए कहा है, "लेकिन तुम उन शब्दों को पूरी निष्ठा के साथ, उन काल्पनिक परिस्थितियों की पृष्ठभूमि को भली प्रकार जाने बिना कह भी कैसे सकते हो? पहले तुम्हें उन्हें जानकर उनका मानसिक चित्र बनाना ज़रूरी था, लेकिन तुम अब भी न तो जानते हो और न देख रहे हो कि उन शब्दों की व्यंजना क्या है। तुम्हें अपने लिए उसका स्पष्ट चित्र बनाने की और तुम्हारी कल्पना जिस ओर संकेत कर रही है, उसकी ओर और अधिक कोशिश करनी चाहिए।

"जब तुम यह सब कर लोगे तभी दूसरे व्यक्ति के शब्द तुम्हारे अपने बनेंगे...वे लोग तब तुम्हारे लिए वास्तविक बन जाएंगे। इसी तरह अपार्टमेंट का, कमरों की व्यवस्था का, फ़र्नीचर का और चारों ओर रखी छोटी-छोटी चीज़ों का मानसिक सर्वेक्षण करना मत भूलो।"

इतना कहने के बाद तोर्त्सोव ने समझाया था कि प्रदर्शन के लिए जो प्रसंग लिया गया है, उसमें पहले इवान इवानोविच तक पहुंचना होगा और फिर उसके घर से पीटर पेत्रोविच तक। उसके बाद पॉल को फिर वहीं लौटना होगा जहां उसे अपनी कहानी सुनाने के लिए कहा जाएगा।

"इस बीच उसे उन रास्तों को देखना होगा जिनसे उसे गुज़रना है। उन घरों के दरवाज़ों को भी देख लेना होगा जहां उसे जाना है। संक्षेप में उसे अन्तःचित्रों की एक पूरी फ़िल्म बनानी होगी। एक प्रवहमान अन्तर्पाठ तैयार करना होगा, जिसमें सभी प्रकार के दृश्यबन्धों तथा परिस्थितियों की व्यवस्था हो, जिनकी पृष्ठभूमि में इवान इवानोविच की पारिवारिक त्रासदी घटित होगी और तब उसे बोलने के लिए दिए गए शब्द प्रदर्शित किए जा सकेंगे। ये आन्तरिक बिम्ब एक मनोदशा का निर्माण करेंगे और वह फिर अनुक्रम से

उसकी भावनाओं को उत्तेजित करेंगे। यह सारी प्रक्रिया रंगमंच के बाहर तो खुद ज़िन्दगी सम्पन्न करती है, लेकिन मंच पर तो अभिनेता को उन परिस्थितियों को तैयार करना होता है।"

स्तानिस्लाव्स्की के विचार से यह सब यथार्थवाद, प्राकृतवाद अपने आप में नहीं, वरन् हमारी अपनी रचनात्मक प्रकृति तथा उपचेतना के लिए ज़रूरी होता है। उनके लिए हमें सत्य चाहिए—भले ही वह केवल कल्पना की सच्चाई हो, जिसमें वे विश्वास कर सकें, जिसमें वे जी सकें...

इन सारी ज़रूरी व्यवस्थाओं के हो जाने के बाद पॉल ने दिए गए अंशों को दोहराया। तोर्त्सोव को लगा कि उसके शब्द अब अधिक प्रभावित कर रहे हैं, फिर भी वे पूरी तरह सन्तुष्ट नहीं हुए। उन्होंने पॉल को समझाया कि अभी उसके पास उसके ध्यान को बांधने वाला कोई केन्द्रबिन्दु नहीं है जिसके प्रति अपने मनोजगत् के बिम्बों को सम्प्रेषित कर सके; उसके न होने के कारण ही वह अपने वाक्यों का ऐसे उच्चारण नहीं कर सका कि सुनने वाला व्यक्ति उनकी वास्तविकता और अनिवार्यता पर विश्वास कर सके।

तोर्त्सोव ने तब मारीया को पॉल की सहायता के लिए मंच पर भेजा ताकि वह उसके ध्यान को बांधने के लिए केन्द्रबिन्दु का कार्य करे। उसके बाद उन्होंने पॉल से कहा कि वह यह देखे कि उसके ध्यान का व्यक्ति केवल उसके शब्दों को सुनता ही नहीं, उनके अर्थ को समझता भी है। इसके साथ ही यह भी ज़रूरी है कि जब वह उससे बात कर रहा है, तो वह यह भी देखे कि उसके मन की आंखों में बोलने वाला व्यक्ति क्या बोल रहा है।

पॉल ने जब यह सब कर पाने में खुद को सर्वथा असमर्थ अनुभव किया तो तोर्त्सोव ने उसे समझाया कि इस सम्बन्ध में बहुत अधिक परेशान होने की ज़रूरत नहीं है और न अपनी मूल प्रकृति के साथ कोई छेड़छाड़ करने की। उसे वही करना है, जो उसे कहा गया है। नतीजा महत्त्वपर्णू नहीं है। महत्त्वपूर्ण यह है कि वह कुछ आगे बढ़ रहा है, एक लक्ष्य को पाने की कोशिश कर रहा है। यह भी महत्त्वपूर्ण है कि कार्य कैसे होता है। अधिक सटीक रूप में कहा जाए तो कैसे मारीया और उसकी अन्तर्दृष्टि को प्रभावित करने की कोशिश करता है। इस विशेष प्रसंग में यही तो उसको करना है। इस सन्दर्भ में सर्वाधिक महत्त्वपूर्ण तत्त्व है उसकी अपनी आन्तरिक सक्रियता।

पॉल ने यही प्रक्रिया अपनाई और फिर उसके सम्बन्ध में अपना अनुभव बताया, "प्रथमतः, मुझे मारीया से कुछ कहने से पहले कथन-सामग्री को व्यवस्थित करना था। मुझे जो कुछ कहना था उसके वास्तविक अर्थ की गहराई

की मुझे थाह लेनी थी। उन तथ्यों को, उन परिस्थितियों को, जिन्हें मुझे फिर से निर्मित करना था, उनकी फिर से याद करनी थी। मुझे पहले उन सभी की अपने मन में स्पष्ट धारणा बनानी थी। जब यह तैयारी हो गई और मैं इस बिन्दु पर पहुंचा, भौतिक अभिव्यंजना की शब्दावली में कह सकूं तो हर चीज़ उत्तेजित और गतिशील हो उठी; मेरी बुद्धि, भावनाएं, कल्पना, समायोजन, मौखिक अभिव्यंजनाएं, आंखें, हाथ, शरीर—सभी सुनिश्चित लक्ष्य की ओर बढ़ने का सही रास्ता खोजने लगे। यह एक बहुत बड़े ऑर्केस्ट्रा के सक्रिय हो उठने के समान था। इसके बाद मैं खुद को सावधानी से देखने लगा।''

''खुद को? मारीया को नहीं?'' तोर्त्सोव ने पूछा था, ''यह स्पष्ट है कि तुम्हारे लिए इस बात का कोई महत्त्व नहीं था कि मारीया तुम्हें समझ रही है, जो तुम कह रहे हो इसके भीतरी मतलब को ग्रहण कर रही है, अथवा जो कुछ इवान इवानोविच के बीच घटित हो रहा है उसे वह तुम्हारी आंखों से देख रही है अथवा नहीं। क्या इसका यह मतलब नहीं है कि जब तुम शब्दों में उससे अपनी बात कह रहे थे, तुम्हारे भीतर वह स्वाभाविक भावावेग नहीं था कि अपने मन के चित्रों को देखने के लिए उसे प्रेरित कर सको।

''यह सब तुम्हारे मन की निष्क्रियता का प्रमाण है। और फिर अगर तुम इस विषय में सावधान होते कि मारीया तुम्हारे शब्दों को ग्रहण करे तो तुम बिना उसको देखे और बिना खुद को उसके अनुकूल बनाए, जैसा कि तुमने अभी किया है, उससे कहे जाने वाले शब्दों को आत्म-संवाद के रूप में न बोला होता। अगर तुमने ऐसा किया होता तो अपने शब्दों के प्रभाव को देखते हुए तुमने कुछ क्षण इन्तज़ार भी किया होता, तो जान जाते ये इन्तज़ार के क्षण उस व्यक्ति के लिए भी ज़रूरी हैं जिसके साथ तुम अभिनय कर रहे हो, ताकि वह तुम्हारे मन में बन रहे चित्रों के अन्तर्पाठ को आत्मसात कर सके। एक ही ग्रास में उन्हें ग्रहण कर पाना सम्भव नहीं है। यह प्रक्रिया टुकड़े-टुकड़े होकर चलती है। तुम कहते हो, तुम रुकते तो, तुम्हारा साथी तुम्हारे कथन को आत्मसात करता है; तुम बात आगे बढ़ाते हो, तुम फिर रुकते हो और यह प्रक्रिया चलती रही है। निश्चय ही यह करते समय वह सारे का सारा तुम्हारे दिमाग में होना चाहिए क्योंकि तुम अन्तर्पाठ के रचयिता हो। इसलिए यह अपने आप में स्पष्ट है; लेकिन तुम्हारे साथी के लिए तो यह सब नया है। उसकी सांकेतिकता उद्घाटित होनी चाहिए और तब उसे आत्मसात किया जाना चाहिए। इसमें कुछ समय लगता है। तुमने इसके लिए अवसर नहीं दिया, और नतीजा यह हुआ कि ये सारी भूलें या सब एक अन्य

व्यक्ति के साथ बातचीत का रूप ग्रहण करने के स्थान पर एक आत्मसंवाद बन गया—ठीक वैसे जैसा रंगमंच पर अक्सर होता है।

तोर्त्सोव ने पॉल से वह सब वैसे करवा लिया जैसा कि वे चाहते थे। पॉल ने उनके समझाने पर वही कहा जो उसके मन में था और मारीया ने वही सुना। केवल मारीया ही नहीं, वहां उपस्थित सभी लोगों ने कुछ अंशों तक वास्तव में यह समझा कि उसके शब्दों में—उसके अन्तर्पाठ में क्या निहित था। पॉल स्वयं भी अपनी सफलता से आनन्दविभोर हो उठा, उसने बड़ा ज़ोर देकर कहा कि उसने अपने काल्पनिक अन्तर्पाठ को, दूसरों तक पहुंचाने के व्यावहारिक महत्त्व का, बौद्धिक और मानसिक दोनों ही रूपों में अनुभव किया।

तोर्त्सोव ने नाटक की संवाद-योजना के पीछे अवस्थित अविराम प्रवहमान चित्रात्मक धारा की इस रचना को अत्यन्त महत्त्व दिया है।

5

पॉल ने उस दिन घर लौटते हुए कोस्त्या को अपने उस दिन के अनुभव के विषय में बड़े ही उत्साह के साथ बताया था :

"तुम देख रहे हो कि जब तक तुम इस तथ्य को नहीं बताते कि इवान इवानोविच की पत्नी ने उन्हें छोड़ दिया था, तब तक कोई कहानी नहीं बनती। अगर कहानी नहीं है तो ऐसा कुछ भी नहीं है जिस पर चित्रात्मक अन्तर्पाठ आधारित हो। तुम्हारे लिए फिर कोई ज़रूरत ही नहीं रहेगी कि अपने लिए किसी घटना का मानसिक चित्र बनाओ और फिर उसे किसी और को बताओ। इवान इवानोविच के जीवन की त्रासद घटना का मूलभूत तथ्य कुछ ऐसा है जिसे तुम किरणों के द्वारा आंगिक चेष्टाओं से, मौखिक अभिव्यंजना के माध्यम से सम्प्रेषित नहीं कर सकते। तुम्हें बोलना ही होगा!"

पॉल ने उसके बाद संगीतात्मक लय के साथ बात आगे बढ़ाई कि मैंने जब यह समझा कि वे शब्द मेरे अपने ही हैं तो रंगमंच पर होते हुए भी मुझे यह लगा कि मैं पूरी तरह से अपने ही घर में हूं, फिर भी जाने कहां से अचानक प्रशान्ति की भावना और नियन्त्रण पैदा हो गए। मेरे लिए सबसे अधिक विस्मयजनक यह था कि अब मैं अपने को अनुशासित कर सकता था। मुझे जैसे किसी प्रकार की जल्दी न करने का अधिकार मिल गया था और मैं बड़ी शान्ति के साथ औरों को इन्तज़ार भी करवा सकता था।

पॉल ने उसके बाद कोस्त्या से वाचन के बीच विश्राम के विषय में विशेष रूप से बातचीत की थी। पॉल के अनुसार पहले कभी रंगमंच पर उसे एवं कोस्त्या

को विश्राम के क्षणों में बड़ी घबराहट हो जाती थी; लेकिन अब उसने मंच पर विश्राम अथवा मौन के महत्त्व को भली प्रकार समझ लिया था।

कोस्त्या को उस दिन पॉल की बातचीत इतनी रोचक लगी थी कि वे उसी के यहां रुक गए थे। संयोग से रात के भोजन के समय पॉल के चाचा भी आ गए थे, जो बड़े वरिष्ठ अभिनेता थे और अपने भतीजे के कार्य में रुचि भी लेते थे। पॉल ने उन्हें बताया कि उस दिन मंच पर विश्राम या मौन के सम्बन्ध में क्या कुछ सीखा था। वे सारे विवरण को सुनकर बड़े प्रसन्न हुए थे और एक बिन्दु पर तो उत्तेजित होकर उन्होंने कहा था कि पॉल ने जो कुछ भी सीखा है वह बिल्कुल सही है। उसने वस्तुतः अपने मनोजगत् में सही जगह पर शिक्षा के इस नये बिन्दु को स्थापित कर लिया है। उसे अपने साथी को भी इस नये सूत्र से संक्रमित करना चाहिए। वह जिसके साथ बातचीत कर रहा है उसके मन में इस नये विचार को पूरी तरह से प्रतिष्ठित कर देना चाहिए। उसकी आत्मा को जब वह संचरित कर देगा तो उसे लगेगा कि वह और भी अधिक संक्रमित हो गया है। यह संक्रमण की प्रक्रिया फिर और मित्रों के साथ भी चलती रहेगी। तब लगेगा कि जो शब्द बोले जा रहे हैं, वे पहले से कहीं अधिक उत्प्रेरक हैं।

उस वरिष्ठ अभिनेता ने तब एक वाक्य बहुत ज़ोर देकर कहा था, "सक्रियता–वास्तविक उद्देश्य के साथ रचनात्मक सक्रियता, रचनाशीलता का सर्वाधिक महत्त्वपूर्ण तत्त्व है, और फलस्वरूप वाचन में भी उसका सर्वाधिक महत्त्व है।"

स्तानिस्लाव्स्की ने इस सम्बन्ध में कहा है कि जब इस प्रकार की सक्रियता उत्पन्न हो जाती है तब बोलना ही अभिनय हो जाता है। वह सक्रियता तब अभिनेता के सामने अपने भीतर की सक्रियता को जगाने का लक्ष्य उत्पन्न कर देती है। इस सन्दर्भ में यह महत्त्वपूर्ण नहीं होता कि दूसरा, पहले व्यक्ति के मन में अवस्थित चीज़ को देख रहा है अथवा नहीं। प्रकृति और उपचेतन उसकी चिन्ता कर सकते हैं। अभिनेता का कार्य होता है औरों के मन में अपना अन्तर्दर्शन जगाने की इच्छा करना और वही इच्छा फिर सक्रियता उत्पन्न करती है। किसी अभिनेता के लिए रंगमंच पर जाना और दर्शकों के आगे कुछ शब्द कहकर बाहर निकल जाना एक बात है, लेकिन रगमंच पर जाकर अभिनय करना बिल्कुल अलग बात है। उसके लिए बड़ी समझ-बूझ और सचेष्ट प्रयास की अपेक्षा होती है। पहले ढंग से बोलना मात्र नाटकीय होता है लेकिन दूसरा मानवीय संचेतना के साथ सम्भव होता है।

6

इसके बाद स्तानिस्लाव्स्की ने तोर्त्सोव की कक्षा के बहाने प्रसंगानुरूप मनःरूपायन के सन्दर्भ में विस्तृत विवेचन किया है :

"हम जब किसी परिदृश्य पर विचार करते हैं, अपने मन में किसी वस्तु, किसी घटना को चित्रित करते हैं, वास्तविक या काल्पनिक रूप में किसी अनुभव की याद करते हैं, तो हम केवल उसके प्रति अपनी भावनाओं के साथ प्रतिक्रियाशील ही नहीं होते, हम उनका अपने मन की आंखों के आगे पुनरीक्षण भी करते हैं; फिर भी यह करते हुए हमारी अन्तर्दृष्टि को उसके साथ ही सम्बन्धित नहीं होना चाहिए जिसकी प्रस्तुति हो रही है और न उसे उस अभिनेता के साथ ही सम्बद्ध होना चाहिए जो उसे रूपायित कर रहा है क्योंकि अगर उसका व्यक्तिगत जीवन उस चरित्र के जीवन के समान ही नहीं है जिसे वह रूपायित कर रहा है, तो वह उससे मेल नहीं बिठा पाएगा।"

तोर्त्सोव ने इसी सन्दर्भ में आगे कहा है, "इसीलिए जब हम रंगमंच पर होते हैं तो हमारी मुख्य चिन्ता का विषय अपनी अन्तर्दृष्टि में हर समय मूल चरित्र से मिलती-जुलती वस्तुएं ही होनी चाहिए। यह बिम्बों की अन्तर्धारा सभी प्रकार के कल्पित आविष्कारों और प्रदत्त परिस्थितियों से परिपूर्ण होकर भूमिका में जीवन भरती है। वह चरित्र के हर कार्य, उसकी महत्त्वाकांक्षाओं, विचारों और भावनाओं को आधार प्रदान करती है। इससे भी अधिक भूमिका के अन्तरंग जीवन में अभिनेता के ध्यान को बांधने में वह बहुत सहायक होती है। इस प्रक्रिया का उपयोग ध्यान की अस्थिरता दूर करने में किया जाना चाहिए।

इस प्रक्रिया को उन्होंने और स्पष्ट किया है। यदि कोई नाटक पूरी तरह से वैसे ही तैयार किया गया है, जैसा होना चाहिए अर्थात् अगरों और प्रदत्त स्थितियों के अनुरूप, तो इसका तात्पर्य होगा कि हमने नाटक के सभी उप-पाठ-प्रवाह के बिम्बों को मंच पर संवाद बोलने और अभिनय करने में सहायक बना लिया है—वे पाठक के साथ वैसे चलेंगे, जैसे सिनेमा के बिम्ब परदे पर चलते हैं।

उन्होंने यह निर्देश दिया कि हर बार अपनी भूमिका को रूपायित करते समय भूमिका की पंक्तियों के साथ उस काल्पनिक चित्र का भी निर्माण करते रहना चाहिए तथा शब्दों के साथ-साथ इन बिम्बों को भी सम्प्रेषित होने देना चाहिए।

स्तानिस्लाव्स्की ने ज़रूरी मतलब को शब्दों में उतारने के लिए उसके भीतर बहुत गहरे उतरकर बड़ी गहराई में उसका अनुभव करने पर बल दिया है। लेकिन

यह बड़ा मुश्किल काम है और हमेशा सम्भव भी नहीं होता क्योंकि सबसे पहले अन्तर्पाठ के आधारभूत महत्त्व के तत्त्वों में से अनुभूत भावनाओं की स्मृति क्षणभंगुर, मनमौजी, चंचल और अस्थिर है। दूसरे शब्दों के पीछे जो अर्थ है उसमें ध्यान केन्द्रित करने के लिए अनुशासनबद्ध कोशिश ज़रूरी होती है।

इस प्रक्रिया को सम्पन्न करने के लिए स्तानिस्लाव्स्की भावनाओं को पूरी तरह से भूलने और भीतर के बिम्बों पर अपना पूरा ध्यान लगाने, उन्हें बड़ी सावधानी के साथ पढ़ने और यथासम्भव पूर्णता से गहराई में उतरकर विशदता के साथ उनका निर्माण करने की सलाह देते हैं। अभिनय की इस प्रक्रिया को अपनाकर शब्द अपने और दर्शकों के बजाय सामने खड़े व्यक्ति के लिए बोलने पर यह प्रणाली और अधिक स्थायित्व और शक्ति के साथ प्रतिफलित होगी। तभी यह लगेगा कि जो कुछ हमारे मन की आंखों के आगे है, उसे दृश्य में अपने सहयोगी तक हमें पहुंचाना है। यह अपेक्षित को चरमावस्था तक करने की मांग करता है। तभी वह इच्छाशक्ति को जगाकर भीतर की उत्प्रेरक शक्तियों और अभिनेता की रचनात्मक चेतना के विभिन्न तत्त्वों को सजग करेगा।

स्तानिस्लाव्स्की की दृष्टि में भी यह कार्य-प्रणाली कोई नई नहीं है। कुछ ऐसी ही प्रक्रिया का प्रयोग नाटकीय गतिविधि और कार्य-व्यापार के संचालन में भी होता है, लेकिन वहां असन्तुलित भावात्मक स्मृतियों को जगाने तथा भूमिका की अविच्छिन्न रेखा के निर्माण में सहायता हेतु अपेक्षाकृत अधिक इन्द्रियगोचर और सन्तुलित भौतिक व्यापारों का प्रयोग अनिवार्य होता है।

अन्तरंग बिम्बों की उसी अविच्छिन्न रेखा की खोज तथा शब्दों द्वारा उसे दूसरों तक पहुंचाने के लिए भी इस पद्धति की आवश्यकता मालूम पड़ती है। प्रक्रिया का पहला चरण था भौतिक चेष्टाओं से भावनाओं को आकृष्ट करना। शब्दों और वाचन की प्रक्रिया का प्रयोग करते समय आन्तरिक बिम्ब भावनाओं को जगाने की भूमिका निभाते हैं।

स्तानिस्लाव्स्की मन के भीतर की इस फ़िल्म को मन की आंखों के आगे खोलने और एक चित्रकार या कवि की तरह यह प्रकट करने की कोशिश करने की सलाह देते हैं कि प्रतिदिन के प्रदर्शन में क्या और कैसे देखा जाए। पुनरावलोकन के सभी अवसरों पर अभिनेता को यह जानकारी रहेगी कि मंच पर उसे क्या कहना है। यह अच्छा ही होगा कि पुनरावलोकन को दोहराते समय कुछ न कुछ परिवर्तन तो होगा ही। अप्रत्याशित और आशु उत्प्रेरण रचनाशीलता के लिए हमेशा अच्छे होते हैं।

स्तानिस्लाव्स्की इस कार्यपद्धति को अभिनेता का स्वभाव बनाने के हिमायती हैं। इसे स्वभाव बनाने के लिए लम्बे और सुव्यवस्थित अभ्यास की ज़रूरत होती है। अभिनेता का ध्यान भली भांति सन्तुलित न होने पर भूमिका के अन्तर्पाठ की रेखा बार-बार टूटती है। उस समय यह ज़रूरी होता है कि यथाशीघ्र अन्तर्जगत् में दिखाई दे रही किसी मूर्त वस्तु को जीवन-रक्षा पेटी की भांति पकड़ा जाए। स्तानिस्लाव्स्की का मानना है कि बार-बार दोहराने पर भूमिका की रेखाएं तो जल्दी ही छीज जाती हैं; लेकिन इसके विपरीत दृश्यात्मक बिम्ब बार-बार दोहराए जाने पर और अधिक मज़बूत तथा विस्तृत होते जाते हैं।

इस प्रक्रिया में कल्पना निरन्तर गतिशील रहती है। उसकी नवीनीकरण की प्रक्रिया निरन्तर चलती रहती है, उसमें विस्तार होता रहता है और वह भीतर चल रही फ़िल्म को जीवन्त बनाए रखती है। इसलिए जल्दी-जल्दी होने वाला पुनर्प्रक्षेपण हानिकारक नहीं बल्कि लाभदायक है। स्तानिस्लाव्स्की ने इस प्रक्रिया को मनोवैज्ञानिक तकनीक (Psycho-technique) कहा है।

7

स्तानिस्लाव्स्की के अनुसार रंगमंच पर अभिनेता के वाचन का पहला कार्य उस दृश्य में अपने सहयोगी को चित्रात्मक अन्तर्पाठ के माध्यम से अपनी पंक्तियों को पहुंचाना है, और दूसरा दर्शकों के सामने उसे पुनरीक्षण के लिए प्रस्तुत करना होता है। ये दोनों ही व्यापार कैसे सम्पन्न किए जा सकते हैं, यह समझाने के लिए तोर्त्सोव ने वास्या से मंच पर जाने और अपनी रुचि से कुछ पंक्तियां बोलने के लिए कहा। वह जो कुछ बोला उसमें अनेक शब्दों में घाल-मेल हो गया और विराम ग़लत जगहों पर लग गए। नतीजा यह हुआ कि सब कुछ अस्पष्ट हो गया।

तोर्त्सोव ने तब सलाह देते हुए कहा कि अभिनेता को अपने संवाद की शब्दावली को पहले सुव्यवस्थित अनुक्रम प्रदान कर देना चाहिए और उसके बाद उसे उचित समूह में विभाजित कर लेना चाहिए। इसी प्रकार यह समझा जा सकता है कि कौन शब्द किसके साथ जुड़ता है और कौन-से भाग एक शब्दावली या एक विचार के साथ समन्वित होते हैं। रंगमंच पर सम्भाषण के लिए उसकी शब्दावली को समुचित परिमाणों में विभाजित करने के साथ-साथ, विश्रामों की या तार्किक विरामों की व्यवस्था ज़रूरी होती है। ये दोनों प्रक्रियाएं दोहरे और परस्पर-विरोधी प्रयोजन सम्पन्न करती हैं। तार्किक

विराम शब्दों को समुदायों (वाचन-परिमाण) में बांटकर उन समुदायों को एक-दूसरे से अलग करती हैं।

वाचन में विश्राम या विराम का महत्त्व केवल रंगमंच पर ही नहीं, सामान्य जीवन में भी होता है। इस सम्बन्ध में स्तानिस्लाव्स्की ने उदाहरण के लिए अंग्रेजी का एक वाक्य लिया है लेकिन मैं हिन्दी का एक वाक्य ले रहा हूं—"मारो मत जाने दो।" इन शब्दों के बीच विराम का स्थान बदल दीजिए, अर्थ बदल जाएगा। आप कह सकते हैं—"मारो मत, जाने दो।" या "मारो, मत जाने दो।" पहला वाचन दया की भावना प्रकट करता है, लेकिन दूसरा निर्ममता से मार डालने का आदेश देता है। इसीलिए यह ज़रूरी हो जाता है कि सामान्य जीवन की भांति रंगमंच पर बोलने के लिए भी समुचित स्थलों पर विराम दिए जाएं।

तोर्त्सोव ने उस बात को प्रायोगिक रूप में समझाने के लिए अपने एक छात्र से कोई आत्म-संवाद बोलने के लिए कहा। जब वह उस संवाद का एक नपा-तुला भाग बोल चुका तो उन्होंने उसे रोक दिया और समझाया कि दो तार्किक शाब्दिक संयोजनों या परिमाणों के बीच मूलपाठ को यथासम्भव एक मिली-जुली इकाई यानी लगभग एक शब्द के रूप में बोलना चाहिए। उसे तोड़ो मत, टुकड़ों में मत उगलो।

इस सम्बन्ध में कभी-कभी कुछ अपवाद हो सकते हैं, जो एक शाब्दिक समुदाय के बीच विराम के लिए मजबूर कर देते हैं। लेकिन उसके कुछ निश्चित नियम हैं, उनकी चर्चा यथा-स्थल होगी।

ग्रीशा ने अपनी आदत के अनुसार बीच में ही मुद्दा खड़ा कर दिया कि हम पहले से जानते हैं कि विरामचिह्नों के अनुसार कैसे पढ़ना चाहिए। अगर आप यह कहने के लिए मुझे क्षमा करें, तो प्रारम्भिक पाठशाला में ही यह पढ़ाया जाता है।

तोर्त्सोव ने पूछा, "अगर तुमने उसे सीख लिया था तो तुम सही ढंग से क्यों नहीं बोलते? इसके अलावा जब तुम मंच पर होते हो तो तुम सही ढंग से बोलने की सभी ज़रूरतों को उनकी चरमावस्था तक क्यों नहीं ले जाते? मैं यह देखना चाहूंगा अपने हाथों में एक पुस्तक और पेंसिल लो, और पढ़ते समय उसे वाचन के समुचित मापों में विभाजित करो। वाचन के इन मापों के साथ पढ़ने में व्यावहारिक लाभ निहित होता है। वह तुम्हें अपनी भूमिका के भीतर अनुभव करने की प्रक्रिया में भी सहायता करेगा।"

संवाद का समुचित मापों में विभाजन और नाट्यालेख का उसके अनुरूप पढ़ा जाना हमें शब्दावलियों के विशेषण और उनके सार-तत्त्व तक पहुंचने के

सुअवसर भी देता है। अगर हम यह प्रक्रिया नहीं अपनाते तो बोलने का तरीका नहीं समझ सकते। सुनिश्चित अनुपातों के साथ बोलने की आदत वाचन को और अधिक गरिमामय, बोधगम्य तथा अन्तर्वस्तु को गम्भीर बना देगी। मंच पर जब अभिनेता इस ढंग से बोलता है तो मूल अभिप्राय के साथ उसके मन को बराबर जुड़े रहने को विवश करता है। जब तक अभिनेता इस अवस्था को प्राप्त नहीं कर लेता, तब तक न तो शब्दों के प्रधान प्रयोजनों से कुछ सिद्ध होता है और न आत्म-संवाद के सचित्र अन्तर्पाठ के सम्प्रेषण की कोशिश का कोई लाभ होता है और न अन्तर्पाठ की संरचना की सार्थक तैयारी हो पाती है।

स्तानिस्लाव्स्की इसीलिए मंच पर सबसे पहले संवाद या वाक्यांशों को विभिन्न परिमाणों में विभाजित करके उनके बीच जरूरी स्थलों पर तार्किक विराम रखने की बात को रेखांकित करते हैं।

8

स्तानिस्लाव्स्की ने मंच पर नाटकीय संवादों की अदायगी में व्याकरण द्वारा निर्धारित विराम-चिह्नों के प्रयोग को आवश्यक माना है। तोर्त्सोव ने इस सम्बन्ध में अपने छात्रों को समझाते हुए कहा था कि वाचन में तार्किक विरामों को रखने और वाक्यांशों का समुचित मापों में विभाजन के बाद उन्हें विराम-चिह्नों के अनुसार स्वर-विन्यास से पाठ के महत्त्व को भी समझना चाहिए।

विराम-चिह्नों के लिए विशेष तरह के सस्वर पाठ की ज़रूरत होती है। अल्प-विराम, सम्बोधन तथा प्रश्नवाचक चिह्नों, पूर्णविराम तथा अन्य चिह्नों की अपनी-अपनी विशिष्ट अर्थ-भंगिमाएं होती हैं। सस्वर-वाचन के बिना प्रयोजनों को पूरा नहीं कर सकते। पूर्णविराम से वाचन में उसके अन्तिम घुमाव को छोड़ दिया जाए तो श्रोता को लगेगा ही नहीं कि वाक्य पूरा हो गया है। प्रश्नवाचक चिह्न से यदि उसके विशेष ध्वन्यात्मक घुमाव को ग्रहण किया जाए तो श्रोता यह समझेगा ही नहीं कि उससे कोई सवाल पूछकर जवाब की आशा की जा रही है।

रंगमंच पर सस्वर-वाचन में प्रत्येक विराम-चिह्न श्रोता पर एक विशेष प्रकार का प्रभाव उत्पन्न करता है और उसे क्रियाशील भी करता है। प्रश्न का ध्वन्यात्मक स्वर उत्तर की अपेक्षा करता है; विस्मयबोधक चिह्न, सहानुभूति, समर्थन अथवा विरोध की भावना उत्पन्न करता है। जो कुछ उसके बाद कहा जाता है उसकी ओर ध्यान आकर्षित करता है; और इसी प्रकार अन्य

विराम-चिह्न भी अपने अलग-अलग प्रभाव छोड़ते हैं। इन सभी तरह के सस्वर-वाचनों की अनन्त अभिव्यंजनाएं विराम-चिह्नों की अन्तर्निहित विशेषताएं हैं जो अभिनेताओं को वाचन में जल्दबाज़ी करने से रोकती हैं।

तोर्त्सोव ने इसके बाद कोस्त्या से 'ऑथेलो' का एक आत्मालाप पढ़वाया था, लेकिन जब वह विराम-चिह्नों को ध्यान में रखते हुए भी भली प्रकार नहीं पढ़ सका तो उन्होंने अल्पविराम के प्रयोग पर कुछ विस्तार से चर्चा की थी।

''अल्पविराम की प्रकृति में एक उल्लेखनीय विलक्षणता है। वह यह कि उसका घुमाव उठे हुए हाथ की तरह श्रोता को सावधान करने का संकेत देता है कि वह धीरज के साथ अपूर्ण वाक्य पूरा होने का इन्तज़ार करे। विशेष रूप से अधीर प्रकृति के व्यक्ति के लिए यह ज़रूरी संकेत है। अगर तुम यह विश्वास करते हो कि अल्पविराम के उस वाचिक घुमाव के बाद श्रोता बाध्य होकर धीरज के साथ वाक्य के ज़ारी रहने या पूर्ण होने का इन्तज़ार करेंगे ही, तो जल्दबाज़ी का कोई कारण नहीं रह जाएगा। इससे तुम्हें शान्ति मिलेगी और तुम अल्पविराम और उसमें निहित महत्त्व से प्यार करने लगोगे।''

स्तानिस्लाव्स्की की मान्यता है कि अगर अभिनेता अल्पविराम के पहले इस ध्वनि वैज्ञानिक रेखा को उठाने और विश्वास के साथ इन्तज़ार करने के आत्म-सन्तोष को केवल समझ ले तो न तो किसी के टोकने की आवश्यकता रहेगी और न किसी जल्दबाज़ी की। प्रतीक्षा करते समय कर्तव्यों और कर्म का कहीं और स्थानान्तरण तुम्हारी मानसिक शान्ति की सुरक्षा की आश्वस्ति देता है, क्योंकि ये विश्राम उस व्यक्ति के लिए ज़रूरी हो जाते हैं जिससे तुम बात कर रहे हो–यह वही व्यक्ति है, जो पहले तुमसे जल्दी करने को कह रहा था।''

तोर्त्सोव ने अल्पविराम के प्रयोग के सम्बन्ध में एक कहानी भी सुनाई थी : ''मैं एक नई नौकरानी को यह समझा रहा था कि बाहर के दरवाज़े की चाभी कहां टांगी जाए। मैंने कहा था, ''पिछली रात जब मैं आया और चाभी ताले में लगी देखी...।'' इतना कहने के बाद अचानक मैं भूल गया कि मुझे क्या कहना है और मैं अपने अध्ययन कक्ष में चला गया। कोई पांच मिनट बाद नौकरानी ने दरवाज़ा खटखटाया था, दरवाज़ा खुलने पर उसने पूछा, ''और चाभी ताले में लगी देखी...।'' तुम देख रहे हो न कि उस अल्पविराम के प्रयोग के साथ जो कण्ठस्वर उठा था, उसका प्रभाव पूरे पांच मिनटों तक बना रहा और उसने मांग की कि आवाज़ नीचे उतरे, वाक्य पूरा हो और फिर पूर्णविराम हो।''

निष्कर्षतः तोर्त्सोव ने कहा है कि रंगमंच पर सस्वर वाचन के साथ समुचित विश्रामों का प्रयोग करते हुए, विराम-चिह्नों के अनुरूप कण्ठस्वर बदलने और अपेक्षा के अनुरूप बीच-बीच में रुकना बहुत ज़रूरी है। यह अभिव्यंजना कथन को सहज रूप से ग्राह्य बनाने के साथ उसके प्रभाव़ को भी बढ़ाती है।

9

रंगमंच पर वाचन के सन्दर्भ में स्तानिस्लाव्स्की की बड़ी सुनिश्चित धारणा है कि केवल शब्दों के उच्चारण और विराम-चिह्नों के प्रयोग के लिए ही नहीं वरन् वाक्यांश और वाक्यों के लिए भी सस्वर पाठ के सुनिश्चित विधान होते हैं।

तोर्त्सोव ने वाचन के इन्हीं विधानों को स्पष्ट करने के लिए एक वाक्य लिया था और उसे चढ़ाव-उतार के साथ लिखकर भी दिखाया था।

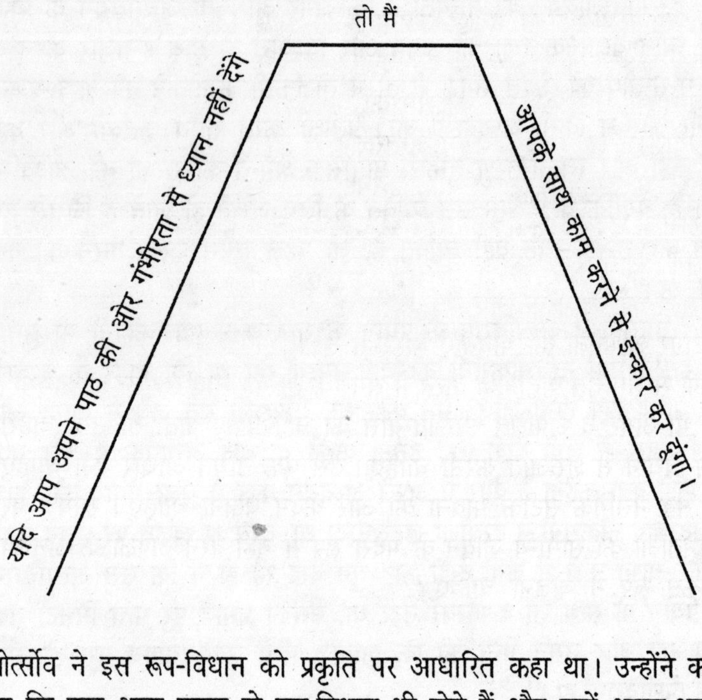

तोर्त्सोव ने इस रूप-विधान को प्रकृति पर आधारित कहा था। उन्होंने कहा था कि कुछ अन्य प्रकार के रूप-विधान भी होते हैं और उन्हें अलग-अलग

नाम भी दिए गए हैं। सस्वर पाठ के इस रूप-विधान को उन्होंने 'स्वान नैक' (हंस कण्ठ) या 'डबल बेंड पीरियड' (दोहरे मोड़ का पूर्णविराम) की संज्ञा दी थी। यहां पहले उच्च बिन्दु तक ऊपर उठता बिन्दु-विधान है, जहां अल्पविराम तार्किक विराम के साथ मिल गया है, तब मोड़ के बाद वाणी के अचानक नीचे की ओर जाने के पहले एक अस्थायी विश्राम आ गया है।

वस्तुतः वाचन में आरोह-अवरोह के इस प्रकार के विन्यास अनिवार्यतः आते हैं। रंगमंच पर वाक्यांश के और भी रूप-विधान हो सकते हैं। अभिनेताओं को अपने वाचन को प्रभावपूर्ण बनाने के लिए उन सभी ध्वनि-विन्यासों से भली प्रकार परिचित होना चाहिए और फिर अपेक्षानुसार किसी एक का प्रयोग करना चाहिए।

कुछ अभिनेता ऐसे भी होते हैं, जिन्हें प्रदत्त वाक्यांशों से वांछित अथवा उपस्थित शब्दों द्वारा नैसर्गिक रूप से संरचित वाचिक विन्यास की पकड़ नहीं हो पाती। वे अपने लिए समस्याएं खड़ी कर लेते हैं जिन्हें सुलझा पाना उनके लिए बड़ा मुश्किल होता है।

स्तानिस्लाव्स्की ने सवाल उठाया है कि अभिनेताओं की इस कमज़ोरी को दूर कैसे किया जा सकता है? उन्होंने स्वयं समाधान भी बताया है कि इस वस्तुस्थिति में अभिनेता को क्षेत्र का बाहर से विस्तार करना चाहिए, और इस प्रयास में ध्वनि के बीच के अन्तरालों को बढ़ाते हुए अपने स्वर-विन्यास को एक आन्तरिक औचित्य प्रदान करना चाहिए। इस प्रक्रिया से उन्हें सत्य की खोज में मदद मिलेगी। अगर वे संवेदनशील होंगे तो जल्दी ही उसे पहचान भी लेंगे। वाचन के स्वरूप को व्यापक आधार देने तथा स्वर-विन्यास में अन्तरालों को बढ़ाने के लिए एक विशेष प्रकार की मनोदशा की ज़रूरत होती है। अगर अभिनेता की भावनाएं बाहर से सुझाए गए स्वर-विन्यास के जीवन्त स्वरूपों से समुचित प्रतिक्रिया करने में समर्थ हैं तो वह स्वयं उत्पन्न हो जाएगी। फिर भी अगर वे अपेक्षित स्वर-विन्यास को नहीं पकड़ पाते, तो उन्हें बाहरी ध्वनि-विधान से शुरुआत करनी चाहिए। उसे एक उचित आधार देना चाहिए और तब नैसर्गिक सटीक भावना की ओर कदम बढ़ाना चाहिए। रंगमंच पर अभिनेताओं को सामान्य जीवन के भदेस रूप में नहीं वरन् अपेक्षा के अनुरूप परिष्कृत रूप में बोलना चाहिए।

10

तोर्त्सोव ने अगले दिन एक बार फिर विराम-चिह्नों के विषय को उठाया। इस सन्दर्भ में उन्होंने पहले कोस्त्या से 'ऑथेलो' के एक लम्बे सम्भाषण को पढ़ने के लिए कहा। वह अपनी पंक्तियों को भली प्रकार सम्प्रेषित नहीं कर सका था। तोर्त्सोव ने इसका कारण यह बताया था कि कोस्त्या ने तार्किक विरामों को मनोवैज्ञानिक विरामों में बदल दिया था। यह भूल फिर न हो, इसके लिए उन्होंने इन दोनों ही प्रकार के विरामों की निजी प्रकृति की जानकारी कराई थी। उन्होंने कहा था कि तार्किक विराम वाचन के परिणामों को, नाट्य-पाठ के सारे शब्दों को मशीनी ढंग से रूपायित करते हैं और इसी प्रकार उन्हें समझने में मदद मिलती है। मनोवैज्ञानिक विराम विचारों, वाक्यांशों और उनके परिमाणों को अधिक सजीव बना देते हैं। यह मनोवैज्ञानिक पद्धति शब्दों के अन्तर्पाठ के अभिप्रायों को भी श्रोताओं तक पहुंचाने में सहायक होती है। अगर वाचन बिना तार्किक विरामों के समझा नहीं जा सकता, तो बिना मनोवैज्ञानिक विरामों के उसमें जीवन का संचार ही नहीं होता।

तार्किक विराम निष्क्रिय औपचारिक और जीवनरहित होता है; लेकिन मनोवैज्ञानिक अपेक्षानुसार अन्तर्वस्तु से समृद्ध और सक्रियता से भरपूर होता है। तार्किक विराम हमारी बुद्धि का निर्देश मानते हैं; मनोवैज्ञानिक विराम हमारी भावनाओं की सेवा करते हैं।

एक महान् अभिनेता ने एक बार कहा था—अपने वाचन को नियन्त्रित करो और अपने मौन को मुखर होने दो। मनोवैज्ञानिक विराम ठीक ऐसा ही होता है—एक मुखर मौन! इसीलिए वह लोगों के बीच सम्प्रेषण का अत्यन्त महत्त्वपूर्ण एवं सशक्त माध्यम है। मनोवैज्ञानिक विराम में शब्दों का स्थान आंखें तथा अन्य मौखिक अभिव्यंजनाएं ले लेती हैं। मनोवैज्ञानिक विराम में अभिनेता की ओर से किरणों का संचार होने लगता है; और मुश्किल से दिखाई देने वाली गतिविधियां संकेत करती चल पड़ती हैं; सम्प्रेषण के सभी सचेतन और अचेतन साधन उनके साथ सक्रिय हो उठते हैं।

ये दोनों सचेतन और अचेतन प्रकार के साधन शब्दों को विलक्षण अर्थ-भंगिमाओं से भर देते हैं। ये अक्सर बड़ी सघनता, चतुरता, परिपूर्णता से कार्य करते हैं। जब ये शब्दों के साथ प्रयोग में लाए जाते हैं, तो मौन में उससे भी अधिक सम्मोहन उत्पन्न कर देते हैं। उनका शब्दहीन संवाद, शब्दों के संवाद से कम रोचक, सारगर्भित और विश्वसनीय नहीं होता। यह कहना चाहिए कि वह शब्दों से कहीं बढ़कर होता है।

यह मौन विराम अक्सर अन्तर्पाठ के उस भाग को भी सम्प्रेषित करता है, जो केवल हमारे चेतन से ही नहीं, वरन् अचेतन से भी निकलता है और जो मूर्त अभिव्यंजना द्वारा सहज रूप में अभिव्यक्त नहीं होता। ये सभी अनुभव और उनकी अभिव्यक्तियां नाट्यकला में बड़ी ही मूल्यवान तथा महत्त्वपूर्ण होती हैं।

स्तानिस्लाव्स्की ने इस प्रकार नाट्य-कला में मनोवैज्ञानिक विराम को बहुत ऊंचा स्थान दिया है। उन्होंने यह भी कहा है कि यह विराम किसी भी विधान के अधीन नहीं होते; और वाणी के सभी विधान बिना किसी अपवाद के उसके अधिकार में होते हैं।

यह मनोवैज्ञानिक विराम बड़े साहस के साथ उन स्थानों पर भी काम करता है जहां तार्किक और व्यावहारिक विराम असम्भव दिखाई देते हैं।

तोर्त्सोव ने मनोवैज्ञानिक विराम की इस असाधारण सामर्थ्य को समझाने के लिए एक प्रसंग अवतरित किया है। मान लो हमारी नाट्य-मण्डली विदेश-यात्रा पर जा रही है। हम अपने सभी छात्र अभिनेताओं को अपने साथ लेकर जा रहे हैं, बस दो को छोड़कर। "वे कौन हैं?" कोस्त्या उत्तेजित होकर पॉल से पूछता है। "मैं और..." (यहां वह मानसिक आघात के प्रभाव को हल्का करने के लिए अथवा उसके विरुद्ध तिरस्कार की भावना को बढ़ाने के लिए) पॉल जवाब में कहता है, "और...तुम!"

तोर्त्सोव ने इस प्रसंग की व्याख्या करते हुए कहा था कि हर कोई यह जानता है कि सम्बन्धवाचक 'और' अपने बाद किसी विराम की अनुमति नहीं देता, लेकिन मनोवैज्ञानिक विराम ऐसे नियम को तोड़ने में संकोच नहीं करता और नियम के विरुद्ध रुकावट उत्पन्न कर देता है। इसके अलावा मनोवैज्ञानिक विराम का यह भी अधिकार है कि वह तार्किक विराम को विनष्ट किए बिना उसकी जगह ले ले। इस प्रकार के परिवर्तित विराम के लिए यह अवधि अत्यन्त लघु, अधिक या कम होगी, यह पहले से सुनिश्चित है। अगर यह अवधि बढ़ाई जाती है, तो तार्किक विराम को एक सक्रिय मनोवैज्ञानिक विराम में बदलना चाहिए, जिसका विस्तार अनिश्चित हो सकता है। इस प्रकार के विराम के लिए अवधि कोई चिन्ता का विषय नहीं होती। यह उतने समय तक चलता है, जितना उसे किसी दूसरे कार्य के लिए ज़रूरी होता है। उसका लक्ष्य नाटक के कार्य की आद्यन्त रेखा और चरम उद्देश्य होते हैं इसीलिए वह दर्शकों की रुचि को बांधे रखने में समर्थ होता है।

कभी-कभी तो पूरे दृश्य को ही एक मनोवैज्ञानिक विराम के रूप में नियोजित किया जाता है। फिर भी इस विराम को बहुत लम्बा हो जाने के

ख़तरे से सावधानीपूर्वक बचाए रखना चाहिए। उद्देश्य की सिद्धि के साथ-साथ यह प्रक्रिया भी सम्पन्न हो जानी चाहिए। यह स्थिति उत्पन्न होने से पहले ही उसकी जगह शब्द का वाचन आ जाना चाहिए।

स्तानिस्लाव्स्की ने वाणी के अन्य विरामों की भी चर्चा की है। पाश्चात्य गायन में उसके लिए एक विशेष जर्मन संज्ञा लुफ़्तपाज़े का प्रयोग किया जाता है, यह विराम श्वास-प्रक्रिया के बीच होता है। इसकी अवधि बड़ी छोटी होती है, बस इतनी कि सांस ले ली जाए। यह विराम बस उतना ही समय देता है जितना कि एक चुटकी को बजाने या एक अंगुली के चटकने में लगता है। सामान्य वाचन में, विशेष रूप से जल्दी से बोलने में, श्वास-प्रक्रिया के इस विराम का बस क्षणिक प्रयोग होता है और फिर कोई विशेष शब्द बोल दिया जाता है। अक्सर तो यह लगता ही नहीं कि कोई विराम हुआ भी है।

स्तानिस्लाव्स्की का आग्रह है कि मंच पर वाचन में अपेक्षा के अनुसार इन विरामों का प्रयोग होना ही चाहिए। उन्होंने नाट्यकला में विराम का महत्त्व तुरुप के प्रयोग जैसा माना है, जो अनिवार्यतः सफलता का जनक होता है।

11

इसी उपमान-योजना को आगे बढ़ाते हुए स्तानिस्लाव्स्की ने लिखा है कि जब हम मंच पर होते हैं तो हमारे हाथों में एक नहीं बल्कि दो तुरुप होते हैं—एक स्वर-विन्यास का और दूसरा विराम का। ये दोनों ही तुरुप जैसी भूमिका का निर्वाह करते हैं। अपनी इसी मान्यता को चरितार्थ करने के लिए उन्होंने पहले तोर्त्सोव का एक भाषण उद्धृत किया है। उन्होंने लिखा है कि जब वह बोला गया तो शब्दार्थ तो समझ में नहीं आया था, लेकिन स्वर-विन्यास और विराम इतने समर्थ रहे थे कि उन्होंने दर्शकों में समर्थ भावनाएं जगा दी थीं। तोर्त्सोव ने इस सन्दर्भ में अपने एक मित्र के विषय में भी बताया था जो एक काव्य-पाठ के आयोजन में, एक अभिनेता के सस्वर वाचन को सुनकर आनन्दविभोर हो उठा था, लेकिन यह पूछे जाने पर कि उस अभिनेता ने क्या पढ़ा था और क्या कहना चाहा था, उसने जवाब दिया था कि वह शब्द और अर्थ को तो नहीं ग्रहण कर सका था, लेकिन उस अभिनेता के वाचन ने उसे विशेष रूप से प्रभावित किया था। जब उससे यह पूछा गया था कि आखिर उस पर पड़े प्रभाव का रहस्य क्या है, उसने जवाब दिया था, "(उसका रहस्य) इस तथ्य में अन्तर्निहित है कि श्रोता केवल शब्दों से सम्बन्धित विचारों, मनःप्रभाव एवं बिम्बों से ही प्रभावित नहीं होता, वरन् शब्दों की बहुरंगी भंगिमाओं और

स्वर-विन्यासों से भी स्पन्दित होता है, जो अपने साथ उन अनुभूतियों को भी घेर लाते हैं, जिन्हें शब्द अन-अभिव्यक्त ही छोड़ देते हैं।''

यह प्रसंग इस बात को भली प्रकार स्पष्ट करता है कि वाचन में कभी-कभी स्वर-विन्यास और विरामों में इतनी सामर्थ्य होती है कि शब्द और अर्थ की सहायता लिये बिना वे श्रोताओं को विशेष रूप से प्रभावित कर लें।

12

स्तानिस्लाव्स्की रंगमंच पर वाचन को सतर्कता और सामंजस्य तथा अन्तरात्मा की वाणी के रूप में ग्रहण करने के पक्षधर हैं लेकिन उन्होंने यह भी स्पष्ट किया है कि वाचन में केवल इनसे ही पर्याप्त सामर्थ्य नहीं आती, उसके लिए कई अन्य अनुबन्ध भी आवश्यक हैं तथा कुछ विशेष परिस्थितियां भी।

स्वभावतः छात्रों ने यह जानना चाहा था कि उनके सम्बन्ध में कहां और कैसे जानकारी पाई जा सकती है?

तोर्त्सोव ने जवाब में कहा था, ''वाचन के प्रभाव के विषय में अलग-अलग अभिनेताओं की अपनी अलग-अलग धारणाएं हैं। उनमें से कुछ उन्हें भौतिक तनाव में पाने की कोशिश करते हैं। वे अपनी मुट्ठियां बांधते हैं, हाथों से चीर-फाड़ करते हैं, एक स्थान पर खड़े हो जाते हैं, सिर से लेकर पैरों तक अपने को हिलाते हैं। यह सब दर्शकों को प्रभावित करने के लिए किया जाता है।''

उनके मत में वाचन की इस पद्धति में वाणी को दबाव के साथ क्षितिज की दिशा में प्रसारित किया जाता है।

उन्होंने इसी विषय को आगे बढ़ाते हुए कहा था कि रंगमंच की शब्दावली में ध्वनि पर काल की मात्रा के इस दबाव को 'उच्च तनाव का अभिनय' ('हाई-टेंशन-ऐक्टिंग') कहा जाता है। उन्होंने यह भी स्पष्ट किया था कि वास्तव में देखा जाए तो यह बोलने में काल की मात्रा को बढ़ाना नहीं, वरन् चिल्लाने की दिशा में कर्कशता की ओर ले जाना है। यह वाचन के क्षेत्र को सीमित कर देता है।

तोर्त्सोव ने इसके बाद अपने छात्रों से ठीक इसकी विरोधी प्रणाली में बोलने के लिए कहा। उसके विषय में उनका निर्देश था कि अपने वाचन उपकरण की सभी मांसपेशियों को ढीला कर दो, तनाव के सारे दबाव को हटाओ, बोलने में काल की मात्रा की कोई चिन्ता न करो। अब उसकी

शब्दावली को बड़ी शान्त भावना के साथ फिर बोलो, लेकिन वाचन का क्षेत्र व्यापक हो और उसमें समुचित उतार-चढ़ाव भी हो।

कोस्त्या उसी ढंग से बोला। उसका शब्दों का उच्चारण बड़े सहज रूप में सम्पन्न हो गया और वाचन का क्षेत्र भी स्वभावतः बढ़ गया।

तोर्त्सोव ने कोस्त्या के वाचन से प्रभावित होकर उससे कहा था, "तुमने देखा कि जब तुम बोल रहे थे तो तुम्हारा उच्चारण पहले की तुलना में कहीं अधिक प्रभावपूर्ण था, लेकिन फिर भी तुम्हें इस प्रयास में प्रसव-पीड़ा नहीं झेलनी पड़ी थी?

तोर्त्सोव ने इसके बाद कोस्त्या से उन्हीं शब्दों को और भी व्यापक स्वर ग्राम के साथ पंचम के स्थान पर समुचित आधार बनाकर उच्च अष्टम स्वर में बोलने को कहा।

कोस्त्या को उस ढंग से बोलने के लिए एक नये काल्पनिक आधार की खोज करनी पड़ी। उसे कल्पना करनी पड़ी थी कि उसके विशेष आग्रह करने, डांटने-डपटने, चेतावनी देने के बावजूद ग्रीशा कक्षा में देर से ही आया था। इस बार वह आधा घंटे के स्थान पर पूरे एक घंटा देर से पहुंचा था। उसके सारे उपाय निरस्त हो गए थे। इसलिए मज़बूर होकर अब उसे ज़ोरदार क़दम उठाना पड़ रहा था।

उसकी ज़बान से बड़े परेशान स्वर में फूट पड़ा था, "अब मैं और अधिक बर्दाश्त नहीं कर सकता!" उसका स्वर बहुत ऊंचा नहीं हुआ था क्योंकि वह भीतर से अपने को पकड़े हुए था और उसकी चिन्ता अभी चरमावस्था तक नहीं पहुंची थी।

तोर्त्सोव ने परम प्रसन्न होकर कहा था कि बस यहीं तक तो उसे पहुंचना था, उसका स्वर-विन्यास बड़ा सबल था, वाणी ऊंची तो नहीं थी, लेकिन उसमें किसी प्रकार का खिंचाव भी नहीं था। यही तो ध्वनि का आरोह-अवरोहात्मक प्रवाह अनुलम्बित दिशा में आगे बढ़ते हुए सम्पन्न कर सकता है, और वह भी बिना किसी प्रकार के उच्च वोल्टेज के तनाव के अथवा बिना ऊर्ध्व रेखा में उठते हुए, जैसा उसने अपने पहले प्रयास में किया था।

उसके बाद उन्होंने कोस्त्या को समझाते हुए कहा था कि तुम्हें उन अभिनेताओं को अपना आदर्श नहीं बनाना चाहिए जो यह सोचते हैं कि हम ज़ोर से बोलकर अपनी शक्ति का प्रदर्शन कर रहे हैं। वास्तव में ज़ोर से बोलने में बल नहीं होता, वह मात्र ज़ोर से बोलना और शोर मचाना होता है। उन्होंने आगे कहा था कि स्वर की उच्चता और निम्नता तो स्वर-साधना अथवा पियानो

में होती है लेकिन जैसा लोग जानते हैं कि स्वर-साधना अपने में स्वयं स्वर-साधना नहीं है, और स्वर-साधना केवल पियानो के साथ ही नहीं होती।

अपनी इस धारणा को कि स्वर-साधना अपने में स्वर-साधना नहीं है अथवा पियानो अपने में पियानो नहीं है, स्पष्ट करते हुए तोर्त्सोव ने कहा था कि इन दोनों के लिए ही कोई परिपूर्ण माप नहीं है। इन्हें तोला नहीं जा सकता और न उनके विस्तार को मापा ही जा सकता है। वस्तुतः स्वर-साधना एक सापेक्ष अवधारणा है।

इसी विषय को और आगे बढ़ाते हुए उन्होंने कहा था कि कुछ अविवेकशील गायक यह सोचते हैं कि प्रखर और कोमल स्वरों के बीच अचानक विरोध उत्पन्न कर देना कोई बहुत बड़ा कौशल नहीं है। अपने स्वर-विन्यास की मात्रा को धीरे-धीरे ऊपर उठाते हुए अन्ततः हम स्वर की उच्चता की परमावस्था पर पहुंच जाते हैं...लेकिन जब अभिनेता अपनी वाणी का इस प्रकार प्रयोग करता है, तो उसे पहले हिसाब लगा लेना चाहिए और अपनी माप के विषय में पूरी तरह निश्चित होना चाहिए; अन्यथा उसके लिए अतिरंजना के झंझट में पड़ना आसान होगा। अक्सर मंच पर ऐसा होता भी है। त्रासद दृश्यों में पहले बड़ा शोरगुल होता है, प्रलाप भी चल पड़ता है; लेकिन फिर बोले जाने वाले शब्दों की ओर बिना ध्यान दिए यानी उनके सामान्य अर्थ के विषय में बिना सोचे-विचारे फुसफुसाहट की रहस्यमय वाणी चल पड़ती है।

कुछ अन्य प्रकार के भी गायक और अभिनेता होते हैं, जिनके वाचन सीमित होते हैं और नैसर्गिक क्षमताएं सीमित, अपने स्वर-विन्यास एवं पियानो के साथ अपनी नैसर्गिक विशेषताओं का उपयोग कुछ ऐसे भ्रम के साथ करते हैं कि उनकी सामर्थ्य दस गुनी हो गई है। उनमें से कुछ के विषय में यह भी प्रसिद्ध है कि उनके पास वाचन के बहुत सारे स्रोत हैं, फिर भी वे स्वयं यह जानते हैं कि वस्तुतः उनकी तकनीक और कला ने उनका नाम ऊंचा किया है।

जहां तक ज़ोर से उसी रूप में बोलते रहने की बात है, रंगमंच पर उसकी उपयोगिता विरल रूप में ही कहीं देखने को मिलती है। अधिकांश अवसरों पर कला से अनभिज्ञ लोगों को बहरा कर देने के अतिरिक्त, उससे किसी भी प्रयोजन की सिद्धि नहीं होती। इसलिए जब अभिनेता को अपने वाचन में वास्तविक ऊर्जा का संचार करने की ज़रूरत हो, तो काल की मात्रा को भूल जाना चाहिए और केवल अपने स्वर-विन्यास के और अपने विरामों को याद रखना चाहिए।

स्वर-विन्यास की सभी युक्तियों और साधनों को विकसित कर लेने के बाद ही यह आत्मकथन की समाप्ति अथवा दृश्य और नाटक के अंत के लिए उपयुक्त होगा। नाटक की अन्तश्चेतना की मांग होने पर पंक्तियों अथवा शब्दों के समापन पर भी बहुत लघु क्षण के लिए आवाज को उठाया जा सकता है।

जब तोम्मासो साल्विनी से पूछा गया कि इतनी आयु हो जाने के बावजूद किसी विशेष भूमिका के लिए आप में इतनी ऊर्जा कहां से आ जाती है कि आप इतनी ज़ोर से बोल पाएं? उन्होंने जवाब दिया था कि मैं स्वयं ज़ोर से कहां बोलता हूं, आप श्रोता बोलते हैं मेरे लिए। मैं तो बस इतना ही करता हूं कि अपना मुंह खोल दूं। काम तो बस इतना ही होता है कि अपनी भूमिका को उसके चरमबिन्दु तक ऊपर उठाऊं, और जब यह हो जाता है तो दर्शकों को जोर से बोलना ज़रूरी लगता है तो वे शोर मचाने लगते हैं।

निश्चय ही, रंगमंच पर किसी असाधारण परिस्थिति में ही यह ज़रूरी होता है कि ऊंची आवाज में बोला जाए। यह भीड़ के दृश्य में उल्लेखनीय रूप से उचित होता है; अथवा, जब कोई वादन, गायन या अन्य प्रकार के ध्वनि-विन्यासों और ध्वनि-प्रभावों के साथ बोल रहा हो, तो उच्च स्वर में बोलना बड़ा ज़रूरी हो जाता है।

लेकिन ऐसे अवसरों पर भी व्यक्ति को यह कभी नहीं भूलना चाहिए कि अब भी उसकी ज़रूरत सापेक्षिक दृष्टि से ध्वनि के क्रमिक स्तरों पर ही होती है। इस सन्दर्भ में यह भी समझा जाना चाहिए कि वाणी को, वाचन के स्वर-ग्राम में विभिन्न चरम स्वरों में से किसी के ऊपर लटकाए रखना जनसाधारण के लिए बहुत कष्टकर होता है।

निष्कर्ष रूप में यह कहा जा सकता है कि वाचन में काल की मात्रा की खोज की अपेक्षा वाणी के उच्च स्वर के तनाव में नहीं की जानी चाहिए। वाणी की स्वर-साधना पियानो की स्वर-लय से विलक्षण स्वरलयता की ओर धीरे-धीरे बढ़ते समय की जानी चाहिए। उनके पारस्परिक सम्बन्ध में भी यही बात लागू होती है।

9

स्वराघात : शब्दार्थ की प्रतिष्ठा

1

स्तानिस्लाव्स्की ने स्वर-विन्यास और विराम के बाद स्वराघात या बलाघात को वाचन का तीसरा महत्त्वपूर्ण तत्त्व माना है। उनका कहना है कि स्वराघात, संकेत करती हुई अंगुली के रूप में होता है। वह वाक्यांशों अथवा सुभाषित शब्द-समुदाय में से सर्वाधिक महत्त्वपूर्ण शब्द को अलग करता है। रेखांकित शब्द से हमें उपपाठ की आत्मा, अन्तर्निहित अभिप्राय और उसके उच्चतम बिन्दु मिलते हैं। अगर इस उच्चतम बिन्दु का महत्त्व नहीं समझा जाएगा तो उस स्वराघात के सम्पूर्ण मूल्य का अनुमान ही नहीं लगाया जा सकेगा। इसलिए यह आवश्यक है कि स्वराघात के महत्त्व को बड़ी आत्मीयता के साथ समझा और सीखा जाए।

तोर्त्सोव ने इसके बाद अपने छात्रों को स्वराघात का महत्त्व समझाते हुए कहा कि उसके प्रयोग में जटिलताएं होती हैं। उसमें स्नेह या घृणा, आदर या तिरस्कार, निष्कपटता या धूर्त्तता के संकेत होते हैं। वह अनेकार्थी और व्यंग्यात्मक भी हो सकता है, वह एक ही समय में कोई एक अर्थ या सभी अर्थों को भी एक साथ प्रस्तुत कर सकता है।

स्वराघात के प्रयोग को समझाने के लिए तोर्त्सोव ने सोन्या से मंच पर जाकर कुछ बोलने के लिए कहा। उसने वहां जाकर कहा, ''ए वंडरफुल इन्डिविज़ुअल!''

तोर्त्सोव ने उसके उच्चारण की समीक्षा करते हुए कहा कि तुमने 'इन्डिविज़ुअल' के दो टुकड़े कर दिए : पहले टुकड़े को लगभग निगलते हुए उसमें तिरस्कार का भाव भर दिया और दूसरे को उसके ऊपर हथगोले की तरह फेंक दिया।

उसके बाद उन्होंने सलाह दी कि उसे एक शब्द को एक विचार और एक अर्थ का वाची बनाना चाहिए। इसके लिए यह ज़रूरी है कि उसकी

ध्वनियों, वर्णों और अक्षरों की संरचना को, एक अविच्छिन्न रागात्मक रेखा का रूप प्रदान करने के बाद आवश्यकतानुसार उठाया, गिराया या मोड़ा जाए।

अनेक छात्रों ने इस दिशा में प्रयास किए। सारी कक्षा अनेक प्रकार की ध्वनियों से गूंज उठी, लेकिन कोई भी सही ढंग से उच्चारण नहीं कर सका।

तोर्त्सोव ने तब उन्हें रोककर कहा, "तुम लोग बड़े ही यान्त्रिक रूप में उच्चारण कर रहे हो। तुम केवल बाह्य रूप से परस्पर जुड़ी औपचारिक, जीवनरहित ध्वनियां उत्पन्न कर रहे हो। उनमें कुछ जीवन का संचार करो!"

यह कैसे किया जाए? इस बात को स्पष्ट करते हुए उन्होंने कहा, "सबसे पहले उस शब्द की प्रकृति-प्रदत्त अर्थ-विचार, अनुभूति, भाव और बिम्ब की ओर संकेत करते हुए उसका उच्चारण करो। इस प्रक्रिया में कानों के पर्दे से टकराती सामान्य ध्वनि-लहरों में उस शब्द को घटाओ नहीं।

"तुम्हें शब्दों से एक चित्र बनाना चाहिए ताकि जिस व्यक्ति के सम्बन्ध में तुम कह रहे हो, जो तुम्हारे मन की आंखों के सामने है और जिसका वर्णन तुम अपने सहयोगी अभिनेता के सामने कर रहे हो, उसके सामने शब्द की रूपरेखा भली प्रकार स्पष्ट हो जाए। उसे यह आभास हो जाए कि शब्दों के पीछे छिपा आदमी सुन्दर है या असुन्दर, लम्बा है या नाटा, रुचिकर है या अरुचिकर, दयालु है या क्रूर!

"तुम जो कुछ भी अपनी मन की आंखों से देख रहे हो और तुम्हें जो लग रहा है, उसे ध्वनि-विन्यास, स्वर-योजना तथा अभिव्यंजना जैसे उपलब्ध साधनों से सम्प्रेषित करने की कोशिश करो।"

सोन्या ने यह सब करने की कोशिश की लेकिन जब उसे सफलता नहीं मिली तो तोर्त्सोव ने उसे समझाते हुए कहा, "तुम ग़लती यह कर रही हो कि पहले तुम शब्द को बोलती हो और उसके बाद उसका मतलब समझने की कोशिश करती हो। तुम वास्तव में शब्दों से एक जीवन्त मॉडल के रेखांकन का प्रयास कर ही नहीं रही हो। दूसरी दिशा पकड़कर कुछ करने का प्रयत्न करो। पहले अपने मन में अपने किसी सुपरिचित की याद करो। उसे अपने सामने खड़ा करो, जैसे एक चित्रकार करता है और तब हमें बताओ कि तुम अपने भीतर की आंख की पुतली में क्या देख रही हो?"

सोन्या ने उसके बाद कोशिश की कि वह उसी प्रकार बोले, उसके मुख से निकला : "वण्डरफुल...इन्डिविज़ुअल!"

तोर्त्सोव ने इस पर कहा कि इस तरह के वाचन से दो अलग-अलग वस्तुओं की भावना जागी है। होना यह चाहिए था कि दोनों शब्दों के संयोग

से केवल एक ही व्यक्ति का रूप जागे; होना यह चाहिए था कि विशेषण संज्ञा के साथ जुड़कर उसे वैशिष्ट्य प्रदान करता तथा अभिरंजित करता, तब औरों से अलग एक विशेष व्यक्ति का रूपायन होता। इन दोनों शब्दों, विशेषण और संज्ञा का कुछ ऐसा समन्वित उच्चारण किया जाना चाहिए कि औरों से अलग सर्वथा एक ही व्यक्ति की भावना जागे।

यह समन्वित उच्चारण भी अनेक प्रकार का हो सकता है, कभी भोले-भाले तो कभी दृढ़ संकल्प से परिपूर्ण, कभी सुशील तो कभी कठोर प्रकृति के व्यक्ति की आकृति सम्प्रेषित की जा सकती है।

लेकिन छात्रों को सावधान करते हुए वे यह भी कहते हैं कि यह प्रयास अपनी वाणी को सुनने के लिए नहीं होना चाहिए, आत्म-प्रशंसा अथवा प्रदर्शनात्मक मनोवृत्ति से बराबर बचते रहना चाहिए। कोशिश यह होनी चाहिए कि जो कुछ तुम्हारे मन में है, अन्तश्चेतना में है, वह दूसरों तक पहुंचे। यह सम्प्रेषण की प्रक्रिया, मंच पर उपस्थित दूसरे व्यक्ति के कानों को नहीं, उसकी आंखों को सम्बोधित होनी चाहिए। यही सबसे अच्छा तरीका है, जिससे स्वयं को अपने शब्दों में रुचि लेने से बचाया जा सकता है।

2

विशेषण और संज्ञा शब्दों के संयोग के सम्बन्ध में स्तानिस्लाव्स्की दो नियम रूपायित करते हैं। पहला यह कि संज्ञा को रूपान्तरित करने वाले विशेषण को किसी बलाघात की ज़रूरत नहीं होती। वह संज्ञा को परिभाषित करता है, उसे परिपूर्ण बनाता है और उसके साथ जुड़ जाता है। विशेषण शब्द के अर्थ में ही यह सामर्थ्य अन्तर्निहित होती है। इस सामर्थ्य अथवा नियम के आधार पर यह कहा जा सकता है कि विशेषण शब्द के उच्चारण में स्वराघात की कोई ज़रूरत नहीं है।

लेकिन एक और सशक्त नियम है, जो मनोवैज्ञानिक विराम की तरह और सभी नियमों तथा आचार-संहिता का अतिक्रमण भी करता है। यह है सान्निध्य अथवा पास-पास रखने का नियम। इसके आधार पर वक्तव्य को अर्थपूर्ण बनाने की दृष्टि से हमें यह अधिकार है कि विचारों, भावनाओं, अवधारणाओं, संकल्पनाओं, कार्य-व्यापारों, बिम्ब-योजनाओं आदि के लिए पास-पास रखे गए शब्दों पर बल दिए जाए।

"रंगमंच पर वाचन के लिए इसकी विशेष रूप से अपेक्षा होती है। पहले तुम जैसे चाहो वैसे ही करो। विरोध में खड़े पहले अंश को ज़ोर से और दूसरे

को धीमे स्वर में बोलो, एक को उच्च और दूसरे को नीचे स्वर में बोलो; एक को जिस रंग अथवा गति के साथ बोलो, दूसरे को उसके विरोधी रूप में उच्चरित करो। इस सब की ज़रूरत इसलिए है कि दो विचारों के बीच का जो फ़र्क है, वह साफ़ हो और यथासम्भव विशद रूप से अथवा तफ़सील में सामने आ जाए। इस नियम के आधार पर अगर तुम अपने दो शब्दों में पहले यानी विशेषण पर बल देना चाहते हो, तो उसके बाद संज्ञा शब्द होना चाहिए, ताकि तुलनात्मक विरोध की प्रतिष्ठा हो सके।

जो कुछ तुम कहना चाहते हो तुम्हारे शब्द उसे स्वाभाविक और सहज रूप में कह सकें, इसके लिए तुम्हारे मन में बोलने के पहले उसका मनोभाव होना चाहिए, यथा वह व्यक्ति 'भंयकर' नहीं वरन्...

''वंडरफुलइन्डिविज़ुअल''! सोन्या के मुख से यह शब्द सहज रूप से उच्चारित हो गए।

''बहुत सही, बिल्कुल ठीक!'' उत्साह बढ़ाते हुए तोर्त्सोव ने कहा। उसके बाद उन्होंने एक, दो, तीन, चार और शब्द और फिर पांच, छह, सात, आठ और शब्द बोलने को दिए, जब तक कि उसके सामने कहानी पूरी नहीं हो गई : एक विलक्षण व्यक्ति यहां आया था, लेकिन तुम उसे घर पर नहीं मिलीं, इसलिए वह दुःखी होकर यह कहते हुए चला गया कि मैं फिर कभी नहीं आऊंगा।

सोन्या अपने बलाघातों को दुगुना करती चली गई। वह इतना अधिक खो गई कि वह शब्दों को अलग-अलग नहीं रख सकी।

तोर्त्सोव पहले तो उन्हें बोलने में जो तकलीफ़ हो रही थी, उसे देखकर मुस्कुराए, लेकिन फिर उन्होंने गम्भीर होकर कहा, ''तुम्हारे बोलने में यह तेज़ी इसलिए फूट पड़ी कि तुमने बलाघातों को रोकने की बजाय बढ़ाना ज़ारी रखा। वाक्यांश में वे जितने कम होंगे, स्पष्टता उतनी बढ़ेगी। यह तभी होता है, जब बलाघात केवल अधिक महत्त्व के शब्दों पर ही हो। बलाघात को कम करने की यह कला उतनी ही मुश्किल है, जितनी उसे बढ़ाने की। लेकिन तुम्हें इन दोनों को ही सीखना चाहिए।''

तोर्त्सोव इसके बाद अपने सहायक रख़्मानव से छात्रों को व्यायाम का अभ्यास करवाने को कहकर किसी ज़रूरी काम से चले गए थे। उनका यह आदेश इस ओर संकेत करता है कि अभिनय के प्रशिक्षण में व्यायाभ अभ्यास भी बड़ा ज़रूरी है।

3

स्तानिस्लाव्स्की की सुनिश्चित मान्यता है कि अभिनेताओं को बलाघात की संख्या बढ़ाने के पहले उसे कम करना सीखना चाहिए।

"शुरुआत में लोग मंच पर अच्छी तरह बोलने की कोशिश में ज़रूरत से कहीं ज़्यादा उत्साहित होते हैं, लेकिन उन्हें बाज़रूरत बलाघात को कम लेना भी सीखना चाहिए। यह स्वयं में एक मुश्किल कला है। सबसे पहले वह तुम्हारे वाचन में आदतन आ जुड़े ग़लत बलाघातों को निकालकर बाहर करती है। उनसे मुक्त होने के बाद उचित बलाघातों का निश्चय करना आसान हो जाता है। दूसरे जब अभिनेता के किसी गुम्फित विचार अथवा जटिल तथ्यों का वर्णन करते समय यह उन्मूलन कला व्यावहारिक रूप में उसकी सहायक होती है। अभिनेताओं को अक्सर स्पष्टता के लिए, अलग-अलग प्रसंगों को सुनाना या अपने नाटक से जुड़ी जटिलताओं में जाना पड़ता है; लेकिन ये कार्य उन्हें कुछ इस प्रकार करने होते हैं कि कथा के मूल सूत्र से सुनने वालों का ध्यान हटे नहीं। सारी व्याख्या कुछ इस रूप में उपस्थित की जानी चाहिए कि वह एकदम सुस्पष्ट और साफ़ हो, लेकिन अनावश्यक विस्तार लिये हुए नहीं। इस प्रयास में स्वर-विन्यास और स्वराघात, दोनों में मितव्ययी होना बुद्धिमानी होती है। अन्य अवसरों पर यदि लम्बे और भारी वाक्यांशों को सम्भालना हो, तो केवल कुछ एकल शब्दों पर ही बल दो, और शब्दों को स्पष्टता के साथ परन्तु अनजाने आने दो। इस तरह बोलने में मुश्किल मूलपाठ भी तुम्हारे वाचन में हल्का हो जाता है। यह एक ऐसा काम है जो अभिनेताओं को अक्सर करना होता है।"

इन विभिन्न प्रकार की स्थितियों में बोलने में बलाघात को हटाने की कला अभिनेता के लिए बड़ी सहायक हो सकती है।

तोर्त्सोव ने उसके बाद पॉल से कहा कि वह वही कहानी जो सोन्या ने सुनाई थी, उन्हीं शब्दों में सुनाए। वह कई बार प्रयास करके भी जब सफल नहीं हुआ, तो उन्होंने उसे समझाते हुए कहा, "सोन्या ने केवल बलाघातों के स्थलों पर ध्यान दिया था, और तुम केवल उन्हें हटाने में ही ध्यान दे रहे हो। व्यक्ति को एक ही दिशा में ध्यान नहीं देना चाहिए। शब्दों में अन्तर्निहित सारे विचार, जब उन पर कमोबेश बलाघात दिया जाता है, तो समान रूप से छूट जाते हैं।"

तोर्त्सोव ने उसके बाद यह स्पष्ट किया कि बलाघात की बहुलता और कमी इसलिए हुई थी कि दोनों ही वक्ताओं को शब्दों में, अन्तर्पाठ में

अन्तर्निहित अर्थ की समुचित और साफ़ समझ नहीं थी। यह वस्तुतः विचार का पहला विषय होना चाहिए। और अन्य सम्प्रेषणीय वस्तुओं के साथ सम्प्रेषण का आधार बनाने के लिए किया ही जाना चाहिए।

उसके बाद उन्होंने पॉल से अपनी कहानी कहने में बलाघात के न होने का औचित्य सिद्ध करने के लिए अपनी कल्पना का प्रयोग करने के लिए कहा।

विलक्षण व्यक्ति के उस प्रसंग को अभ्यास के लिए फिर चार भागों में विभाजित किया गया :

एक : वह विलक्षण व्यक्ति आता है।

दो : वह उन कारणों को सुनता है, जिनकी वजह से वह उस व्यक्ति से नहीं मिल सकता, जिससे मिलने वह आया है।

तीन : वह विलक्षण व्यक्ति दुःखी है और विस्मित है; वह इन्तज़ार करे या चला जाए?

चार : उसे लगता है कि उसके स्वाभिमान को चोट लगी है, वह जाने और फिर कभी न आने का निश्चय करता है।

इस प्रकार उस एक प्रसंग के चार स्वतन्त्र वक्तव्य बना दिए गए थे और उन चारों से प्रत्येक में एक ही स्थान पर बलाघात था।

तोर्त्सोव ने उसके बाद छात्रों से हर भाग का एक तथ्य पूरी स्पष्टता के साथ प्रस्तुत करने के लिए कहा। इस उद्देश्य की सिद्धि के लिए छात्रों से यह आशा की गई कि जो कुछ उन्हें कहना है, उसका अपने मन में विशद चित्र बनाएं और फिर समुचित अभिव्यंजना के लिए हर वाक्य में बलाघात को सही फ़ासले पर रखें। छात्र जिस व्यक्ति से बातचीत कर रहे थे, उसे सम्प्रेषणीय बिम्ब को पहले अपने मन में देखना था। साथ ही तोर्त्सोव ने पॉल से केवल वर्णन करने को ही नहीं, वरन् सबको यह अनुभव करवाने के लिए भी कहा कि उस प्रसंग में वह व्यक्ति कैसे आया और फिर कैसे चला गया; केवल यही बताने के लिए नहीं कि उसने क्या किया, वरन् यह भी स्पष्ट करने के लिए कि उसने वह कैसे किया।

तोर्त्सोव ने इस प्रकार उस व्यक्ति की मनोदशा को समझने के लिए कहा : वह प्रसन्न था, आनन्दित था अथवा दुःखी और चिन्तित।

पॉल को इस सबके लिए अपने वाचन में, बलाघात के साथ स्वर-विन्यास में कुछ रंग भी जोड़ने पड़े थे। उसे केवल मूल महत्त्व के शब्दों को ही नहीं, उस पूरे प्रसंग को ही रंगों से भरना पड़ा था। इसी प्रकार के प्रयोग फिर और छात्रों से भी कराए गए थे।

यह कोई आसान काम नहीं था, फिर भी यह सराहनीय था कि पॉल ने स्वयं को द्विविधा से मुक्त कर लिया था। उसने अपने वाचन में बलाघातों को सही स्थान पर रखा था और सही रूप में उन्हें हटाया भी था। लेकिन उसने कुछ जल्दबाज़ी से काम लिया था, और न जाने क्यों वाक्यांशों के जिस भाग पर उसे अपना स्वर नीचे रखना था, उस पर अपनी दृष्टि कुछ गहरी कर दी थी।

तोर्त्सोव ने तब उसे सलाह देते हुए कहा था, "जल्दबाज़ी, घबराहट, शब्दों को बड़बड़ाना और पूरे शब्द-समूह को उगल देना, अपेक्षानुसार अपने स्वर को नीचे न लाना, तुम्हारे वाचन को पूरी तरह विनष्ट कर देते हैं और यह तुम्हारी इच्छा के बिना ही हो जाता है। वक्ता की घबराहट श्रोता को भी परेशान करती है; अस्पष्ट उच्चारण नाराज़गी पैदा करता है क्योंकि वह ज़ोर डालने और समझ में न जाने वाली चीज़ों का अन्दाज़ लगाने पर मजबूर करता है। यह सब श्रोता के ध्यान को खींचता है और पाठ के जिस भाग के स्वर को तुम नीचे लाना चाहते हो, उसे रेखांकित कर देता है। यह चुलबुलाहट तुम्हारी आवाज़ को भारी कर देती है। प्रशान्त और अनुशासित स्वर उसे हल्का करता है। शब्दावली के शान्त प्रवाह के लिए सुविचारित और अनभिरंजित स्वर-विन्यास स्वराघात का एक प्रकार से लगभग पूर्ण अभाव, एक असाधारण अनुशासन और आश्वासन की अपेक्षा होती है। इस प्रकार का वाचन श्रोताओं में भी प्रशान्त की भावना जगाता है।"

अब सवाल उठता है कि वाचन के ऐसे स्वरूप को कैसे प्राप्त किया जा सकता है। तोर्त्सोव ने उस प्रक्रिया को स्पष्ट करते हुए कहा, "मूल महत्त्व के शब्द के स्पष्ट उच्चारण से आरम्भ करो। फिर वह सब जोड़ते जाओ जो तुम्हारी शब्दावली के लिए सहज बोधगम्य बनाने के लिए बहुत ज़रूरी है। बड़ी सहजता, सटीकता और सावधानी से इस प्रक्रिया को सम्पन्न करो, लेकिन उसमें किसी प्रकार की ज़बर्दस्ती नहीं होनी चाहिए। अबलाघात अर्थात् बलाघात का प्रयोग न करने की कला इसी पर आधारित है।

4

स्तानिस्लाव्स्की का कहना है कि वाचन में बलाघात के प्रयोग के सम्बन्ध में हर भाषा के कुछ अपने नियम होते हैं। उनका निर्वाह हो जाने पर शेष बची शब्दावली में नाटकीय अपेक्षा के अनुसार बलाघात की प्रतिष्ठा का कार्य कुछ आसान हो जाता है। लेकिन इस बात का ध्यान रखा जाना चाहिए कि बलाघात

का सही प्रयोग जहां हमारी सहायता करता है, वहां उसका ग़लत प्रयोग हमारे कथन को उलझा भी देता है, और कभी-कभी तो सब कुछ अस्पष्ट कर देता है।

तोर्त्सोव ने इस सन्दर्भ में एक उदाहरण लिया है : अगर किसी बहुत अव्यवस्थित कमरे को सुव्यवस्थित करना है, तो पहले उसके बड़े-बड़े और छोटे-छोटे सामान को अलग-अलग इकट्ठा करके एक ओर रखना होगा। फिर उसकी बड़ी-बड़ी चीज़ें, मेज़-कुर्सी आदि ठीक ढंग से लगानी होंगी; और उसके बाद छोटी-छोटी चीजों, यथा प्यालों, तश्तरियों आदि को करीने से रखना होगा।

किसी नाट्य-पाठ में बलाघात की समुचित व्यवस्था के लिए यही कार्य-पद्धति अपनानी होगी।

5

बलाघात का प्रयोग वाक्यों और उनकी पूरी शृंखलाओं में किस प्रकार किया जाना चाहिए, स्तानिस्लाव्स्की ने उसकी भी विवेचना की है।

उनका कहना है कि एक वाक्यांश में एक शब्द पर बलाघात की प्रतिष्ठा समझना बड़ा सहज और प्रयोग में बड़ा आसान होता है। उसी वाक्यांश में दो स्थानों पर बलाघात रखने की कोशिश करने पर तुरन्त लगता है कि दोनों के आधार बनाकर शब्दों के उच्चारण बड़े कठिन हैं। एक और बलाघात रखने पर वह वाक्यांश अपने अन्तर्निहित अर्थ और सम्प्रेषण दोनों ही दृष्टियों से बड़ा जटिल हो जाएगा। अब उसी वाक्य में एक तीसरे स्थान पर बलाघात रख दिया जाए तो वह वाक्य बिना किसी महत्त्व के बलाघातों से भर जाएगा।

लेकिन अक्सर ऐसा अवसर आ जाता है कि अन्तर्पाठ की प्रेरणा से सभी शब्दों पर बलाघात का प्रयोग करना होता है और वे सभी नई अभिव्यंजना से युक्त हो जाते हैं। तोर्त्सोव ने इस विलक्षण वस्तुस्थिति को स्पष्ट करने के लिए 'एंटनी एण्ड क्लिओपेट्रा' की कुछ पंक्तियां उद्धृत की हैं–

Hearts, tongues, figures, scribes,
bards , poets, cannot
Think, speak, cast, write, sing,
number, – ho!
His love to Antony.....

(दिल, ज़बां, बुत, क़ातिब,
मीरासी, शायर
सोच, बोल, तराश, लिख, गा
नहीं सकते गीत
एंटनी के लिए उसके प्यार का...)

इस सम्बन्ध में उन्होंने अंग्रेज़ी के प्रसिद्ध विद्वान डब्ल्यू.एस. जेवन्स का एक कथन अवतरित किया है, जिसमें कहा गया है कि शेक्सपीयर ने अपने इस पद में एक साथ छः उद्देश्यों और विधेयों को रख दिया है, जिसमें से पूरी समझ-बूझ के साथ कहा जाए तो, छः गुना छः अर्थात् छत्तीस प्रस्ताव हमें मिलते हैं।

इसके बाद तोर्त्सोव ने अपने छात्रों से पूछा था कि उनमें से कौन इन पंक्तियों को इस प्रकार बोलने का उत्तरदायित्व लेगा कि उन छत्तीस प्रस्तावनाओं में से सभी का उद्घाटन हो जाए।

सभी छात्र मौन रहे थे और तब उन्होंने कहा था, "तुम बिल्कुल सही हो। मैं स्वप्न में भी इस कार्य को कर पाने की सोच नहीं सकता। इसके वाचन के लिए जिस तकनीक की ज़रूरत है, वह मुझे मिलेगी नहीं। लेकिन अभी यह हमारे विचार का विषय नहीं है। हमारे विचार का विषय वह तकनीकी पद्धति है जिससे एक प्रस्तावना के अनेक बलाघातों को एक-एक कर अलग किया जा सके और फिर उन्हें एक-दूसरे के साथ जोड़ा जा सके।

"हमारे सामने समस्या यह है कि एक लम्बे कथन में मूल महत्त्व का शब्द और शब्दों की उस शृंखलाओं को कैसे अलग-अलग किया जाए जो कम महत्त्व की होने पर भी वक्तव्य को समझने के लिए ज़रूरी हैं।

"सभी का समान महत्त्व नहीं हो सकता, स्वभावतः कुछ के लिए अधिक तो कुछ के लिए कम बल की ज़रूरत होगी; एक तीसरे शब्द-समुदाय के लिए और भी कम बल चाहिए, उसका स्वर-विन्यास निश्चित रूप से नीचे उतारकर उसे पृष्ठभूमि में ले जाना होगा।

"जहां तक बिना महत्त्व के, बिना बल के, दूसरे स्तर के शब्दों की बात है या वाक्य के साधारण मतलब के लिए जिनकी ज़रूरत है, उन्हें भी पृष्ठभूमि में डालकर उनके स्वर-विन्यास को उतारना होगा।

भारी, मध्यम और हल्के बलाघातों को अलग-अलग करने का पैमाना वास्तव में जटिल प्रक्रिया है।

तोर्त्सोव ने इस विशिष्ट प्रक्रिया को समझाने के लिए चित्रकला का सहारा लिया है, जहां सबल और हल्की वर्ण-व्यवस्था, रंगों के प्रयोग अथवा प्रकाश-छायाचित्रण में आधी और चौथाई वर्ण-योजनाओं की ज़रूरत होती है। उनका कहना है कि वाचन में भी उससे मिलती-जुलती विभिन्न मात्राओं के शक्ति-प्रयोग और बलाघात के स्वर-ग्रामों की संयोजना आवश्यक होती है।

उन सभी का समाकलन, संयोजन और समायोजन कुछ इस प्रकार होना चाहिए कि दुर्बल बलाघातों का उपयोग बड़ी दृढ़ता से बलाघात से युक्त मूल-शब्द के प्रभाव को और अधिक बढ़ाने के उद्देश्य की सिद्धि के लिए हो सके। उन्हें एक-दूसरे के मुकाबले में नहीं आना चाहिए, बल्कि मुश्किल वाक्यांशों के सम्प्रेषण को आसान बनाते हुए पूरी पंक्ति में समाहित हो जाना चाहिए। अलग-अलग भागों और वक्तव्य की सम्पूर्ण संरचना में उद्देश्य होना चाहिए।

तोर्त्सोव ने इस सन्दर्भ में चित्र में गहराई उत्पन्न करने के लिए तीसरे आयाम के प्रयोग का भी उल्लेख किया है। उसका वास्तव में अस्तित्व नहीं होता—चौखटे में फैले कैन्वस की सतह समतल होती है और उस पर कलाकार अपनी रचना को अंकित करता है। फिर भी उसका चित्रांकन अनेक तलों का भ्रम उत्पन्न करता है। वे फलक में गहरे और गहरे जाते दिखाई देते हैं; और पृष्ठभूमि दर्शक से मिलने के लिए बाहर आती हुई दिखाई देती है।

हमारे वाचन के साथ भी अनेक तल होते हैं, जो वाक्यांश में दृश्यात्मक ('सुनने की' कहना अधिक उपयुक्त होगा) गहराई की रचना करते हैं। सर्वाधिक महत्त्वपूर्ण शब्द ध्वनि-पटल के ठीक आगे के भाग में विशद रूप से परिभाषित होकर खड़ा होता है। कम महत्त्व के शब्द गहरे तलों की सृष्टि करते हैं।

इस कार्य में आवश्यक महत्त्व का बिन्दु वाचन में काल की मात्रा नहीं वरन् बलाघात की गुणात्मकता होती है।

इस सन्दर्भ में महत्त्वपूर्ण बात यह है कि बलाघात ऊपर से नीचे उतर रहा है, अथवा इसके विपरीत नी : से ऊपर उठ रहा है? वह भार के साथ नीचे उतर रहा है अथवा साफ़ दबाव के साथ मलाई की तरह धीरे-धीरे ऊपर उठ रहा है? आघात सबल है या सुकुमार; प्रखर है या संवेगात्मक; वह अचानक उत्पन्न होकर ग़ायब हो जाता है अथवा गुणात्मक दृष्टि से कुछ लम्बे समय तक रहता है?

इसके अतिरिक्त बलाघात पुल्लिंग और स्त्रीलिंग भी कहे गए हैं। पुल्लिंग बलाघात निहाई में पड़ती मूसल की चोट की तरह एकदम स्पष्ट और कठोर

होता है। यह बलाघात अत्यन्त संक्षिप्त और क्षणिक होता है। दूसरा, अर्थात् स्त्रीलिंग बलाघात अपनी प्रकृति में कुछ कम स्पष्ट तो नहीं होता, लेकिन वह तुरन्त समाप्त नहीं होता, कुछ देर तक उसका अस्तित्व बना रहता है।

इस विषय को और अस्पष्ट करने के लिए वाचन और व्यवहार के क्षेत्र से एक और उदाहरण उठाया गया है। अगर कोई क्रोधी स्वभाव का मेज़बान अनचाहे आ गए मेहमान को अपने घर से बाहर निकालना चाहता है, तो बड़ी सख़्त भाषा का प्रयोग करेगा, उसकी आंगिक चेष्टाएं भी कुछ वैसी ही होंगी और वह उत्तेजना से भरकर दरवाज़े की ओर इशारा करेगा। अपने शब्दों और आंगिक चेष्टाओं में बलाघात के पुल्लिंग स्वरूप और पौरुषेय आकार का प्रयोग करेगा।

अगर किसी सुसंस्कृत या सुशील व्यक्ति के जीवन में इसी प्रकार का प्रसंग आता है तो वह उस व्यक्ति को विदा देने के लिए शब्द तो सुनिश्चित और सुदृढ़ ही प्रयोग में लाएगा, लेकिन उसके कण्ठस्वर में कुछ उतार होगा। उसकी चेष्टाएं भी कुछ धीमी होगी और आरम्भिक क्षणें की कठोरता भी कुछ बदली हुई होगी। इसी प्रकार के तीव्र आघात बाद में विलम्बित आचरण से जुड़ जाने पर स्त्रीलिंग बलाघात कहलाते हैं।

स्तानिस्लाव्स्की के अनुसार बलाघातों को अलग-अलग करने और फिर उनके समायोजन में शब्दों के स्वर-विन्यास की भी भूमिका होती है। शब्द बोलने पर जो संकल्पना और स्वरूप मिलता है, वह उसकी अभिव्यंजना और प्रभाव को बढ़ाता है। बलाघात के साथ स्वर-विन्यास को जोड़ा जा सकता है। इस वस्तुस्थिति में स्वर-विन्यास शब्द को, भावना, आत्मीयता, विद्वेष, व्यंग्य, तिरस्कार, आदर आदि अनेक प्रकार के रंगों से अभिरंजित भी करता है।

स्वर-विन्यास के अतिरिक्त शक्ति की अभिव्यंजना शक्ति को बढ़ाने और उसे उभारने के कई और साधन भी होते हैं, उदाहरण के लिए उसे दो विरामों के बीच रखा जा सकता है। उसके प्रभाव को और अधिक बढ़ाने के लिए, उनमें से एक या दोनों में मनोवैज्ञानिक विराम हो सकते हैं। मूल शब्द के महत्त्व को कम महत्त्व के शब्दों से बलाघात को हटाकर भी बढ़ाया जा सकता है। एक शब्द, तुलनात्मक दृष्टि से अकेला खड़ा होकर भी बड़ा समर्थ हो जाता है।

बलाघात के प्रयोग के सन्दर्भ में स्तानिस्लाव्स्की ने कुछ सुनिश्चित निर्देश दिए हैं। इन सभी सबल और बलहीन शब्दों में आन्तरिक सम्बन्ध, बल की मात्रा बलाघात की गुणवत्ता की स्थापना करना भी बड़ा जरूरी कार्य है। किसी

वाक्यांश को गतिशीलता और जीवन्तता प्रदान करने के लिए यह बहुत ज़रूरी है कि आवश्यक दृश्यात्मक गहराई के साथ, स्वर-विन्यास की एक सुनिश्चित योजना बनाई जाए।

हम जब समायोजन की बात करते हैं, तो हमारे मन में विशिष्ट शब्दों के समुचित उच्चारण के प्रयोजन के लिए बलाघात की मात्रा के विभिन्न स्तरों में आन्तरिक सम्बन्ध और संगीतात्मक समन्वय स्पष्ट होना चाहिए।

इसी रीति से हम संगीतात्मक स्वरूप और वास्तुकलात्मक शोभा से समन्वित शब्द-विधान की रचना कर सकते हैं।

6

अभी तक जो कुछ बलाघात और एक वाक्यांश में बलाघातयुक्त शब्दों के संयोजन के विषय में कहा गया है, वह सब एकात्म संवाद या एक पूरी कहानी के अलग-अलग उपवाक्यों एवं वाक्यों के वाचन की व्यवस्था में भी समान रूप से प्रयोग में लाया जा सकता है। कम महत्त्व के वाक्यांशों की तुलना में महत्त्वपूर्ण वाक्यांश के साथ बलाघात का विशेष प्रयोग किया जा सकता है। इसी प्रकार मूल महत्त्व के वाक्यांश के सर्वाधिक महत्त्वपूर्ण शब्द को बलाघात-रहित वाक्यांशों की तुलना में और भी भारी बलाघात प्रदान किया जा सकता है।

सर्वाधिक महत्त्व के वाक्यांश को दो विरामों के बीच रखकर और बलिष्ठ बनाया जा सकता है। यह बलाघात युक्त वाक्यांश, ध्वन्यात्मक स्वर-विन्यास को और ऊपर उठाकर या नीचे गिराकर भी उच्चरित किया जा सकता है। विकल्प के रूप में इस कार्य के लिए, स्वर-विन्यास को कुछ नया रंग प्रदान करते हुए उसमें और अधिक विशद व्यवस्था का समावेश भी किया जा सकता है।

मूल चरित्र के वाक्यांशों को सबल बनाने का एक और तरीका आत्म संवाद या कहानी के कम महत्त्व के सभी भागों की तुलना में, मूल वाक्य के वाचन की गति या लय को बदलना भी हो सकता है। अन्ततः उस वाक्यांश को उसके स्वाभाविक रूपरंग और बलाघात के साथ ही छोड़ा जा सकता है; लेकिन तब शेष सभी पंक्तियों के स्वर-विन्यास को नीचे उतारना और उसके सभी बलाघात-युक्त बिन्दुओं को भी नीचे लाना होगा।

रंगमंच पर वाचन में बलाघात की प्रतिष्ठा की और भी न जाने कितनी भंगिमाएं हो सकती हैं। स्तानिस्लाव्स्की का कहना है कि इंगित रीतियों की

सहायता से बलाघात के प्रयोग की और भी बहुत-सी युक्तियां विकसित की जा सकती हैं। रंगकर्म का मूल उद्देश्य तो भूमिका या नाटक में जीवन्त आत्मा के जीवन की संरचना है। इस महान् उद्देश्य की सिद्धि के लिए अभिनेता अपने वाचन की सम्भावनाओं का सर्वाधिक उपयोग कर सके, यह उसके अनुभव, ज्ञान, अभिरुचि, संवदेनशीलता और प्रतिभा के प्रयोग की सामर्थ्य पर निर्भर करता है। वे अभिनेता जिन्हें अपनी मातृभाषा की शब्द-सामर्थ्य की वास्तविक अनुभूति होती है; वे शब्दों के समायोजन, भूतलों की संरचना और परिदृश्यों के निर्माण की ऐसी विधियों तक खुद को सहज रूप में ले जाकर अपने वाचन को कलात्मक सौष्ठव की चरमावस्था तक ऊपर उठाने में समर्थ होते हैं।

जिनमें इतनी प्रतिभा नहीं है उन्हें अपने ज्ञान को बढ़ाने और अपनी भाषा के अध्ययन के लिए बड़ी निष्ठा से कार्य करना होगा। उन्हें अपने अनुभव, अभ्यास, कलात्मक क्षमता की अभिवृद्धि के लिए कठोर परिश्रम करना होगा।

अभिनेता के पास जितने अधिक साधन और सम्भावनाएं होंगी, उसका सम्मोहन से समन्वय उतना ही अधिक सजीव, सशक्त और व्यंजनात्मक होगा।

10

चरित्र-रचना में परिदृश्य की भूमिका

यह सामान्य धारणा है कि स्तानिस्लाव्स्की ने अभिनेता के मूल चरित्र के साथ अर्थात् अपनी भूमिका में पूर्ण तादात्म्य की बात कही है। लेकिन परिदृश्य की चरित्र-रचना में जो भूमिका रहती है, उसकी विवचेना करते हुए उन्होंने स्पष्ट लिखा है कि अभिनय करते समय अभिनेता दो भागों में विभाजित होता है। उसका चरम उद्देश्य, उसकी अन्तश्चेतना के आधे भाग को आत्मसात कर लेता है। यह कार्य नाटक की कथावस्तु, आद्यन्त-रेखा, उपपाठ, उसके आन्तरिक बिम्बों अर्थात् उन तत्त्वों द्वारा सम्पादित होता है। ये तत्त्व उसकी रचनाशील मनोदशा की रचना करते हैं। उसके व्यक्तित्व का दूसरा भाग मनोवैज्ञानिक रचनाशिल्प को क्रियाशील करने में सलंग्न रहता है।

अपने विचार की संपुष्टि के लिए उन्होंने तोम्मासो साल्विनी का एक वक्तव्य उद्धृत करते हुए कहा है, "अभिनेता रंगमंच पर जीता है, रोता है, हंसता है; लेकिन जब वह रोता है, हंसता है तो वह अपने आंसुओं और अपनी खुशी को महसूस करता है। यही दोहरा व्यक्तित्व, जीवन और अभिनय के बीच यह सन्तुलन ही कला की उत्पत्ति करता है।"

तोर्त्सोव ने इस दोहरी ज़िन्दगी की विवेचना करते हुए कहा है, "अब देखें, ये दोनों विभाजन तुम्हारी अन्तःप्रेरणा को किसी प्रकार की हानि नहीं पहुंचाते, वरन् एक-दूसरे को प्रोत्साहित करते हैं। फिर हम वास्तविक जीवन में भी तो दोहरी ज़िन्दगी जीते हैं। लेकिन यह हमारे जीने को और सशक्त भावनाओं को जीने के अनुभव में बाधा नहीं बनता।

तोर्त्सोव ने रंगमंच पर परिदृश्य के दो समानान्तर विधानों का निरूपण किया है : एक है भूमिका का परिदृश्य और दूसरा है अभिनेता का परिदृश्य। रंगमंच पर उसका जीवन, अभिनय करते समय उसकी मनोवैज्ञानिक तकनीक—ये दोनों ही प्रकार के परिदृश्य समानान्तर रेखाओं के रूप में कार्य करते हैं। यह ठीक वैसे ही होता है, जैसे एक पगडण्डी राजमार्ग के साथ-साथ

चलती है, लेकिन कभी-कभी ये दोनों परिदृश्य किसी वजह से अलग भी हो जाते हैं। अभिनेता अपनी भूमिका के मुख्य मार्ग से किसी बाह्य या अनर्गल विषय के कारण अलग हो जाता है। तब वह अपनी भूमिका के परिदृश्य को छोड़ देता है। संयोग से मनोवैज्ञानिक तकनीक का अस्तित्व इसी प्रयोजन की सिद्धि के लिए है कि वह हमारा ध्यान बार-बार सही रास्ते पर लाता रहे और उसकी ओर आकर्षण बनाए रखने का तरीका भी बताता रहे—ठीक वैसे जैसे पगडण्डी पैदल चलने वाले को हमेशा राजमार्ग पर वापस लाती रहती है।

स्तानिस्लाव्स्की के अनुसार अभिनेता को इन दोनों ही प्रकार के परिदृश्यों को बनाए रखने पर समुचित ध्यान देना चाहिए। यह ध्यान यदि किसी प्रकार टूटता है, तो प्रदर्शन पूर्णतः विरस हो जाता है। इस दुर्योग से बचने के लिए यह परमावश्यक है कि दोनों प्रकार के परिदृश्यों को भली प्रकार समझा जाए और उनके प्रति बराबर सतर्क रहा जाए।

परिदृश्य से स्तानिस्लाव्स्की का क्या आशय है? उन्होंने लिखा है कि परिदृश्य से आशय एक पूरे नाटक या भूमिका के विभिन्न भागों के सुविचारित और समायोजित अन्तःसम्बन्ध और उनके वितरण से है।

तोर्त्सोव ने इसी प्रसंग को आगे बढ़ाते हुए कहा था कि इसका मतलब है कि कोई अभिनय, कोई गतिविधि, कोई आंगिक चेष्टा, विचार की अभिव्यक्ति, वाचन, किसी भी शब्द का उच्चारण, भावाभिव्यक्ति आदि अपने समुचित परिदृश्य के बिना सम्भव ही नहीं है। रंगमंच पर साधारण-सा प्रवेश या निर्गमन दृश्य के प्रदर्शन के लिए कोई कार्य, एक वाक्यांश, शब्द-समूह, आत्म-संवाद तथा इसी प्रकार के अन्य किसी कार्य के लिए कोई एक परिदृश्य और अन्तिम लक्ष्य (परम उद्देश्य) होने ही चाहिए। इनके बिना कोई अभिनेता 'हां' या 'नहीं' तक नहीं कह सकता। एक छोटा-सा वाक्यांश भी अपना छोटा-सा परिदृश्य लिये हुए होता है। कई उपवाक्यों में अभिव्यक्त कोई विचार तो और भी कम सम्भावना की सीमा में आता है। संवाद, दृश्य, अंक, नाटक सभी के लिए परिदृश्य ज़रूरी है। इसीलिए हम सामान्यतः देखते हैं कि कुछ कहते समय हमारे मन में कोई-न-कोई तार्किक परिदृश्य होता ही है।

तोर्त्सोव ने इसके बाद रंगमंच पर परिदृश्य की संयोजना के सन्दर्भ में उसके तीन प्रकारों का निरूपण किया है :

1. किसी विचार के सम्प्रेषण का परिदृश्य : यही तार्किक परिदृश्य है।
2. जटिल विचारों के सम्प्रेषण के साथ चलने वाला परिदृश्य।

3. कलात्मक परिदृश्य, जो एक कहानी या वाचन को विशद उदाहरण का रूप देने के लिए रंग-योजना के रूप में जोड़ा जाता है।

विचार के सम्प्रेषण के लिए पहले प्रकार का परिदृश्य प्रयुक्त होता है। विचार के उद्घाटन और सम्पूर्ण अभिव्यंजना के विभिन्न अंगों में सम्बन्ध स्थापित करने के लिए सतर्कता और सामंजस्य की विशेष भूमिका होती है। यह परिदृश्य शब्दों को सार्थकता प्रदान करने वाले महत्त्वपूर्ण शब्दों की लम्बी शृंखलाओं और उसके बलाघातों से बनता है। हम जैसे ही शब्द के किसी अक्षर, वाक्यांश या शब्द को रेखांकित करते हैं, हमें सम्पूर्ण विचार का संवहन करने वाले सर्वाधिक महत्त्वपूर्ण वाक्यांश को उभारना होता है। यही हमें लम्बी कहानी, संवाद अथवा आत्म-कथन के साथ करना होता है। इसी सिद्धान्त का उपयोग हम आगे चलकर लम्बे दृश्य, पूरे अंक और महत्त्वपूर्ण आख्यानों के संयोजक भागों के चुनाव में भी करते हैं। इसी प्रक्रिया से हमें अपने परिमाण और परिपूर्णता में विविधता लिये हुए महत्त्वपूर्ण बिन्दुओं की शृंखला का निर्माण करना होता है।

जटिल भावनाओं के सम्प्रेषण के लिए प्रयुक्त परिदृश्यों की रेखाएं भूमिका के अन्तर्पाठ के अन्तरंग तल पर गतिशील होती हैं। ये रेखाएं आन्तरिक उद्देश्यों, इच्छाओं, महत्त्वाकांक्षाओं, कोशिशों और क्रियाओं की होती हैं, जो संपुंजित, अन्तःग्रथित, अलग-अलग संयोजित आरोह और अवरोह लिये हों। कुछ रेखाएं आधारभूत महत्त्व के उद्देश्यों का प्रतिनिधित्व करती हैं और फिर आगे आती हैं। मध्यम अथवा कम महत्त्व की रेखाएं उन विलक्षण तत्त्वों के अनुसार, जो नाटक के आद्यन्त स्वरूप में भावनाओं के विकास को सम्भव बनाने वाले तत्त्वों के अनुरूप दूसरे तल पर संयोजित होती हैं अथवा पृष्ठभूमि में बिल्कुल डूब जाती हैं।

इस आन्तरिक परिदृश्य की रेखाओं की संरचना में संलग्न ये उद्देश्य बहुत बड़े और महत्त्वपूर्ण अंशों में शब्दों द्वारा अभिव्यक्त होते हैं।

कलात्मक परिदृश्य पर बातचीत करते हुए तोर्त्सोव ने कहा है, "हम जब इस प्रकार के परिदृश्य की रेखाओं के साथ रंगों को डालने लगते हैं तब तारतम्य, स्वर-विन्यास, सुर-माधुरी के गुणों का अनिवार्यतः प्रयोग करने लगते हैं। चित्रांकन के समान्तर कलात्मक रंग-योजना वाचन के विभिन्न तलों को भी अलग-अलग करने के लिए बहुत कुछ करती है। महत्त्वपूर्ण भाग, जिन्हें सबसे पहले भाग जाना चाहिए, बहुत अधिक रंगीन किए जाते हैं; जबकि उन्हें, जिन्हें पीछे फेंका जाना है, उनके स्वर-विन्यास को बहुत ही कम रंगा जाता है।

"जब हम किसी नाटक को पूरी तरह से पढ़ लेते हैं और उसके सभी परिदृश्यों को भली प्रकार समझ लेते हैं तभी उसके विभिन्न तलों को सही रूप में एक साथ बिठा पाते हैं। तभी हम उसके संगठक भागों को एक सुन्दर व्यवस्था प्रदान कर पाते हैं और वाक्यांश विधान के समन्वित और चारों ओर से सुगठित स्वरूप की रचना कर पाते हैं।

"अभिनेता जब अपनी भूमिका के भीतर उतरकर उसके विषय में आद्यन्त विचार कर लेता है, उसका विश्लेषण करके अपने को उसमें एक जीवन्त व्यक्ति के रूप में अनुभव करने लगता है, उसके बाद ही उसके सामने लम्बा, सुन्दर और संकेतात्मक परिदृश्य उद्घाटित होता है। उसकी वाणी तब पहले की तरह केवल पास की चीज़ों को देखने वाली नहीं रह जाती वरन् दूरदृष्टा बन जाती है। इस पृष्ठभूमि की गहराई के सामने खड़े होने पर वह सीमित उद्देश्यों, अलग-अलग वाक्यांशों या शब्दों द्वारा अवरुद्ध नहीं होती बल्कि सम्पूर्ण कार्य-व्यापारों के प्रदर्शन, सम्पूर्ण विचारों के वाचन में समर्थ हो जाती है।"

तोर्त्सोव ने इसके बाद इस वस्तुस्थिति को स्पष्ट करने के लिए कहा है कि जब पहली बार एक अपरिचित पुस्तक को लेकर उसे ज़ोर-ज़ोर से पढ़ते हैं, तो उसके परिदृश्य, उसकी अन्तर्निहित गहराई को हम एकदम ग्रहण नहीं कर पाते। क्षण-प्रतिक्षण हम उसके केवल तात्कालिक कार्य, शब्दों, वाक्यांशों को ही अपने मन में ग्रहण कर पाते हैं। क्या इस प्रकार का पढ़ना कलात्मक और सही हो सकता है? निश्चित रूप से नहीं। वे अभिनेता जटिल और अपरिचित नाट्य-पाठ के पाठकों जैसे ही होते हैं, जो ऐसी भूमिका का प्रदर्शन करते हैं, जिसे उन्होंने अच्छी तरह से पढ़ा नहीं और न जिसका भली प्रकार विश्लेषण ही किया है।

इस तरह के अभिनेताओं को नाटक के परिदृश्य का बड़ा ही हलका भान हो पाता है। वे यह नहीं समझते कि जिन चरित्रों का वे रूपायन कर रहे हैं उनको कहां ले जाना है। अक्सर जब वे नाटक के ऐसे दृश्य का प्रदर्शन करते हैं, तो या तो उसे अलग नहीं कर पाते या शेष नाटक की अनोद्घाटित रहस्यमय गहराइयों को समझ नहीं पाते। इस वस्तुस्थिति में वे उस नाटक के सम्पूर्ण परिदृश्य की ओर ध्यान दिए बिना, केवल निकटतम कार्य और तात्कालिक विचार की अभिव्यक्ति में ही अपने मन को लगातार बांधे रखने को मजबूर होते हैं।

तोर्त्सोव ने इस सन्दर्भ को स्पष्ट करने के लिए उदाहरण के रूप में यह प्रसंग लिया कि कुछ अभिनेता जो गोर्की के 'दि लोअर डेप्थ्स' के लूका

का प्रदर्शन करते हैं, अन्तिम अंक को पढ़ते भी नहीं, क्योंकि उसमें उन्हें आना नहीं है। इसीलिए वे अपनी भूमिका के वास्तविक परिदृश्य को ग्रहण नहीं कर पाते और नतीजा यह होता है कि वे मूल-चरित्र को भली प्रकार रूपायित नहीं कर पाते। अन्त हमेशा आरम्भ पर निर्भर करता है। इसीलिए अभिनेता के लिए यह बड़ा ज़रूरी है कि उनकी दृष्टि चरमावस्था पर रहे और लूका जिन चरित्रों को प्रभावित कर रहा है, उन्हें नाटकांत की ओर ले जाए।

स्तानिस्लाव्स्की ने अभिनेता की इस प्रकार की तैयारी को परिदृश्य (की चेतना) के साथ अभिनय कहा है। इस वस्तुस्थिति की व्याख्या करते हुए तोर्त्सोव ने छात्रों से कहा था, "भूमिका जैसे-जैसे आगे बढ़ती है हमारे मन में, कहा जाए तो दो परिदृश्य होते हैं। एक का सम्बन्ध उस चरित्र से होता है, जिसका रूपायन हो रहा होता है और दूसरे का अभिनेता से। वास्तव में 'हैमलेट' को, नाटक के एक व्यक्ति के रूप में, परिदृश्य का कोई भान नहीं होता। वह कुछ भी नहीं जानता कि भविष्य में उसकी ज़िन्दगी में क्या होने को है; जबकि उस अभिनेता को, जिसे वह भूमिका करनी है, बराबर अपने मन में परिदृश्य का ध्यान रखना चाहिए।

कोस्त्या ने यह जानना चाहा कि जब कोई भूमिका सौवीं बार प्रदर्शित की जा रही हो, तो जो कुछ होने जा रहा है, उसे भूल पाना कैसे सम्भव है?

तोर्त्सोव ने जवाब दिया कि न तो भूलना सम्भव है और न आवश्यक। यद्यपि रूपायित हो रहे मूल-चरित्र को मालूम नहीं होना चाहिए कि आगे क्या होने जा रहा है; फिर भी भूमिका के लिए परिदृश्य की जानकारी ज़रूरी है, जिससे कि वह हर उपस्थित क्षण में पूरी तरह से रुचि ले सके और उसमें जज़्ब हो सके।

वस्तुतः भूमिका का भविष्य उसका चरम उद्देश्य है। चरित्र को उसकी ओर बढ़ने देना चाहिए। अभिनेता के लिए यह हानिकर नहीं होता, अगर वह क्षणभर के लिए अपनी भूमिका की आद्यन्त रेखा को याद कर लेता है। यह उसकी भूमिका के हर खण्ड के अर्थ में फिर से ऊर्जा का संचार करेगा और उसके ध्यान को और अधिक शक्ति के साथ आकर्षित करेगा।

तोर्त्सोव ने इसके बाद कोस्त्या और पॉल से कहा, "मान लो तुम ऑथेलो और इयागो के बीच के दृश्य का प्रदर्शन कर रहे हो। क्या यह महत्त्वपूर्ण नहीं है कि तुम मूर हो, कल ही साइप्रस आए हो, देस्दीमोना के साथ सदा के लिए मिलन हो गया है। तुम अपने जीवन के मधुरतम क्षणों का अनुभव कर रहे हो?

"इस दृश्य के लिए ज़रूरी खुशी तुम्हें और कहां मिलेगी? यह इसलिए भी महत्त्वपूर्ण है क्योंकि आनन्द के महत्त्वपूर्ण क्षण इसमें बहुत थोड़े हैं। इसके अलावा, क्या यह कदम महत्त्वपूर्ण है कि तुम क्षणभर के लिए फिर से यह याद कर लो कि इस दृश्य के बाद तुम्हारी ज़िन्दगी का सौभाग्य का तारा डूबना शुरू हो जाएगा; इस दुर्योग को धीरे-धीरे ही प्रकट और सुस्पष्ट होना चाहिए।"

तोर्त्सोव ने इसके बाद बड़ी महत्त्वपूर्ण बात कही थी कि वर्तमान और भविष्य भी सबल विरोधी होने चाहिए—पहला जितनी ज़्यादा रोशनी लिये हुए हो, दूसरा उतना ही ज़्यादा अंधियारा हो।

अभिनेता के लिए अतीत और वर्तमान की झलक पाना ज़रूरी है। वह इसलिए कि आज और इस क्षण जो घटित हो रहा है, उसके महत्त्व का अनुमान लगाया जा सके, सम्पूर्ण नाटक के साथ उसके रिश्ते को अच्छी तरह समझा जा सके ताकि वह अपने ध्यान को उसके विस्तार पर सपुंजित कर सके।

स्तानिस्लाव्स्की इसे भूमिका के परिदृश्य का मूलाधार मानते हैं।

लेकिन कोस्त्या को उससे सन्तोष नहीं हुआ और उसने तोर्त्सोव से जानना चाहा कि अभिनेता के लिए दूसरे परिदृश्य की भी जानकारी क्यों ज़रूरी है?

जवाब मिला कि अभिनेता के लिए भूमिका का प्रदर्शन कर रहे व्यक्ति के रूप में अपना परिदृश्य इसलिए ज़रूरी है कि जब वह मंच पर है तो परिस्थिति के अनुसार वह इस अवस्था को प्राप्त करके अपनी आन्तरिक रचनात्मक शक्तियों और बाहरी शब्दावली में उसे प्रकट कर पाने की सामर्थ्य का, उसके वितरणं का अनुमान लगा सके; और जो सामग्री उसने अपनी भूमिका के लिए इकट्ठी की है, उसका सतर्कता के साथ प्रयोग कर सके।

उनका मानना है कि हमें परिदृश्य में अन्तर्निहित एक बहुत बड़ी विशेषता को नहीं भूलना चाहिए। वह हमारे अन्तरंग अनुभवों और बाहरी क्रिया-कलापों को बहुत व्यापकता, परम स्वच्छता और विशेष गतिशीलता प्रदान करता है। ये सभी हमारी रचनाशीलता की उपलब्धि को मूल्यवान बना देते हैं।

परिदृश्य की निरन्तरता के निर्वाह को भी स्तानिस्लाव्स्की आवश्यक मानते हैं। उनका कहना है कि मान लो किसी दौड़ की प्रतियोगिता में भाग ले रहा धावक हर बीस कदम के बाद रुकता चलता है, तो वह सफलता के लिए अपेक्षित गति को नहीं पकड़ पाएगा। इसी प्रकार कोई अभिनेता अगर अपने प्रदर्शन के बीच-बीच में रुकता चलता है तो वह अपनी कोशिशों में,

अपनी इच्छाओं को पूरा करने में, अपने कार्य-व्यापार में गतिशील नहीं हो सकेगा। फिर भी यदा-कदा तो रुकना पड़ता ही है, क्योंकि वह हमारी भावनाओं, हमारी इच्छा शक्ति, विचारों, कल्पनाओं आदि को उकसाता है, स्पंदित और प्रज्वलित करता है। इसीलिए छोटी दौड़ में अपनी शक्ति को पूरी तरह से व्यय नहीं करना चाहिए। अभिनेता के मन में गहराई में उतरने की इच्छा, परिदृश्य की चेतना और दूर से बुलाते हुए लक्ष्य का संकेत होना ही चाहिए।

स्तानिस्लाव्स्की ने बहुत बल देते हुए कहा है कि यह तारतम्यता का निर्वाह, समान रूप से वाणी के विन्यास, वाचन, आंगिक चेष्टाओं, गतिविधियों, कार्य-व्यापारों, मौखिक भंगिमाओं में वह भी ज़रूरी है। इन सभी क्षेत्रों में अपनी शक्तियों को ढील देना, उन्हें बर्बाद करना, बड़ा ख़तरनाक होता है। अभिनेता जिस चरित्र को अपने प्रदर्शन के माध्यम से, मांस और रक्त की शब्दावली में रूपान्तरित करना चाहता है, उसके लिए पहले उसे अपनी भौतिक शक्तियों और साधनों का आकलन करना चाहिए और फिर मितव्ययिता से उनका उपयोग करना चाहिए। यह सब व्यवस्थित रूप में करने के लिए उसे केवल अपनी आन्तरिक शक्तियों की ही नहीं, परिदृश्यों की समुचित जानकारी की भी ज़रूरत है।

स्तानिस्लाव्स्की ने इसके साथ यह भी स्पष्ट किया है कि नाटक के इस विशिष्ट विधान-परिदृश्य का उसके कार्य-व्यापार की आद्यन्त रेखा के साथ बड़ा आत्मीय सम्बन्ध है। दोनों एक-दूसरे के सहायक हैं। परिदृश्य नाटक के सम्पूर्ण विस्तार में परिव्याप्त मार्ग है, कार्य की आद्यन्त रेखा उसके साथ-साथ बराबर चलती, बढ़ती रहती है। उनकी स्पष्ट घोषणा है कि इन्हीं दो नाटकीय तथ्यों-परिदृश्यों और कार्य की आद्यन्त रेखा के लिए ही नाटक में हर एक वस्तु होती है। इन्हीं दोनों से रचनाशीलता, नाट्य-कला और अभिनय की उनकी पद्धति का आधारभूत महल खड़ा होता है।

11

नाटकीय गतिविधि में ताल और लय

1

स्तानिस्लाव्स्की ने नाटकीय गतिविधि, नाट्य-व्यापार में ताल और लय की व्यवस्था को भी आवश्यक माना है। ये दोनों व्यापार भीतरी और बाहरी दोनों ही प्रकार के हो सकते हैं। इन दोनों रूपों की विवेचना उन्होंने साथ-साथ ही उपयुक्त मानी है क्योंकि इनके आन्तरिक स्वरूप भी तभी स्पष्ट होते हैं, जब वे भौतिक व्यापारों में प्रकट होते हैं। मूलतः तो इनके आन्तरिक रूप अगोचर होते हैं, लेकिन जब वे बाहर निकलकर मूर्त रूप में अभिव्यक्त होते हैं तभी दोनों दिखाई देते हैं।

ताल और लय भारतीय संगीत के पारिभाषिक शब्द हैं। हम यहां इनका प्रयोग, अंग्रेज़ी के 'टेम्पो' और 'रिद्म' के पर्याय के रूप में कर रहे हैं। अंग्रेज़ी के ये दोनों शब्द पाश्चात्य संगीत में भी पारिभाषिक शब्दों के रूप में ही प्रयोग किए जाते हैं। स्तानिस्लाव्स्की ने भी भरत की भांति संगीतशास्त्र के इन दोनों पारिभाषिक शब्दों का प्रयोग नाटकीय सन्दर्भ में किया है। आइए, पहले इन शब्दों के संगीतशास्त्रीय अभिप्रायों को समझा जाए, तभी 'टेम्पो' एवं 'रिद्म' अथवा 'ताल' और 'लय' शब्दों के नाटकीय सन्दर्भ में प्रयोग को देखना उचित रहेगा।

पहले हम 'टेम्पो' शब्द को लेते हैं। अंग्रेज़ी के एक शब्दकोश में टेम्पो के संगीतपरक अर्थ दिए हैं—टाइम (काल या समय), रैपिडिटी ऑफ़् मूवमेण्ट (गति की तीव्रता), कैरेक्टेरिस्टिक स्पीड (विशिष्ट गति), रिद्म ऑफ़् मूवमेण्ट (गति की लय)। एक अंग्रेज़ी-हिन्दी कोश में 'टेम्पो' का अर्थ दिया है 'ताल'। अब तो आपको लग रहा होगा कि 'टेम्पो' शब्द के लिए 'ताल' शब्द का प्रयोग यहां ठीक ही किया गया है। इस ताल शब्द के एक संस्कृत-हिन्दी शब्दकोश में अर्थ दिए गए हैं। टेक देना, (काल की) नियत मात्राओं पर ताली बजाना। हम 'ताल' शब्द का नाटक के सन्दर्भ में विचार कर रहे हैं, इसलिए

भरत के नाट्यशास्त्र में इस शब्द की खोज करनी होगी। भरत ने 'ताल' शब्द का प्रयोग एक पारिभाषिक शब्द के रूप में करते हुए गायन, वादन और नृत्य के सन्दर्भ में उस पर विस्तार से विचार किया है। श्री बाबूलाल शुक्ल शास्त्री ने अपने सम्पादित 'नाट्यशास्त्र' के चतुर्थ खण्ड की भूमिका में लिखा है :

"ताल शब्द 'तल् प्रतिष्ठायां' धातु से 'घञ' प्रत्यय लगाकर निष्पन्न होता है, क्योंकि गीति, वाद्य तथा नृत्य ताल का आधार लेकर ही स्थित रहते हैं। अतः लघु, द्रुत, गुरु तथा प्लुत अक्षरों द्वारा परिमित की जाने वाली क्रियाओं के द्वारा गीति, वाद्य तथा नृत्य के परिमाण की रचना करने वाला जो काल है, वही ताल कहलाता है।"

उन्होंने आरम्भ में 'ताल' के दो प्रकार—मार्ग और देशी बताए हैं। मार्ग तो, जैसा कि संज्ञा से ही स्पष्ट है, संगीत, छन्द आदि शास्त्रों के द्वारा बताए गए नियमों पर चलता है। देशी में लोक-धुनों का अनुसरण होता है।

भरत ने ताल के तीन विभाग—यति, पाणि और लय कहे हैं। 'यति' का मूल अर्थ तो है 'विराम'; लेकिन पारिभाषिक शब्द के रूप में भरत ने उसे पद, वर्ण या अक्षरों का गीति तथा वाद्य के आश्रय लेने पर, विस्तार तथा नियमन का कार्य करने वाला विधान कहा है। 'पाणि' शब्द का सामान्य अर्थ है 'हाथ'। उससे इस प्रकार विस्तार का अर्थ लिया जा सकता है। 'लय' का सामान्यतः प्रचलित अर्थ है 'समापन' या विलीन होना; लेकिन गायन, वादन आदि के प्रसंग में वह 'प्रवाह' का अर्थ देता है। इसी आधार पर उसके तीन रूप द्रुत, मध्य और विलम्बित कहे गए हैं।

स्तानिस्लाव्स्की ने नाटकीय गतिविधि पर विचार करते हुए 'टेम्पो' के साथ 'रिद्म' शब्द का प्रयोग किया है। इस 'रिद्म' शब्द के अर्थ हैं मेट्रिकल मूवमेण्ट डिटरमिण्ड बाई...सिलेबिल्स (अक्षरों पर आधारित संगीतात्मक गतिविधि), मेज़र्ड फ़्लो ऑफ़् वर्ड्स एण्ड फ़्रेजेज़ इन वर्स ऑर प्रोज़ (शब्दों अथवा वाक्यांशों का पद्य अथवा गद्य में सुमापित प्रवाह)। अंग्रेज़ी के एक शब्दकोश में 'रिद्म' शब्द के अर्थ दिए हैं—लय। अब तो आपको 'रिद्म' शब्द के लिए 'लय' शब्द का प्रयोग भी ठीक लग रहा होगा। 'लय' शब्द का प्रयोग हम संगीत तथा सामान्य बोलचाल में भी वाणी के सुव्यवस्थित आरोह-अवरोहात्मक प्रवाह के लिए करते हैं।

स्तानिस्लाव्स्की ने 'टेम्पो' और 'रिद्म' शब्दों को जिस प्रकार परिभाषित किया है, उससे हमारे इस शब्दार्थ-चिन्तन की संपुष्टि होती है। उन्होंने इन दोनों शब्दों को परिभाषित भी किया है :

टेम्पो—किसी सुनिश्चित माप या परिमाण में पहले से स्वीकृत किसी लम्बाई के गतिमय या विलम्बित आघात (आयाम) की इकाई की संज्ञा है।

रिद्म—गति और ध्वनि की इकाइयों का प्रदत्त टेम्पो और माप में, पहले से स्वीकृत इकाई के साथ मात्रिक सम्बन्ध है।

माप अथवा परिमाण—बारम्बार आने वाला अथवा बार-बार आता हुआ लगता, समान लम्बाई के आघातों, आयामों का एक समुदाय है, जिसे एक इकाई मान लिया गया है और जिसके एक आघात में एक बलाघात स्पष्टतः दिखाई देता है।

तोर्त्सोव ने ताल और लय की परिभाषाओं को सुनाने के बाद छात्रों से पूछा कि क्या उन्हें बात समझ में आई? छात्रों के मना करने पर उन्होंने अनेक छोटे-बड़े ताल-मापक उपकरणों के सहारे समझाना आरम्भ किया। एक बड़ा-सा तालमापक उपकरण सामने रखकर उन्होंने कहा कि उसमें टेम्पो (गति) और समय को देखो। यह यान्त्रिक और पांडित्यपूर्ण मापन है। टेम्पो, विलम्बित अथवा त्वरित होता है : वह कार्य को गति देता है या खींचता है, वाणी को गतिमय या विलम्बित बनाता है। कार्य का होना या शब्दों का बोला जाना समय लेता है; और यह यन्त्र समय भी बताता है। अगर टेम्पो बढ़ाया जाता है, तो कार्य करने के लिए, बोलने के लिए समय ज़्यादा मिलता है, तो कार्य को करने के लिए, जो महत्त्वपूर्ण है, उसे कहने के लिए अधिक अवसर मिल जाता है।

तोर्त्सोव ने इस सम्बन्ध में 'आघात' ('बीट') की चर्चा भी की है। उन्होंने अपने सहयोगी रख़्मानव की ओर इशारा करते हुए कहा कि यह जो थोड़ी-थोड़ी देर में घंटी बजा रहे हैं यही आघात (बीट) हैं। यह अपना कार्य, बड़े ताल-मापक यन्त्र के साथ पूरी तरह से मिल-जुलकर और यान्त्रिक सटीकता के साथ करते हैं।

यह आघात (बीट) वस्तुतः काल की माप है। इस आघात के अनेक प्रकार हैं। इनका विस्तार टेम्पो अर्थात् गति पर निर्भर करता है। इसका मतलब है कि काल की मात्रा बदलती रहती है। यह बदलाव अपेक्षा के अनुसार होता है और उससे आघात का स्वरूप भी बदलता रहता है। इन्हीं आघातों के अनन्त रूपों के विभिन्न क्रमचय और संचयों को लेकर विविध प्रकार की लयों (रिद्म) की सृष्टि होती है।

स्तानिस्लाव्स्की का कहना है कि कुछ ऐसा ही व्यापार अभिनय के साथ भी घटित होता है। रंगमंच पर हमारे कार्य, हमारी वाणी, काल की शब्दावली

में ही आगे बढ़ते हैं। कार्य की प्रक्रिया में हमें व्यतीत होते समय में, अपेक्षानुसार अनेक प्रकार की गतिविधियां भरनी होती हैं। उसमें अनुक्रम से क्रियाहीनता के विराम भी आते रहते हैं। इसी प्रकार वाचन में काल के प्रवाह को ध्वनियों के उच्चारण के क्षणों में विभिन्न विस्तार ग्रहण करने होते हैं, और उनके बीच-बीच विराम देने की भी आवश्यकता होती है।

कार्य के और वाचन के इसी प्रवाह में लय (रिद्म) का आविर्भाव होता है। यह हर सम्भाव्य लम्बाई के क्षणों के अलग-अलग रूपों से बनती है, जो काल के प्रवाह को विभिन्न भागों में विभाजित करती है। (यहां भी) क्रमचय और संचय से अनेक समुदाय बनते हैं।

अगर ताल-मापक यन्त्र में विभिन्न प्रकार की लयों के अराजक स्वरूप को भली प्रकार देखा जाए तो उनके बीच हर वह वस्तु मिलेगी जिसकी अनेक प्रकार के जटिल सूत्रों की अभिव्यंजना के लिए लयात्मक संयोगों और समुदायों के लिए अपेक्षा होती है। रंगमंच पर चारों ओर सामान्यतः और व्यवस्थित रूप में त्वरित और धीमी गतियों की जो अराजकता होती है, उसमें अभिनेता के लिए स्वयं की लय को खोजने और फिर उसे अलग करके अभ्यस्त बनाने की परम आवश्यकता होती है।

2

स्तानिस्लाव्स्की की धारणा है कि ताल और लय में अभिनेताओं के अन्तर्मन को प्रभावित करने की सामर्थ्य है। साथ ही लय की सहायता से एक वास्तविक उत्तेजना उत्पन्न होती है और वह भावात्मक प्रभाव डालती है। यह एक बहुत बड़ा और विशेष महत्त्वपूर्ण सत्य है, जिसके सम्बन्ध में हम सभी जानते तो हैं, लेकिन अभिनेता उसे अक्सर भूल जाते हैं। अभिनेता के निकट सही आयामों और अक्षरों, शब्दों, वाचन और कार्य की गतिविधियां सुस्पष्ट लयों से युक्त बहुत गम्भीर महत्त्व की हैं। इस तथ्य की अवहेलना कभी नहीं करनी चाहिए कि ताल और लय दुधारा हथियार है। वह जितना सहायक है उतना ही हानिकर भी हो सकता है। अगर हम उसका सही इस्तेमाल करें, तो वह स्वभावतः बिना किसी दबाव के, सही भावनाओं की ओर उन्मुख होने में हमारी मदद कर सकता है, लेकिन ग़लत लय ग़लत भावनाओं को ही जगाती है। उनके सही रूपों में प्रयोग के बिना अपने को उनसे छुटकारा दिला पाना सम्भव ही नहीं है।

3

तोर्त्सोव ने उसके अगले दिन छात्रों से सैनिक-प्रशिक्षण का अभ्यास करवाया था। लगा जैसे कि उस रिहर्सल के कमरे में एक सैनिक टुकड़ी ही मार्च कर रही है। इस अभ्यास को और बढ़ाने के लिए उन्होंने एक लय को अपने हाथों से थपथपाना आरम्भ किया, जिसने ड्रमों के बोल की याद दिलाई। छात्रों ने अपनी ओर से उसमें कुछ और जोड़ दिया और तब लगा कि ड्रमवादकों की एक सैनिक टुकड़ी ही कदम-दर-कदम चल रही है।

तोर्त्सोव ने इस तरह ताल और लय की मदद से जिस प्रभाव को उत्पन्न करना चाहा था, उसे तुरन्त ही उत्पन्न कर दिया।

उसके बाद छात्रों से उन्होंने कुछ और ताल और लयों के अभ्यास करवाया; छात्रों ने उन ताल और लयों को उत्पन्न तो कर दिया, लेकिन जिन लोगों ने उन्हें सुना, उन्हें वे स्वर-साधनाएं बिल्कुल भी समझ में नहीं आईं।

तोर्त्सोव ने इस विस्मय-विमूढ़ता को देखकर छात्रों से कहा, "क्या तुम यह समझते हो कि इन लयों को तुम अपने लिए नहीं, औरों के लिए उत्पन्न कर रहे थे? मैंने तुम्हें यह अभ्यास उन श्रोताओं के लिए नहीं करवाए, जो तुम्हारे आस-पास थे, वरन् तुम्हारे लिए करवाए—जिन्हें इन लयों को उत्पन्न करना था। मेरा पहला लक्ष्य था तुम्हें उन ताल-लयों से संक्रमित कर देना और फिर उनके आघातों से तुम्हारी भावात्मक स्मृति के जागरण को सहज बना देना। फिर भी तुम्हें सुनने वालों ने उन लयों से एक सामान्य प्रभाव ग्रहण किया, यह अपने आप में उल्लेखनीय है।"

अपने उद्देश्य को और अधिक स्पष्ट करते हुए उन्होंने आगे कहा, "यहां यह महत्त्वपूर्ण नहीं है कि औरों ने तुम्हें समझा या नहीं; यह कहीं ज़्यादा महत्त्वपूर्ण है कि जिन लयों की तुम संरचना कर रहे थे, संचालन कर रहे थे, उन्होंने तुम्हारी अपनी कल्पना को सक्रिय कर दिया; और तुम्हारे चारों ओर जो विशिष्ट परिस्थितियां हैं, तथा उनके अनुरूप जो भावनाएं हैं, तुम्हें उनका संकेत दे दिया।"

4

तोर्त्सोव ने अगले दिन कोस्त्या से कहा कि वह जल्दी से बिना सोचे-विचारे, यह बेटन ले और उस यात्री के ताल और लय की रचना करे, जो ट्रेन से लम्बी यात्रा पर जा रहा हो।

छात्र-अभिनेता के रूप में कोस्त्या ने जो कुछ किया, स्तानिस्लाव्स्की ने उसका विवरण देते हुए कहा है, "अपनी भूमिका के लिए मैंने अपने मन की आंखों के आगे एक रेलवे-स्टेशन, उसका टिकटघर, उसके सामने सम्भावित यात्रियों की लाइन देखी। टिकटघर की खिड़की अभी बन्द थी, फिर वह खुल गई। टिकट खरीदने वाले धीरे-धीरे बड़ी बोरियत के साथ कदम-दर-कदम आगे बढ़ते हैं, जब तक उन्होंने टिकट खरीदी, रेज़गारी गिनी। उसके बाद मैं अपने हाथ के सामान को सम्भालने की भावात्मक उलझन से निपटा। इसी बीच मैं बुक-स्टाल में रखे अख़बारों और पत्र-पत्रिकाओं के मनःचित्र देखता रहा। फिर स्टेशन के रेस्त्रां में कुछ खाने के लिए गया। अन्ततः अपनी गाड़ी, अपना डिब्बा और अपनी बर्थ खोजी। बैठने के पहले मैंने आस-पास के सहयात्रियों को देखा, अपना अख़बार खोला, उसे पढ़ने लगा, आदि-आदि।...इस प्रकार मैंने सभी तरह के उद्देश्यों की एक अविच्छिन्न शृंखला बनाई; फिर उन उद्देश्यों तक बड़ी शान्ति और आराम के साथ पहुंचा भी, क्योंकि अभी मेरी गाड़ी छूटने में कुछ देर थी।"

तोर्त्सोव ने यह सब देखा और फिर कोस्त्या से कहा कि अब कल्पना करो कि तुम देर से आए हो। गाड़ी के छूटने में थोड़ी ही देर रह गई है और अब समय की सीमा को देखते हुए अपने जाने की ताल-लय बनाओ।

कोस्त्या का स्वभाव जल्दी घबरा जाने का था। अतः उसने घबराहट के साथ कुछ छोड़ते और जो ज़रूरी समझा उसे जल्दी से किया।

तोर्त्सोव ने तब उससे कहा कि तुम बिल्कुल गाड़ी के छूटने के समय स्टेशन पहुंचे हो। उसे उत्प्रेरित करने के लिए उन्होंने इंजन की सीटी बजाई और फिर उससे सम्बन्धित कुछ और ध्वनियां उत्पन्न कीं।

कोस्त्या ने उसके बाद जो कुछ फ़ालतू था, उसे छोड़ते हुए बड़ी उत्तेजना के साथ, जो बहुत ज़रूरी था, वही किया।

तोर्त्सोव ने यह परीक्षा समाप्त होने पर सभी छात्रों को समझाते हुए कहा कि यह अभ्यास यह सिद्ध करने के लिए था कि जब तक कि मनोजगत् में उससे मिलते-जुलते बिम्ब न हों, जब तक कुछ ऐसी परिस्थितियां न सुझाई जाएं, जो उद्देश्य से सम्बन्धित भावनाओं और कार्यों को उत्प्रेरित कर सकें, तब तक ताल और लय को फिर से अपनाकर अनुभव नहीं किया जा सकता। ये सभी एक-दूसरे से बड़े ही ठोस रूप में सम्बद्ध हैं, एक-दूसरे को जगाते हैं; प्रदत्त परिस्थितियां ताल और लय को उत्प्रेरित

करती हैं, तथा ताल और लय व्यक्ति को प्रदत्त परिस्थितियों से सम्बद्ध विचारों के रूप में चुनौती देती हैं।

इसी विषय को और आगे बढ़ाते हुए तोर्त्सोव ने कहा है, "फलस्वरूप ताल और लय केवल तुम्हारी भावात्मक स्मृति को ही उत्तेजित नहीं करती... बल्कि वे तुम्हारी चाक्षुष-स्मृति और उसके जीवन्त स्वरूपों को भी सामने ले आती हैं। इसीलिए ताल और लय से केवल गति और आयाम का मतलब लेना ग़लत है।

"हमें ताल और लय की ज़रूरत उन प्रदत्त परिस्थितियों के साथ होती है, जो विशेष मनोदशा की रचना करती हैं; हमें उसकी ज़रूरत उसके अपने अन्तर्निहित सार-तत्त्व के लिए भी होती है। सैनिक परेड, टहलना, शव-यात्रा आदि सभी को उसी ताल और लय से मापा जा सकता है, फिर भी जहां तक उनके बीच, उनकी आन्तरिक विषयवस्तु, मनोदशाओं, अगोचर चारित्रिक विशेषताओं की बात है, उनमें ज़मीन-आसमान का फ़र्क है।

"थोड़े-से शब्दों में कहा जाए तो ताल और लय अपने साथ केवल उन बाहरी विशेषताओं को लेकर ही नहीं चलती, जो हमारी प्रकृति को सीधे प्रभावित करती हैं, बल्कि हमारी उस अन्तर्वस्तु को भी साथ ले लेती हैं, जो हमारी भावनाओं को जिजीविषा प्रदान करती हैं।

"अपने इस प्रच्छन्न स्वरूप में ताल और लय हमारी स्मृतियों में बनी रहते हैं तथा रचनात्मक उद्देश्यों को सिद्ध करने के लिए उसका उपयोग किया जा सकता है।"

5

इस प्रक्रिया में अभिनेता के कार्य के महत्त्वपूर्ण बिन्दुओं को लयात्मक बिन्दुओं से चिह्नित करना अनिवार्य है। तो क्या उन्हें चिह्नित करने का कार्य हाथों, पैरों, पूरे शरीर की चेष्टाओं, सिर, गर्दन और कमर को घुमाकर, वर्णों, अक्षरों, शब्द के उच्चारण के द्वारा किया जा सकता है? तोर्त्सोव ने स्वीकृति के स्वर में कहा है कि ये सभी चेष्टाएं किसी भी ताल और लय को चिह्नित कर सकती हैं। हम चलते, दौड़ते, साइकिल पर चढ़ते, कुछ कहते—सभी प्रकार के कार्य किसी-न-किसी ताल और लय में ही करते हैं; लेकिन उन अन्तरालों में, जब हम गतिशील नहीं होते, जब शान्ति के साथ बैठे रहते हैं, लेटे रहते हैं, आराम करते हैं, इन्तज़ार करते हैं, या कुछ भी नहीं करते, क्या हम बिना किसी ताल और लय के होते हैं? ताल और लय तो उन क्षणों में भी होती है।

कोस्त्या ने कहा, "लेकिन वह बाहर प्रकट नहीं होते, दिखाई नहीं देते। केवल अन्तरंग और भावात्मक रूप में उनका अनुभव होता है।"

तोर्त्सोव ने इस विषय की विवेचना करते हुए कहा कि वास्तव में हमारे आन्तरिक और बाहरी अस्तित्व के प्रत्येक क्षण में, किसी न किसी प्रकार का ताल और लय अन्तर्निहित होता है।

"संगीत में राग की रचना स्वर-मानों से होती है। इन स्वर-मानों में विभिन्न मूल्यों और बल के सुर होते हैं। ये सुर ही लय उत्पन्न करते हैं। जहां तक ताल (गति) की बात है, वह अदृश्य है, संगीतकार ख़ुद उसकी गणना करते हैं, अथवा संचालक अपने बेटन के सहारे उनके लिए उसकी रचना कर देता है।

"यही बात रंगमंच के कलाकारों के लिए भी सही होती है। हमारे कार्य, अनेक लम्बाइयों और आयामों की छोटी-बड़ी अंगभूत गतिविधियों से बनते हैं। हमारे संवाद की संरचना, छोटे-बड़े बलाघातयुक्त अथवा बलरहित वर्णों, अक्षरों या शब्दों से होती है। वे ही लय को चिह्नित करते हैं। हमारे आन्तरिक ताल-मापक की गति के आधार पर हमारी मानसिक गणना के सहारे, हमारे कार्य, हमारी आंगिक चेष्टाएं सम्पन्न होती हैं; और हमारी भूमिकाओं के मूल-पाठ बोले जाते हैं।

"इसलिए हमारे बलाघातयुक्त वाचन और गतिविधियां जब वे हमारी आन्तरिक गणना से समन्वित हो जाएं, तो उन्हें चेतन अथवा अचेतन रूप में क्षणों की, काल-प्रवाह की, अविच्छिन्न रेखा का निर्माण करने देना चाहिए।"

अगर अभिनेता, बिना किसी के बताए ही रंगमंच पर जो कुछ कहा जा रहा है या किया जा रहा है उसे समझ लेता है, तो सही ताल और लय अपने आप ही उत्पन्न हो जाएगी। वह बलाघातयुक्त या बलहीन शब्द को और संयोग के बिन्दुओं को विभाजित कर लेगी। अगर ऐसा नहीं होता तो तकनीकी साधनों से, बाहर से भीतर की ओर जाते हुए ताल और लय की प्रतिष्ठा प्राप्त करने के सिवा कोई रास्ता नहीं रह जाता। इस उद्देश्य की सिद्धि के लिए जिस ताल और लय की ज़रूरत है, अभिनेता को ख़ुद की कोशिश से उसे बनाना चाहिए। यह कार्य बिना आन्तरिक बिम्बों, बिना कल्पना के आविष्कार, बिना सुझाई गई परिस्थितियों के सम्पन्न नहीं होता; ये सभी मिलकर भावनाओं को उत्प्रेरित करते हैं।

6

ताल और लय की रचना के संगीत के साथ प्रयोगों से छात्रों ने यह अनुभव किया था कि गतिविधि की ताल और लय, केवल अन्तःप्रेरणा से सीधे, तत्काल, उचित भावनाओं का सुझाव देने और व्यक्ति जो कुछ कर रहा है, उसकी अनुभूति को जगाने का ही कार्य नहीं करती, वरन् वह व्यक्ति की रचनाशीलता को उत्प्रेरित करने में भी मदद कर सकती है।

छात्रों ने यह भी अनुभव किया कि जब लयात्मक प्रक्रिया संगीत के साथ सम्पन्न होती है, तो भावात्मक स्मृति और कल्पना पर उसका प्रभाव और भी गम्भीर हो जाता है। निश्चय ही तब ताल-मापक की टिक्-टिक् से, ध्वनि-विन्यास की संयोजना से, स्वर-माधुरी से, जो हमें विशेष ऊर्जा से सक्रिय कर देते हैं, ताल और लय का सुयोग हमें सहज मिल जाता है।

स्पष्टतः ताल और लय में, केवल बिम्बों—मनःचित्रों—की ही नहीं, बल्कि पूरे-पूरे दृश्यों का ही सुझाव देने की सामर्थ्य है।

7

तोर्त्सोव ने तीन अलग-अलग गतिक्रमों के ताल-मापक यन्त्र रखवाकर छात्रों को टोलियों में बांटकर ताल और लय की रचना का अभ्यास करवाया। छात्रों ने अपने अलग-अलग ग्रुप बनाए, अपने-अपने उद्देश्य निश्चित किए, उनके अनुरूप परिस्थितियों की संकल्पना की और फिर सक्रिय हो गए। कुछ चतुर्थ स्वर, कुछ आठवें स्वर और कुछ सारे स्वर-विन्यासों की रचना में व्यस्त हो गए।

सोन्या को जिज्ञासा हुई कि सभी से एक ही स्वर-विन्यास पर कार्य क्यों नहीं कराया जा रहा है?

तोर्त्सोव का उत्तर था कि जब रंगमंच पर बहुत से लोग एक और उसी लय पर कार्य करते हैं, तो सैन्य-टुकड़ी नृत्य-नाटिका के आयोजन की भांति, बड़े ही रूढ़िबद्ध ताल और लय की रचना होती है। उसकी शक्ति सामूहिक प्रदर्शन अथवा सामान्य यांत्रिक प्रशिक्षण में ही प्रकट होती है। इस प्रकार की ताल और लय उस विरल प्रदर्शन के लिए उपयुक्त होती है, तब पूरा समुदाय सामान्यतः एक ही ऊर्जा से ओत-प्रोत होता है। आज की यथार्थवादी कला यह मांग करती है कि जीवन के विभिन्न रंगों का उद्घाटन हो। इसीलिए हरेक का एक ही स्वर-विन्यास की संरचना में तत्पर होना उचित नहीं रह गया है।

आज की अपेक्षाओं को देखते हुए एक ही स्वर-विन्यास का प्रदर्शन परिपाटीबद्ध होगा, इसीलिए आजकल एक ही दृश्य में अनेक ताल-लयों के प्रयोग का प्रचलन है। इसीलिए आज अनेक प्रकार की तालों और लयों को मिला-जुला दिया जाता है, जो अपने समुचित समाहार से यथार्थ और वास्तविक जीवन के स्पन्दनों की नवीनताओं को उजागर करते हैं। अनेक लयों का एक साथ ऐसा समायोजन भीड़ के दृश्यों के लिए भी ज़रूरी होता है।

तोर्त्सोव के अनुसार ताल और लय की यह विविधता एक दृश्य में, एक साथ कार्य कर रहे अनेक अभिनेताओं में ही नहीं, एक अभिनेता के भीतर भी देखने को मिलती है। यह सही है कि एक विशेष बिन्दु पर, जब नाटक के नायक अथवा अन्य किसी विशेष व्यक्ति को एक सुनिश्चित और दृढ़ निर्णय करना होता है, तो उसके मन में कोई दुविधा या सन्देह नहीं होता—एक व्यापक ताल और लय उचित ही नहीं, ज़रूरी हो जाती है। लेकिन जब हैमलेट जैसे किसी व्यक्ति के मन में, संकल्प और सन्देह के बीच संघर्ष चल पड़ता है, तो अनेक तालों और लयों का एक साथ संयोजन ज़रूरी हो जाता है।

ऐसे प्रसंगों में अनेक प्रकार के ताल और लय मिलकर परस्पर-विरोधी प्रकृति के अन्तर्द्वन्द्व को उत्तेजित करती हैं। यह अभिनेता के भूमिका-अनुभव को ऊपर उठाता है, आन्तरिक सक्रियता को नई शक्ति देता है और भावनाओं को उत्प्रेरित करता है।

8

प्रशिक्षण के अगले चरण के रूप में तोर्त्सोव ने ताल-मापकों को एक ओर रखकर मानसिक गणना के आधार पर भी ताल और लय को पकड़ने का अभ्यास अनिवार्य समझा। इस कार्य में नाट्य-गुरु ने यह अपेक्षा अवश्य की कि प्रत्येक प्रशिक्षणार्थी अपनी रुचि की गति और आयाम को चुनकर उसी के अनुरूप कार्य करे और इस बात का ध्यान रखे कि कार्य के महत्त्वपूर्ण क्षण उसके भीतर के काल्पनिक ताल-मापक-स्पन्दन के साथ मिले रहें।

इस प्रक्रिया में सवाल यह उठा कि ताल और लय के उदात्त क्षणों की खोज के लिए बाहर का रास्ता अपनाया जाए या भीतर का। आन्तरिक बिम्बों और चित्रों का मार्ग अथवा औरों के साथ शब्दहीन सम्प्रेषण का माध्यम! कोई बलाघातों को पकड़कर कैसे उन्हें स्थापित कर सकता है? आन्तरिक सक्रियता और बाहर की पूरी निष्क्रियता के बीच, उन्हें पकड़ पाना आसान नहीं है।

कोस्त्या ने विचारों, इच्छाओं और आन्तरिक संसूचकों के साथ कार्य करना आरम्भ किया, लेकिन वह उनसे कुछ भी हासिल नहीं कर सका। उसने अपनी ताल और लय को, कभी अपने सिर, कभी अपनी अंगुलियों, कभी अपने पैर के पंजों की नोकों आदि में पाने की कोशिश की। अपनी नाड़ी के स्पन्दनों में भी उसे खोजा, लेकिन वह मिली नहीं। वे उसके भीतर, एक स्थान से दूसरे स्थान की ओर बराबर चलती-फिरती रहीं और विभिन्न भौतिक साधनों से अपने को प्रकट करती रहीं।

तोर्त्सोव ने इस स्थिति को लक्षित करते हुए कहा, "भौतिक धड़कनें जल्दी ही दिखाई दे जाती हैं। सहज इन्द्रियगोचर होती हैं; इसीलिए अभिनेता उनकी ओर उन्मुख होते हैं। जब किसी की अन्तःप्रेरणा बहुत सुस्त होती है और उसे जगाने की ज़रूरत होती है, तो बाहरी चोट का इस्तेमाल करो, लेकिन तभी, जब ताल और लय को उत्तेजित करने, उसे सहारा देने के लिए तुम्हें उसकी ज़रूरत हो। इस प्रकार की ज़रूरत को बड़ी अनिच्छा से ही स्वीकार किया जाना चाहिए; लेकिन उसे एक स्थायी और समुचित प्रक्रिया के रूप में स्वीकार नहीं करना चाहिए।

"इसीलिए ताल और लय के अपने भौतिक स्पन्दन को स्थापित करते ही अपनी कल्पना के प्रयोग से उन परिस्थितियों की खोज करो, जिन पर उसे आधारित करना है। तब उन्हें अपने हाथ या पैरों को नहीं, वरन् अपने भीतर की ताल और लय, गति और आयाम को सम्भालने दो। फिर उस समय जब तुम्हें यह लगे कि तुम्हारी ताल और लय में अभी झिझक है, तो ज़रूरत के अनुसार बाहरी और भौतिक साधनों की सहायता लो। लेकिन यह छूट बहुत कम समय के लिए उपयोग में लानी चाहिए।

"ताल और लय की चेतना दृढ़ता के साथ प्रतिष्ठित होते ही अपने लक्ष्य को पाने का वह स्थूल मार्ग छूट जाएगा और उसके स्थान पर मानसिक स्पन्दन का सूक्ष्म रास्ता दिखाई देने लगेगा।"

कोस्त्या ने जब इस दिशा में काम करना चाहा, तो तोर्त्सोव ने उसे सलाह दी कि वह तेज, उत्तेजनापूर्ण और भीतर की ऊंची-नीची ताल और लय के लिए अपने को केवल पूर्णतः प्रशान्त ही नहीं, वरन शमहीन रूपता में प्रकट करे।

कोस्त्या ने यह सुनने के बाद, इस प्रदर्शन के लिए पहले अपने बाहरी और भीतरी गतिक्रम और आयाम को व्यवस्थित करके स्वयं को और अधिक ऊर्जा से भरने के लिए अपनी अंगुलियों और पंजों में अदृश्य तनाव उत्पन्न किया। फिर वह कुछ ऐसी परिस्थितियों की कल्पना करने लगा, जो उसकी

तीव्रता से उत्तेजित ताल और लय का आधार बन सकें। उसने कल्पना की कि ईर्ष्या के तेज़ उन्माद के आवेग में उसने मारीया की हत्या कर दी है और उसकी लाश उसके सामने पड़ी है।

लेकिन वह उस समय कक्षा में था, इसलिए उसने स्वयं को पूर्णतः प्रशान्त एवं निर्विकार रूप में प्रस्तुत करना आवश्यक समझा। उसने जितना अधिक शान्त दिखने की कोशिश की, उसके भीतर की उत्तेजना उतनी ही ज़्यादा बढ़ती गई। एक बार जब उसने अपने मन में उस कल्पित विषम परिस्थिति में होने का विश्वास जगा लिया, तो उसे लगा कि उसे कुछ छिपाए रखना है और इस छिपाने की कोशिश में वह और भी, और भी ज़्यादा उत्तेजित होता गया।

इस प्रयास से उसके भीतर दो ताल-लयों की सृष्टि हो गई। एक भीतर की, जो बड़ी ही तेज़ थी, और दूसरी बाहर की, जबरन प्रशान्त। चरमावस्था तक पहुंची हुई इन दोनों ही ताल-लयों ने उसे बड़ी मज़बूती से जकड़ लिया था। उस दोहरे भावोन्माद की अवस्था में उसने अपनी आंखों को छिपाए रखने की कोशिश की थी, इस डर से कि कहीं वे उसके मन के भावों को प्रकट न कर दें। अपने साथियों की दृष्टि से अपनी आंखों को बचाए रखने के लिए उसने कई उपाय किए, स्वयं को ऐसे व्यस्त किया जैसे उनके प्रति उसमें कोई विशेष रुचि हो।

तोर्त्सोव ने उसके इस व्यवहार को देखकर कहा कि उसकी इस हलचल भरी शान्ति में, उसके किसी व्यवहार की अपेक्षा कहीं ज़्यादा खुलासा कर दिया है कि उसके भीतर बड़ा संघर्ष चल रहा है। उसे खुद इस असलियत की जानकारी नहीं है कि उसकी आंखों की गतिविधियां, उसके सिर और उसके गर्दन की भंगिमाएं, उसके भीतर की ताल और लय से अपने आप ही बन रही हैं। जब उसने अपना रूमाल निकाला था, जब वह ऊपर उठा और फिर बैठ गया, जैसे कि उसने लिए आरामदायक मुद्रा खोज रहा हो। उन्हें यह स्पष्ट लगा था कि वह अपने मन की हलचल को छिपाने की कोशिश कर रहा है। लेकिन इसके साथ ही उसने खुद को इन चेष्टाओं से अलग करने की भी कोशिश की थी—शान्त और नियमित रीति से नहीं, बल्कि तेज़ और घबराहट से भरी ताल और लय से। उससे यह प्रकट हो गया था कि वह ज़बरदस्ती अपने को छिपाने की कोशिश कर रहा है...

कोस्त्या ने अपने आत्म-विश्लेषण में यह स्वीकार किया कि यह महसूस होते ही कि उसकी धीमी गतिविधियां उसके भीतर की उत्तेजना की तेज़ लय

को प्रकट कर रही हैं, तो उसने उनका ग़लत रूप में इस्तेमाल किया था।

तोर्त्सोव ने कमज़ोरी को सैद्धान्तिक धरातल से देखा है : "हम दर्शक, दूसरे व्यक्ति के मनोजगत् में जो कुछ देखते हैं, उसे पहली झलक में ही समझ लेते हैं। स्वभावतः जब भौतिक गतिविधियां अनियंत्रित हो जाती हैं, तो वे हमारा ध्यान आकर्षित करती हैं; जब वे शान्त और सहज होती हैं, तो हमें लगता है कि वह व्यक्ति सन्तुष्ट है। लेकिन जब हम नज़दीक से उसके भीतर देखते हैं, उसकी आंखों में झांकते हैं, तो हमें उसकी भावनाओं का भी अनुभव होने लगता है, और जो कुछ हमसे छिपा रहा है, उसके भीतर के आशय की भी हमें चेतना हो जाती है। इसका मतलब है कि व्यक्ति को यह भली प्रकार जानना चाहिए कि हज़ार दर्शकों के आगे अपनी आंखों से कैसे प्रदर्शन किया जाए। यह कोई आसान काम नहीं है। इसके लिए यह जानकारी ज़रूरी है कि उसे कैसे देखा जाए और फिर आंखों को कैसे अपने नियंत्रण में रखा जाए।...इसलिए उन्हें इधर-उधर घुमाना सही होते हुए भी जब नाटक तुम्हारी आंखों में केन्द्रित हो, तो तुम्हें संयम के साथ अपनी आंखों को इधर-उधर ले जाना चाहिए। तुम्हें इस प्रकार अभिनय करना चाहिए कि तुम्हारी आंखें हमें (अच्छी तरह) दिखाई देती रहें।"

तोर्त्सोव ने अन्त में कहा था कि भावनाओं की जटिल और विवादात्मक, आन्तरिक व्यवस्थाओं और प्रवृत्तियों में, मात्र एक ताल और लय को लेकर ही आगे नहीं बढ़ा जा सकता। उस समय उनके अनेक रूपों का समायोजन ज़रूरी हो जाता है। कभी-कभी तो पूरी भूमिका, पूरे नाटक की संरचना, अनेक परस्पर-विरोधी ताल-लयों की मांग करती है। चेख़व के अनेक चरित्र, यथा 'अंकिल वान्या' की सोन्या तथा 'तीन बहनें' का अस्त्रोव बाहर से लगभग हमेशा शान्त, लेकिन भीतर से भावात्मक संघर्ष से भरे होते हैं।

9

स्तानिस्लाव्स्की ने इसी विषय को आगे बढ़ाते हुए लिखा है कि ताल और लय की अनेकता केवल व्यक्तियों, समुदायों, कालावधियों और दृश्यों में ही नहीं, पूरे नाटक, सम्पूर्ण प्रदर्शन में भी दिखाई देती है। नाटक या प्रदर्शन की ताल और लय मात्र एक ही नहीं होती; वरन् वह अनेक गतिक्रमों, विविध आयामों के समायोजनों की बड़े और पूर्ण समन्वय में सुगठित छोटी-बड़ी श्रृंखला या माला के रूप में होती है। ये सभी प्रकार की ताल और लय, अपनी सम्पूर्णता में, एक गरिमामय और शानदार अथवा परम परिवेश की रचना करती हैं।

ताल और लय का अर्थ किसी प्रदर्शन के लिए बड़ा महिमामय होता है। अक्सर ही सुन्दर संकल्पना और मनोरम अभिनय से युक्त नाटकों को सफलता नहीं मिलती, क्योंकि उसका प्रदर्शन ग़ैर-ज़रूरी धीमेपन अथवा अनुचित तेज़ी भरा होता है। कल्पना की जा सकती है कि त्रासदी को एक चुलबुली नाटिका की भांति प्रदर्शित करने की कोशिश का नतीजा क्या होगा?

हम अक्सर यह देखते हैं कि मध्यम श्रेणी की कोई रचना माध्यमिक रूप-विधान में प्रस्तुत किए जाने पर भी, बड़ी सशक्त और सुखद गतिविधियों के साथ प्रस्तुत किए जाने पर सफल होती है, क्योंकि वह बहुत खुशी का माहौल बना देती है।

प्रदर्शन के इस विधान को समझ लेने के बाद, अब यह सिद्ध करने की आवश्यकता नहीं रह जाती कि मनोवैज्ञानिक तकनीक, भूमिका या नाटक की ताल-लयों के निर्धारण की बड़ी ही जटिल एवं मायावी प्रक्रिया में अत्यधिक सहायक हो सकती है। लेकिन दुर्भाग्य यह है कि ऐसी कोई मनोवैज्ञानिक तकनीक है ही नहीं। स्वभावतः सवाल उठता है कि अपेक्षित ताल और लय को रंगमंच पर प्राप्त कैसे कर लिया जाता है?

स्तानिस्लाव्स्की के अनुसार सामान्यतः नाटकीय प्रदर्शन के लिए एक व्यापक ताल-लय अपने आप ही बन जाती है। अगर अभिनेता अच्छी अवस्था में है, तो अपने नाटक और अपनी भूमिका की सही-सही चेतना किसी भी कारण से प्राप्त कर लेता है; अगर दर्शक ग्रहणशील हैं, रुचि ले रहे हैं, तो वह अपनी भूमिका को सही ढंग से जिएगा और उचित ताल-लय अपने आप पूरी तरह से बन जाएगी। इनकी अनुपस्थिति में अभिनेता असमर्थ हो जाता है। अगर सही किस्म की कोई मनोवैज्ञानिक तकनीक हमारे पास होती तो हम आधार रूप में उसकी मदद ले लेते तथा पहले बाहरी और फिर भीतरी ताल और लय बना देते। उनके माध्यम से फिर समुचित अनुभूतियों को भी जगा लिया जाता।

इस सम्बन्ध में संगीतकार, गायक और नर्तक अधिक भाग्यवान हैं। उनके साथ ताल-मापक, संचालक (कण्डक्टर) और गायक-गुरु होते हैं। उनकी ताल और लय की समस्याएं अच्छी तरह से हल की हुई होती हैं। अपने रचनात्मक कार्य और उसके मूलभूत महत्त्व की उन्हें समुचित जानकारी होती है। उनके संगीत-प्रदर्शन के समुचित स्वरूप की कुछ सीमा तक गारण्टी होती है : कहने का आशय यह है कि काल और आयाम के सही रूपों में उनकी

ताल और लय स्थापित होती है; उनकी स्वर-लिपि में उसका अंकन होता है, और संचालक (कण्डक्टर) उन्हें नियंत्रण में रखते हैं।

लेकिन अभिनेताओं की कहानी किसी भी अर्थ में ऐसी नहीं होती। नाटक में जो छन्द-विधान होते हैं. केवल उनके आयाम ही सावधानी से सुव्यवस्थित होते हैं, लेकिन शेष नाट्य-रूप के लिए कोई नियम, कोई ताल-मापक, कोई लिखित सन्देश, कोई मुद्रित स्वर-लिपि, कोई संचालक नहीं होते। इसीलिए एक ही नाटक अलग-अलग अवसरों पर अलग-अलग ताल-लय में उपस्थित किया जाता है।

अभिनेताओं के पास ताल और लय के सन्दर्भ में किसी प्रकार की सहायता का कोई अवलम्ब नहीं होता, फिर भी उन्हें इस प्रकार की मदद की बड़ी ज़रूरत होती है; वह मिल भी जाती है।

स्तानिस्लाव्स्की ने इस सन्दर्भ में सुझाव दिया है कि जो अच्छे वृन्द-वाद्य या वृन्द-गान के संचालक हैं, उनसे ताल और लय की प्रतिष्ठा की प्रक्रिया सीखी जानी चाहिए। इस वक्तव्य की व्याख्या करते समय उन्हें भीतर से लगा कि इस विषय में, वरिष्ठ अभिनेता भी तो मददगार हो सकते हैं। इसी विचार-सूत्र को लेकर उन्होंने लिखा है : "परम्परा कहती है कि हमारे महान् पूर्वज श्चेपकिन, सादोव्स्की, शुम्स्की, समारिन हमेशा रंगमंच पर अपने प्रवेश के समय के बहुत पहले, पार्श्व (विंग्स) में आ जाते थे, जिससे कि वे प्रदर्शन की गति-लय को पकड़ने के लिए पर्याप्त अवसर पा सकें। यही एक कारण है कि जब वे मंच पर आते थे, तो बड़ी ही सजीवता और सच्चाई के साथ, नाटक और अपनी भूमिका के लिए शुद्ध स्वर-विन्यास छेड़ देते थे।

इस विषय में कोई सन्देह नहीं है कि वे यह केवल इसलिए नहीं कर पाते थे कि वे ऐसे महान् कलाकार थे, जो अपने प्रवेश की पहले से पूरी तैयारी कर लेते थे, वरन् इसलिए भी कि अपनी चेतना के साथ या अन्तःप्रेरणा से अपेक्षित ताल और लय के प्रति वे संवेदनशील थे और उनका अपने ढंग से प्रयोग करने में समर्थ भी। यह स्पष्ट है कि उनके मनोजगत् में द्रुत और विलम्बित गतियों की अवधारणाओं की स्मृति बड़ी स्पष्ट होती थी; और उन्हें पूरे नाटक के प्रत्येक दृश्य के कार्य-व्यापार को सुमापित स्पन्दनों का समुचित भान होता था। इस सम्बन्ध में उन्होंने यह भी संभाव्य माना है कि अपने प्रवेश के बहुत पहले जब वे पार्श्व में आकर बैठते थे, तो बड़ी ताज़गी के साथ प्रदर्शन के ताल और लय को पाने की कोशिश फिर शुरू कर देते थे और यह काम वे रंगमंच पर हो रहे कार्य-व्यापार को बड़े निकट से देखते

हुए करते थे। इस प्रकार वे संवेदना के साथ अथवा अचेतन रूप में, नाटक की ताल और लय के साथ अपना सुर मिला लेते थे। यह हो सकता है कि उनके पास यह करने की कोई विशेष रीति रही हो, लेकिन दुर्भाग्य से हमें उसकी कोई जानकारी नहीं है।

स्तानस्लिाव्स्की ने इसके बाद रंगमंच में रुचि रखने वाले अपने पाठकों को और तोर्त्सोव के माध्यम से छात्रों को सलाह दी है कि वे इस कोटि का कलाकार बनने की कोशिश करें, जो अपने साथ के सभी अभिनेताओं में समुचित ताल और लय का संचार करने में समर्थ हो सके।

कोस्त्या ने यह सुनकर जानना चाहा कि किसी नाटक अथवा भूमिका की ताल और लय को सुनिश्चित करने की मनोवैज्ञानिक तकनीक का आधार क्या है।

जवाब मिला कि "पूरे नाटक की ताल और लय, उस नाटक के कार्य की आद्यन्त-रेखा और उसके अन्तर्पाठ की विषयवस्तु की ताल और लय होती है। तुम्हें पहले से यह जानकारी है कि कार्य की आद्यन्त-रेखा दो कोणों के परिदृश्य की मांग करती है—एक अभिनेता के और दूसरे भूमिका के कोण की। ठीक जैसे एक चित्रकार अपने चित्र में रंगों का वितरण करता है और उनके बीच समुचित रूप से सन्तुलित सम्बन्ध की व्यवस्था खोजता है, वैसे ही अभिनेता नाटक के कार्य की सम्पूर्ण आद्यन्त-रेखा के साथ उचित रूप में सन्तुलित ताल-लय व्यवस्था के लिए प्रयत्नशील होता है। लेकिन इस दिशा में सफलता पाने के लिए एक 'संचालक' की आवश्यकता अनुभव होती है।"

10

कोस्त्या जब अगले दिन कक्षा में पहुंचा तो उसने देखा कि बाहर का पर्दा हटा हुआ है, पूरा मंच प्रकाशित है, और रख़्मानव बिजली-मिस्त्री से जल्दी-जल्दी किसी मशीन को व्यवस्थित करा रहे हैं। बाद में मालूम हुआ कि वह नाटक की गतिविधि को बिजली से संचालित करने वाला विशेष यन्त्र है। वह नाटक के संकेतवाचक (प्रॉम्प्टर) के छोटे कक्ष, दर्शकों की दृष्टि से दूर, लेकिन अभिनेताओं की दृष्टि-सीमा में रखा गया था। वह बहुत छोटा-सा उपकरण था, जिसमें दो शब्दहीन रोशनियां टिमटिमा रही थीं, जिन्हें संकेतक और तालमापक की गतिविधि का स्थान लेना था। जब ज़रूरत होगी तब संकेतवाचक (प्रॉम्प्टर) संकेत पुस्तिका (प्रॉम्प्टर बुक) में लिखित निर्देशों के अनुरूप रिहर्सल के समय स्वीकृत नाटक के महत्त्वपूर्ण स्थलों पर उसे सक्रिय

कर सकता था और इस प्रकार अभिनेताओं को उनके उचित गति-क्रम की याद दिलाता रहेगा।

उस मशीन की सहायता से तोर्त्सोव और रख़्मानव दोनों ने अनेक दृश्यों की संरचना की और बिजली मिस्त्री अपेक्षानुसार उस मशीन के स्विचों को गिराता-उठाता रहा। उन सबने मिलकर बड़ी निष्ठा के साथ अपनी कार्यविधि से छात्रों के आगे ताल और लय की संरचना में उस यन्त्र की उपयोगिता प्रदर्शित कर दी।

उनकी इस सफलता से सामान्यतः यह निष्कर्ष निकाला जा सकता है कि वह बिजली का यन्त्र, नाट्य-प्रदर्शन में ताल और लय की व्यवस्था के लिए बड़ा सहायक सिद्ध हो सकता है, लेकिन आगे चलकर स्तानिस्लाव्स्की ने यह स्पष्ट किया है कि यह यन्त्र तभी सहायक सिद्ध हो सकता है, जब किसी नाटक के सभी अभिनेताओं को, नहीं तो कुछ को तो अवश्य ही, ताल और लय की व्यवस्था का अच्छा प्रशिक्षण मिला हो। दुर्भाग्य से इस योग्यता वाले लोग रंग-जगत् में नहीं के बराबर हैं। इसलिए यह ज़रूरी हो जाता है कि सभी विद्यार्थी, सभी प्रशिक्षार्थी बड़े मनोयोग से ताल और लय की संरचना का अभ्यास करें। अगर यह अभ्यास संगीत की सुनिश्चित गणनाओं के साथ किया जाए तो ताल और लय के समुचित स्पन्दनों पर जल्दी ही अधिकार प्राप्त किया जा सकता है।

11

स्तानिस्लाव्स्की ने ताल और लय के सामंजस्य को अभिनेताओं के स्वास्थ्य का प्रतीक माना है। उन्होंने यह भी स्पष्ट किया है कि मनुष्य में नैसर्गिक रूप में ताल और लय हैं, लेकिन उसे इसका आभास नहीं होता। वह अगर अपने जीवन को सुव्यवस्थित करना चाहता है तो उसे इनकी जानकारी होनी चाहिए। उसे अपनी गतिविधियों, कार्यों, भावनाओं, विचारों, श्वास-प्रक्रिया, रक्त के स्पन्दन और हृदय की धड़कन—दूसरे शब्दों में कहा जाए तो अपनी सामान्य वस्तुस्थिति और सुनिश्चित प्रवाह का ज्ञान होना चाहिए।

वस्तुतः प्रकृति के इस अनन्त विस्तार में सब कहीं एक सुनिश्चित लय है, लेकिन मनुष्य ने कुछ जाने-अनजाने कारणों से उसे छोड़ दिया। प्रसाद ने भी बड़े दर्द से लिखा है कि मनुष्य जब बोलता है, तो बे-ताल, बे-सुरा और बिना लय के ही बोलता है। अभिनेता भी तो मनुष्य है, उसमें भी यही दुष्प्रवृत्ति उत्पन्न हो गई है।

स्तानिस्लाव्स्की ने अभिनेताओं को सलाह दी है कि अपने प्रदर्शन में ताल और लय की स्थापना का प्रयास करने के पहले वे स्वयं अपनी नैसर्गिक ताल और लय का अध्ययन करें और उसमें उत्पन्न गड़बड़ को सुधारें। अपनी ताल और लय को सुधारने के बाद ही वे अपनी भूमिका की, नाटक की ताल और लय की खोज का अभ्यास आरम्भ करें। रंगमंच की ताल और लय को बनाने का यही अकेला मार्ग है।

12

वाचन की ताल और लय

1

सामान्य जीवन की गतिविधियों और नाटकीय व्यापार के ताल और लय का विवेचन करने के अनन्तर स्तानिस्लाव्स्की ने वाचन के ताल और लय पर विचार किया है। इस सम्बन्ध में उनकी आधारभूत मान्यता है कि वर्णों, शब्दों और अक्षरों के वाचिक रूप, नाटक के अन्तर्निहित सन्देश के ताल और लय को सामाजिकों तक ले जाने के विलक्षण साधन हैं। वाचन की प्रक्रिया में शब्दों की परम्परा, ताल के प्रवाह में आगे बढ़ती है, और यह प्रवाह वर्णों, अक्षरों और शब्दों में उभरता है। ताल का यह विभाजन वाचन के लयात्मक अंशों और समूहों को बनाता है।

कुछ ध्वनियों, अक्षरों और शब्दों की प्रकृति संगीत (पाश्चात्य) के आठवें एवं सोलहवें स्वर-विन्यास से मिलते-जुलते, सुविभाजित उच्चारण की मांग करती है। अन्य शब्दों के उच्चारण के लिए सम्पूर्ण या आधे स्वर-विन्यासों के सुविचारित, भारी-भरकम, लम्बे रूप चाहिए। इसके साथ ही कुछ ध्वनियां और अक्षर अधिक सबल या अधिक दुर्बल बलाघात ग्रहण करते हैं। एक तीसरा समूह भी होता है, जिसमें बलाघात होता ही नहीं।

वाचन के इन विभिन्न रूपों में अनुक्रम से बीच-बीच में विराम के, श्वास-विश्राम के अन्तराल भी आते हैं। ये सभी ध्वन्यात्मक सम्भावनाएं हैं, जिनके बीच ताल और लय के अनन्त प्रकारों की रचना होती है। इन्हीं का प्रयोग करते हुए अभिनेता अपने लिए एक सुन्दर, सानुपातिक वाचन-शैली की रचना करता है। वह मंच पर बाज़रूरत दुःखान्तकी की उदात्त भावना अथवा कॉमदी की उल्लासमयी मनोदशा के सम्प्रेषण के लिए शब्दों का प्रयोग करता है।

वाचन की ताल-लय बनाने के लिए बस इतना ही काफ़ी नहीं है कि ताल के प्रवाह को ध्वनि के विभिन्न खण्डों में बांटा जाए; वाचन के आयामों की रचना के लिए, व्यक्ति के पास एक सुनिश्चित स्वर-माप भी होना चाहिए।

नाटक के कार्य के क्षेत्र में, तो वह तालमापक यन्त्र और घंटी के सहारे उत्पन्न हो गए, लेकिन वाचन की माप के लिए हम किस पैमाने का प्रयोग करें? अपने नाटकीय पाठ में शब्दों के वर्णों और अक्षरों के अलग-अलग बलात्मक लयाघातों के समकालिक रूप कैसे बनाए जाएं? इस प्रयास में तालमापक-यन्त्र के स्थान पर मानसिक गणना का सहारा लेना पड़ेगा तथा अन्तःप्रेरणा से निरन्तर उसके साथ, उसकी गति और लय के साथ तालमेल बनाए रखना होगा।

इस सन्दर्भ में यह ध्यान रखने की अपेक्षा है कि एक सुनिश्चित आयाम के संपुंजित और सुनियोजित वाचन की विशेषताएं संगीत और गायन की विशेषताओं जैसी ही होती हैं। स्तानिस्लाव्स्की का कहना है कि वर्ण, अक्षर और शब्द—यही वाचन के संगीतात्मक स्वर हैं, जिनसे उसकी धुनें, तानें, राग और रागिनियां बनती हैं। इसी आधार पर उन्होंने अच्छे भाषण को संगीतमय मानना उचित समझा है।

गुंजन और प्रवाह के साथ बोले जाने वाले शब्द बड़े प्रभावपूर्ण होते हैं। शब्दावली में सम्पूर्ण, चौथे या सालहवें स्वरों में अथवा बीच में, त्रिक या पंचक डाल दिए जाने पर वाचन में संगीत की भांति विभेद हो जाता है। एक में शब्दावली गम्भीर, महिमामयी और उत्सवमूलक हो सकती है और दूसरे में स्कूल की एक बालिका की लड़खड़ाती चटर-पटर, एक प्रशान्त भावना जगाती है; और यह दूसरी हलचल और घबराहट पैदा करती है।

संगीत के क्षेत्र में सुमेधा से सम्पन्न गायक यह सब जानते हैं और वे शास्त्र के विधान के विरुद्ध लय का प्रयोग करने के अपराध से डरते हैं। अगर संगीत का राग विशेष तीन-चौथाई स्वरों की मांग करता है, तो सच्चा कलाकार बिल्कुल उतनी ही लम्बाई के स्वरों को उत्पन्न करेगा। अगर संरचनाकार (कम्पोज़र) ने एक सम्पूर्ण स्वर रख दिया है, तो गायक अन्तिम सीमा तक उसका निर्वाह करेगा। अगर संगीत का वह स्वर, त्रिकों की या मूर्च्छनाओं की अथवा अन्य स्वर-परिवर्तनों की मांग करता है, तो वह अपेक्षित गणना में उस लय को गाएगा। इस नियम-निष्ठा का दुर्निवार प्रभाव होता है। कला समुचित व्यवस्था, अनुशासन, सटीकता और सम्पूर्णता की मांग करती है। उन अवसरों पर भी उसे स्पष्ट परिपूर्णता के साथ सम्पन्न किया जाना चाहिए जिन अवसरों पर व्यक्ति से संगीतात्मकता के साथ, लयात्मक प्रभाव को भी सम्प्रेषित करने की मांग की जाती है। अराजकता और अव्यवस्था की भी अपनी-अपनी ताल-लय होती हैं।

संगीत और गायन के विषय में कही गई यह बात नाटकीय रचना के साथ भी पूरी तरह लागू होती है। फिर भी बड़ी संख्या में ऐसे गायक हैं, जो वास्तव में कलाकार नहीं हैं; वे मात्र सुर-बे-सुर गाने वाले होते हैं। उनमें आठवें के साथ, सोलहवें, चौथे के साथ आधे, तीन समान लय के अष्टकों को एक में उलझा देने की, बड़ी आश्चर्यजनक क्षमता मिलती है; वे और भी बहुत कुछ कर लेते हैं। नतीजा यह होता है कि उनके गायन में सभी तरह से सटीकता, अनुशासन, व्यवस्था, परिपूर्णता का अभाव होता है। उनका स्वर-विन्यास अव्यवस्था एवं अराजकतापूर्ण घोटाले का रूप ले लेता है; वह संगीत रहता ही नहीं, मात्र किसी आवाज़ का प्रदर्शन बन जाता है।

नाट्य-प्रदर्शन में वाचन के साथ भी कुछ ऐसा ही हो सकता है, बल्कि हो जाता है। असन्तुलित लय का अभिनेता एक वाक्यांश से दूसरे वाक्यांश में जाते समय ही नहीं, एक शब्दावली के बीच भी, गति-लय को बदल देता है। अक्सर वह आधा वाक्य विलम्बित गति में बोलता है और शेष आधे भाग में द्रुत हो जाता है।

बहुत से अभिनेता तो बोलने में एकदम लापरवाह होते हैं, वे शब्दों पर ध्यान नहीं देते और बिना विचारे, बेढंगी गति से बिना कोई विराम उच्चारण करते हैं। वे विकलांग और अर्द्धस्फुट शब्दावली से अपना कथन पूरा करते हैं।

स्तानिस्लाव्स्की ने यहां यह भी स्पष्ट किया है कि किन्हीं विशिष्ट राष्ट्रीयताओं और जातियों के लोगों में और भी अधिक और लगातार बदलती हुई ताल और लय सुनने को मिलती हैं। उन स्थलों को छोड़कर जहां भूमिका के चरित्र-चित्रण के उद्देश्य से ताल और लय का प्रदर्शन ज़रूरी हो, रंगमंच पर समुचित और सुन्दर वाचन होना चाहिए। यह स्पष्ट है कि शब्दों का विभाजन, वाचन की द्रुत या विलम्बित गति से मिलता-जुलता होना चाहिए; और प्रसंग की ताल और लय के अनुरूप उसे रखना चाहिए। जल्दी से बोलने या पढ़ने में, विराम छोटे होते हैं; लेकिन इसके विपरीत विलम्बित गति में बोलने या पढ़ने में, वे अधिक लम्बे हो जाते हैं।

स्तानिस्लाव्स्की की दृष्टि इस सम्बन्ध में सबसे बड़ी कठिनाई यह है कि अभिनेताओं में वाचन के दो महत्त्वपूर्ण तत्त्वों की पूर्ण जानकारी का अभाव होता है। इसमें एक तो है सहजता, मंथर गति, गुंजन और प्रवाहशीलता; और दूसरा है गतिशीलता, उन्मुक्तता, ओजस्विता एवं स्पष्टता। ये दोनों ही वृत्तियां शब्दों के उच्चारण में उजागर होती हैं। स्तानिस्लाव्स्की ने वाचन की इन दोनों

विशेषताओं के अर्जन का मार्ग भी बताया है। सहज और गरिमामय वाचन के लिए यह ज़रूरी है कि मौन या विरामों के स्थान पर, शब्दों में स्वर-माधुरी और संगीत की अविराम प्रवहमान भंगिमा की प्रतिष्ठा की जाए। यह तालमापक के द्वारा व्यवस्थित, कालक्रम के अनुरूप उच्च स्वर से, लेकिन सहज गति से बोलने में सहायक होगी, लेकिन यह सहायता तभी सम्भव होगी, जब सावधानीपूर्वक शब्दों के उच्चारण को सुरक्षित रखने और उसे सही आन्तरिक आधार प्रदान करने की कोशिश की जाएगी। इसी प्रकार के अभ्यास से अभिनेता सहज प्रभावशीलता रूप में बोलने में समर्थ होगा।

स्तानिस्लाव्स्की को शिकायत है कि प्रवाहपूर्ण, अविराम, गति और लय की स्पष्टता से परिपूर्ण तथा सहज समझ आने वाला वाचन मंच पर बहुत कम सुनने को मिलता है। अधिकांश अभिनेता तो सही ढंग से बोल भी नहीं पाते। वे बड़बड़ाते हैं, शब्दों को उगलते हैं, या उनका छिड़काव करते हैं। रंगमंच पर सही ढंग से कैसे बोला जाए, यह उन्हें सीखना होगा; और उसकी शुरुआत उन्हें धीरे-धीरे और बड़े ही साफ़ तथा सही उच्चारण से करनी होगी।

लम्बे अभ्यास से हमारा वाक्-उपकरण इतना प्रशिक्षित हो जाता है कि हम शब्दों को समुचित त्वरा एवं विलम्ब के साथ बोलना सीख लेते हैं।

स्तानिस्लाव्स्की ने इस सन्दर्भ में कुछ और भी निर्देश दिए हैं : "ध्वनियों को, अक्षरों को, शब्दों को, उनके लिए ज़रूरी समय दो; और फिर उनके वाचिक अंगों को जोड़ने के लिए एकदम साफ़ ताल-लय का प्रयोग करो। वाचन में स्मृत भावनाओं तथा चरित्र-विशेष के अनुरूप वाक्यांशों को सुनिश्चित आयाम के खण्डों में बांटो; वाक्यांशों के बीच लयात्मक सम्बन्ध बनाओ; सही और सुस्पष्ट बलाघातों की बड़े स्नेह के साथ व्यवस्था करो।"

वाचन का साफ़-सुथरा लयात्मक प्रवाह वाचक की लयात्मक चेतना को सरल बनाता है और बदले में वह चेतना संवेदनशीलता के अनुरूप, लयात्मक वाचन को सुस्पष्ट बनाने में मदद करती है। लेकिन यह सब तभी होता है, जब वाचन का समुचित विधान नाट्य-रचना में इंगित परिस्थितियों तथा जादुई सामर्थ्य से सम्पन्न 'अगर' पर आधारित होता है।

2

तोर्त्सोव जब विभिन्न कालक्रमों के सहारे सामान्य वाचन में ताल और लय उत्पन्न करने की दिशा में बढ़े तो कोस्त्या के सामने समस्या खड़ी हो गई। उसने उस दिशा में प्रयास तो किया, लेकिन जब वह असफल रहा तो उसने

कहा कि पद्य अर्थात् छन्द को तो ताल और लय के साथ पढ़ा जा सकता है क्योंकि उसमें काल की सुनिश्चित आयामों में व्यवस्था होती है। उसका तालमापक की नियमित गति के साथ सामंजस्य स्थापित किया जा सकता है, लेकिन गद्य के वाचन में यह सम्भव नहीं है।

तोर्त्सोव ने उसे समझाया कि कविता और संगीत की भांति गद्य की भी अपनी ताल-लय होती है। लेकिन वह बड़ी मिली-जुली होती है। एक वाक्यांश लम्बा समय लेता है और दूसरा थोड़े समय में बोल दिया जाता है, लेकिन हर वाक्यांश की अपनी एक लय होती है।

सामान्य जीवन में हम देखते हैं कि कुछ लोगों में लय की सुस्पष्ट चेतना होती है। वे स्वभावतः गायक होते हैं और बड़े ही सहज रूप में अपने वाचन में बलाघात की तथा ताल-लय की भी सृष्टि कर लेते हैं। जिनमें यह नैसर्गिक क्षमता नहीं होती, उन्हें अभ्यास से यह अर्जित करनी होती है।

स्तानिस्लाव्स्की का विचार है कि गद्य के वाचन में ताल और लय उत्पन्न करने की क्षमता के लिए अभिनेताओं को संगीतकारों से, गायकों से और वादकों से सम्पर्क करना चाहिए। इस सम्बन्ध में यह समझने की कोशिश करनी चाहिए कि गायन में वास्तव में होता क्या है? वाणी सर्वप्रथम रागविशेष में नियोजित शब्द को गाती है। जहां शब्दों में स्वर-विन्यास नहीं होता, वहां सुसंगत ध्वनियों एवं विश्राम के स्थलों से घुमा-फिराकर हर आयाम को लयात्मक स्वरों से भर दिया जाता है।

यही प्रक्रिया गद्य के साथ भी सम्पन्न की जानी चाहिए। वर्ण, अक्षर और शब्द तो सुरों का स्थान ले लें; और विराम, श्वास के विश्राम अपनी गणना से अथवा संख्या से लय की सम्पूर्ति करें। यह प्रक्रिया तभी अपनायी जानी चाहिए, जब वाचन के आयाम की सम्पूर्ति के लिए शब्दों की व्यवस्था न हो।

वर्णों, अक्षरों और शब्दों की ध्वनियां बीच-बीच के विरामों के साथ सभी प्रकार की लयों की संरचना के लिए बहुत विलक्षण सामग्री है।

रंगमंच पर जब शब्दों में बल का प्रयोग, उपस्थित लय के बलाघात की मूर्च्छना की, व्यवस्था के अनुरूप ही होता है तब एक सीमा तक गायन या छन्द-पठन-विधान को पाया जा सकता है।

गद्य की ताल और लय, सानुक्रम, सबल और निर्बल अक्षरों के समूह से बनती है; बीच-बीच में मधुर प्रवाह से युक्त विश्राम होते हैं और अनन्त लयों के विधानों की व्यवस्था होती है। इसके साथ ही ताल-लय में कभी मुखर, कभी मौन और कभी गतिमयता तथा कभी स्थिरता की अपेक्षा होती है।

काव्य अथवा गद्य के वाचन में सामान्य विरामों और श्वास के प्रवाह के लिए अपेक्षित विरामों (दोनों) का ही विशेष महत्त्व होता है। इसलिए नहीं कि वे लयात्मक प्रवाह के अंगभूत अंश होते हैं, वरन् इसलिए भी कि ये लय की संरचना एवं नियंत्रण की तकनीक में अत्यन्त महत्त्वपूर्ण एवं सक्रिय भूमिका का निर्वाह करते हैं। ये दोनों ही प्रकार के विराम वाचन की चेष्टाओं, भावनाओं की लयों के साथ अभिनेता के आन्तरिक स्पन्दनों के तालमेल को सम्भव बनाते हैं।

वाचन के आयाम की खाली जगहों, श्वास के बीच के विश्रामों और विरामों से भरने वाले इस प्रक्रिया को कुछ लोगों ने 'ता-ता-ति-रा' संज्ञा दी है। इस नाम की उत्पत्ति आकस्मिक रूप में इस तथ्य से हुई है कि जब कोई राग गाया जाता है और शब्द याद नहीं होते, तो गायक स्वर-लहरी के ख़ाली स्थान को कुछ ऐसे ही अनर्गल ध्वनि-विन्यास 'ता-ता-ति-रा' से भर देता है।

3

अब सवाल उठता है कि विभिन्न प्रकार की लयों को जोड़कर एक पूरी तरह से समन्वित स्वर-मान की रचना कैसे की जाए? स्तानिस्लाव्स्की का कहना है कि गायन और वादन समारोहों में यह कार्य संचालक (कण्डक्टर) करता है। वह केवल विभिन्न ताल और लयों को ही नहीं जोड़ता; सामाजिकों के समुदाय को भी अपने संचालन-कौशल से, एक प्रकार के लयात्मक विधान से दूसरे लयात्मक विधान में पहुंचा देता है। इस प्रक्रिया को सम्पन्न करते समय आने वाली बाधाओं को भी हटाया जाता है। यह लक्ष्य तुरन्त ही प्राप्त नहीं हो जाता। वह अपने कलाकारों और श्रोताओं को परिवर्तन के अनेक चरणों की शृंखला से गुज़ारता है, जो अनेक प्रगति की ओर उन्मुख प्रक्रियाओं के माध्यम से उन्हें लय के नये विधान में पहुंचा देती हैं।

उन्होंने आगे कहा है कि अभिनेताओं को भी इस प्रकार वह एक आयाम के वाचन को, उसकी ताल, लय के साथ मोड़ देकर दूसरे स्पन्दन, बदली हुई लय और दूसरी ही लम्बाई के आयाम में ले जाता है। संगीत-समारोह के संचालक के प्रयास और नाटकीय संयोजना में अन्तर यह है कि संचालक तो यह कार्य सभी की आंखों के आगे अपने बेटन के सहारे करता है; लेकिन रंगकर्मियों को यह कार्य अदृश्य रूप में भीतर ही भीतर मानसिक स्पन्दन (गति, लय) के सहारे करना होता है।

जिसके लिए अभिनेताओं को स्थानान्तर की नियुक्तियों की ज़रूरत होती है, वह प्रथम उद्देश्य है एक सुस्पष्ट, सुनिश्चित ताल-लय में प्रवेश और यह

विश्वास उत्पन्न होना कि जो लोग इस समय मेरे साथ हैं, उन्हें अपने साथ ले जा रहा हूं, और उनके साथ ही दर्शक समुदाय को भी अपने साथ ले जा रहा हूं।

यह 'ता-ता-ति-रा' की प्रक्रिया ही गद्य के विधान में वह पुल है जो परस्पर बहुत ही विरोधी वाक्यांशों अथवा आयामों को परस्पर-विरोधी लयों से जोड़ता है।

4

तोर्त्सोव ने अगले दिन ग्रिबायदव के नाटक 'वो फ़्रॉम विट्' की कुछ पंक्तियों को पढ़कर और फिर उन्हें गद्य का रूप देकर यह स्पष्ट किया कि गद्य-रूप में शब्द चारों तरफ छिटक जाते हैं, उनकी एकतानता टूट जाती है, उनकी स्पष्टता, बलवत्ता और तीक्ष्णता नष्ट हो जाती है। छन्द के विधान में हर शब्द बड़ा ज़रूरी होता है—एक भी फ़ालतू नहीं, गद्य में जो कुछ एक पूरे वाक्यांश में कहा जाता है, काव्य में वह एक-दो शब्दों में ही अभिव्यक्त हो जाता है। कितनी परिपूर्णता, कितना अनुशासन काव्य-रूप में होता है!

इसी विषय को आगे बढ़ाते हुए उन्होंने कहा कि गद्यपाठ और काव्य के वाचन के बीच मुख्य विभेद उसकी ताल-लय तथा इस तथ्य में है कि उनके प्रभाव हमारी संवदेनाओं, हमारी स्मृतियों और हमारी भावनाओं पर अलग-अलग होते हैं।

इसी आधार पर तर्कपूर्ण ढंग से उन्होंने यह स्पष्ट किया है कि पद्य और गद्य वाचन में जितनी लयात्मकता होगी, मूलपाठ के शब्दों में अन्तर्निहित, भावों और विचारों की हमारी अनुभूति, उतनी ही अधिक स्पष्टता के साथ परिभाषित होगी। इसी प्रकार जितने अधिक स्पष्ट, सुपरिभाषित और लयात्मक भावों और विचारों का अनुभव करेंगे, शाब्दिक अभिव्यंजना में वे उतनी ही लयात्मकता की मांग करेंगे।

इस प्रकार उन्होंने ताल और लय के भावना पर प्रभाव और भावना के ताल-लय पर प्रभाव की एक नई अवधारणा उपस्थित की।

अपनी इसी अवधारणा को स्पष्ट करते हुए उन्होंने कहा कि ताल और लय का स्पन्दन मात्र ही हमारी भावात्मक स्मृतियों, भावनाओं और अनुभूतियों को जगाने में समर्थ होता है। इसीलिए जब हम किसी शब्द का अर्थ नहीं समझते, तो भी इनके माध्यम से उसका ध्वनि-विन्यास हमें उसके अन्तर्निहित अभिप्राय का बोध करा देता है। अपनी इसी मान्यता को प्रमाणित करने के

लिए उन्होंने इटली के तोम्मासो साल्विनी द्वारा अभिनीत 'फ़ैमिली ऑफ़् ए क्रिमिनल' के पात्र के एक स्वगत-भाषण के मनः प्रभाव का विवेचन किया है जिसमें अपराधी के जेल से भागने का विवरण है :

"मुझे इतालवी भाषा का ज्ञान नहीं था, मुझे इसकी भी जानकारी नहीं थी कि अभिनेता क्या कह रहा है, लेकिन वह भावनाओं की जिन सारी सूक्ष्मताओं का अनुभव कर रहा था, मैंने अपने भीतर गम्भीरता से उसका अनुभव किया। इस प्रभाव के ग्रहण में मुझे साल्विनी के केवल गरिमामय स्वर-विन्यास से ही नहीं, वरन् उसके वाचन की विलक्षण, सुस्पष्ट, अभिव्यंजनाशील ताल-लय से भी सहायता मिल रही थी।"

स्तानिस्लाव्स्की ने इस सन्दर्भ में एक काव्य-रचना की कुछ पंक्तियां उद्धृत करके यह दिखाया है कि इस प्रकार उनका ध्वनि-विन्यास अपने अनुरूप बिम्ब-विधान खड़ा कर देता है। कविवर पन्त की निम्नलिखित पंक्तियों में भी यह सामर्थ्य देखी जा सकती है :

"बांसों का झुरमुट,
संध्या का झुटपुट,
वे चहक रही कुंजों में,
टी-वी-टी टुट् टुट्!"

5

स्तानिस्लाव्स्की ने वाचन में ध्वनियों के उच्चारण के साथ मौन को भी महत्त्वपूर्ण माना है तथा ताल-लय में दोनों को सन्दर्भित करने की आवश्यकता पर बल दिया है।

वे यह भी मानते हैं कि अभिनेता में ताल और लय सहज रूप में अन्तर्निहित होती है, और रंगमंच पर उसके कार्यों या निष्क्रियता में बोलते समय अथवा उसके मौन में प्रकट होती है। अब उसकी ताल-लय की गतिविधियों में, सक्रियता और निष्क्रियता में, वाचन में और मौन में आन्तरिक सम्बन्ध की खोज करना रोचक विषय है। वाचन के छन्दमय स्वरूप में विषय पर विचार करना मुश्किल होने के बावजूद उन्होंने यहीं से आरम्भ किया।

उनका कहना है कि कठिनाई इस तथ्य में अन्तर्निहित है कि छन्द के विधान में विश्राम या विराम की सीमा निर्धारित होती है। वक्ता बिना किसी प्रकार का दुष्प्रभाव उत्पन्न किए विराम को लम्बा नहीं कर सकता क्योंकि

उस स्थिति में वह शब्दों की ताल-लय को तोड़ देगा। उस कारण वक्ता और श्रोता दोनों छन्द की ताल और लय के रास्ते से अलग हो जाते हैं; वे अपना नियन्त्रण खो देते हैं और उसे फिर से स्थापित करना ज़रूरी हो जाता है।

लेकिन कभी-कभी कार्य की अपेक्षा से लम्बा विराम ज़रूरी हो जाता है; और छन्द के विन्यास को तोड़ना पड़ता है। तब समस्या खड़ी होती है कि छन्द के टूटे हुए खण्डों को एक-दूसरे से कैसे जोड़ा जाए? लयात्मक पंक्तियों के बीच बहुत लम्बा अन्तराल उन्हें भुलाने का कारण बन जाता है। उन्हें एक तरह से मिटा देता है; और उनके बीच आया एक बहुत छोटा अन्तराल अपेक्षित कार्य में जल्दबाज़ी और हड़बड़ी पैदा करके उन कार्यों की सच्चाई और प्रामाणिकता के विश्वास को समाप्त कर देता है। यह ज़रूरी है कि लयात्मक शब्दावली और कार्य की सच्चाई की भावना के बीच अन्तरालों की समय की संयोजनाएं हिसाब से रखी जाएं। इन सभी बोले गए सभी विरामों, निःशब्द कार्यों के बीच के परिवर्तनों में 'ता-ता-ति-रा' की आन्तरिक लय सहारा देगी।

बहुत-से अभिनेता मूलपाठ के वाचन में लम्बे अन्तराल देने से डरते हैं। वे बड़ी तेजी से ज़रूरी काम को पूरा करते हैं, और जितनी जल्दी सम्भव हो, शब्दों और उस रुकी हुई ताल-लय की ओर दौड़ पड़ते हैं। इससे दरार पैदा हो जाती है और जो कुछ हो रहा है उस पर से दर्शकों के विश्वास को समाप्त कर देती है। कार्य और वाचन की यह अवहेलना रंगमंच पर हो रहे कार्य-व्यापार को अर्थहीन बना देती है।

तोर्त्सोव ने इस सम्बन्ध में सावधान करते हुए कहा था कि इसीलिए बहुत ज़रूरी है कि यह ग़लत रास्ता छोड़ दिया जाए और सही रास्ते पर आगे बढ़ा जाए। अभिनेता को बड़ी शान्ति के साथ, शब्दावली के बीच बिना ग़ैर-ज़रूरी विराम दिए, मूलपाठ की आन्तरिक गति के अनुरूप, अपेक्षित कार्य-प्रवाह को सम्पन्न करना चाहिए। उसे हमेशा सच्चाई की चेतना एवं लय से ही सम्प्रेरित होना चाहिए।

जब कोई अभिनेता विराम के बाद बोलना आरम्भ करता है, तो उसके लिए ज़रूरी होता है कि वह एक-दो क्षणों के लिए छन्द की लय के बलाघात पर थोड़ा-सा ज़ोर दे। यह उसे और सामाजिक दोनों की ही उस रुकी हुई लय को फिर से पाने में मदद करेगा।

अभिनेता के लिए यह भी बहुत ज़रूरी है कि वह वाचन में ही मौन के क्षणों में लय का निर्वाह करना सीखे। जब वाचन के छन्द का रूप चल

रहा होता है, तो यह कार्य बड़ा मुश्किल हो जाता है। अभिनेता को शब्दों के साथ विरामों पर भी ध्यान देना चाहिए; उनके अस्तित्व को बिल्कुल अलग-अलग नहीं समझना चाहिए। यह इसलिए कि छन्द में बोले गए शब्दों के आयाम और अन्तरालों के लयात्मक गुण स्पष्टतः प्रकट होते हैं।

अभिनेता के कार्य में ताल और लय की भूमिका निःसन्देह सर्वाधिक महत्त्वपूर्ण है। यह कार्य की आद्यन्त रेखा और अन्तर्पाठ के साथ सभी गतिविधियों, शब्दों, विरामों, भूमिका की भावात्मक अनुभूति और उसकी भौतिक व्याख्या में धागे की तरह पिरोई हुई चलती है।

6

तोर्त्सोव ने अगले दिन नाट्य-प्रदर्शन में ताल और लय की प्रतिष्ठा के अनेक प्रकारों की विवेचना के लिए छात्रों से विभिन्न प्रकार के प्रयोग करवाए। प्रत्येक प्रशिक्षार्थी का प्रयोग भिन्न था, उसके कुछ गुण थे और कुछ दोष स्पष्ट थे। लियो ने जो प्रयोग किया, उसमें भौतिक ताल और लय के साथ वाचिक ताल और लय का योग था; लेकिन दूसरी ताल-लय कुछ विरस हो गई थी और उसमें अन्तर्वस्तु का भी अभाव था।

वान्या अपने प्रयोग में इसके ठीक विपरीत वस्तुस्थिति, भौतिक ताल और लय के साथ वाचिक ताल-लय को उसके सही रूप में संयोजित नहीं कर सका था।

ग्रीशा के प्रयोग की समीक्षा करते हुए तोर्त्सोव ने कहा था कि उसने उस अभिनेता जैसा प्रदर्शन किया था, जो अपनी सभी क्रियाओं में एक ही ताल और लय का प्रयोग करते हैं। उनकी गतिविधियां, शब्दावली और मौन सभी एक ही नीरस गति और आयाम में होते हैं, उन्हें हमेशा एक ही ताल और लय रास आते हैं।

ग्रीशा के प्रयोग के सम्बन्ध में उन्होंने यह भी कहा था कि उसने नीरस ताल और लय एक वरिष्ठ चरित्र अभिनेता से ग्रहण की है।

तोर्त्सोव ने उसके बाद कुछ अन्य छात्रों से प्रयोग कराए और फिर ताल और लय के सम्बन्ध में अपनी ओर से बातचीत आरम्भ की :

"बहुत से अभिनेता अपने को पूरी तरह से काव्य-रचना के बाहरी रूप से सीमित कर लेते हैं। वे केवल उसके छन्द-विधान का ही अनुसरण करते हैं। उसके अन्तर्पाठ, उसकी लय की सजीवता और अनुभूति सभी को छोड़ देते हैं। इन अभिनेताओं का दृष्टिकोण उस रचना के ताल और लय की ओर

भी कुछ ऐसा ही होता है। वे गति के एक ही रूप को स्थिर कर देने के बाद उसी से बंध जाते हैं, और फिर उनका सारा वाचन बस उसी गति से होता है। वे कभी यह नहीं समझते कि गति को सदा सजीव, आन्दोलित और कुछ अंशों तक बदलते रहना चाहिए। उन्हें उस गति एवं रफ़्तार में बंधकर, कभी भी बर्फ़ की तरह जमना नहीं चाहिए।"

स्तानिस्लाव्स्की का कहना है कि कुछ इस मनोवृत्ति के गायक भी होते हैं, जिन्हें द्रुतगति पूरी तरह से प्रवाहशील द्रुतगति नहीं लगती और न विलम्बित गति पूर्णतः विलम्बित ही लगती है। पहली कभी दूसरी पर और दूसरी कभी पहली पर अतिक्रमण कर सकती है। जिजीविषा का संचार करने वाली यह प्रवृत्ति, तालमापक के यान्त्रिक विधान में होती ही नहीं। एक अच्छे वाद्य-वृन्द (ऑर्केस्ट्रा) में विभिन्न गतियां इन्द्रधनुष के रंगों की तरह चलती-फिरती और परस्पर घुलती-मिलती रहती हैं।

यह सब नाट्य मंच पर ही होता है। कुछ निर्देशक और अभिनेताओं में मात्र यांत्रिक कारीगरी ही होती है तथा कुछ कलाकार विलक्षण होते हैं। पहली कोटि के लोगों के वाचन की गति नीरस, उबाऊ और औपचारिक होती है; जबकि दूसरों की अनन्त, जीवनमयी तथा अभिव्यंजनाशील होती है।

अभिनेताओं की एक तीसरी कोटि भी है जो इन दोनों के बीच अवस्थित है। ऐसे अभिनेता कुशल कारीगर होने के साथ-साथ कुशल कलाकार भी होते हैं। वे अन्तर्पाठ में, उसकी आन्तरिक ताल-लय में रुचि लेते हैं; और उसी के समान, शाब्दिक छन्द-पाठ, उसकी बाहरी ताल-लय, उसके ध्वनि विन्यास, उसके आयामों और उसके सुनिश्चित रूप-विधान के साथ रुचि लेते हैं।

यांत्रिक स्वभाव के अभिनेता तो छन्दमयी रचना को भी गद्य के रूप में पढ़ने लगते हैं। लेकिन तीसरी कोटि के व्यापक मनोवृत्ति के अभिनेता का काव्य-पाठ बड़ा ही विलक्षण होता है। वाचन आरम्भ करने से पहले, ये अपने को ताल और लय की लहरों में डुबो देते हैं और उसमें भीगकर उसे भीतर तक आत्मसात कर लेते हैं। इस तरह से केवल उनका वाचन ही नहीं, उनकी चाल-ढाल, उनकी भावनाएं, उनकी भावात्मक अनुभूतियों के स्रोत भी ताल और लय की उन्हीं लहरों से अविराम आप्लावित होते रहते हैं। वे बोलते समय, मौन के क्षणों में, तार्किक या मनोवैज्ञानिक विरामों के दौरान, सक्रियता या निष्क्रियता के अन्तरालों में कभी भी खुद को उससे अलग नहीं करते।

इस कोटि के अभिनेता, जो भीतर से ताल-लय से अनुप्रातित होते हैं, विरामों में भी पूरी तरह से आराम करते हैं क्योंकि ये भूमिका के ख़ाली या

मृत-स्थल नहीं वरन् जीवन्त, सार्थक अन्तराल होते हैं, उनमें भावना और कल्पना का अन्तर्निहित आलोक झलकता है।

ये अभिनेता कभी बिना आन्तरिक तालमापक के नहीं होते। वह तालमापक उन्हें प्रत्येक शब्द, चेष्टा, चिन्तन और भावना में हमेशा आन्तरिक सहयोग प्रदान करता रहता है।

केवल ऐसी वस्तुस्थितियों में ऐसा होता है कि छन्द का विन्यास अभिनेता और उसकी भावनाओं के लिए बाधा ही नहीं उत्पन्न करता वरन् बाहरी और भीतरी व्यवहार में पूरी स्वच्छन्दता प्रदान करने में भी मदद करता है। केवल इन्हीं परिस्थितियों में यह होता है कि अभिनेता की आन्तरिक प्रक्रिया में भूमिका के बाहरी रूपान्तरण को जीते समय सामान्य ताल और लय की रचना हो जाती है, और बाह्य तथा अन्तर्पाठ में पूर्ण सामंजस्य स्थापित हो जाता है।

जब अभिनेता को भीतर से यह भली प्रकार भान होता है कि वह सामाजिकों तक क्या पहुंचा रहा है, तो वह तुरन्त ही शाब्दिक और भौतिक अभिव्यंजना की अपेक्षित लयात्मक व्यवस्था को पा लेता है। यह इसलिए सम्भव होता है कि भावना और लय के बीच का बन्धन बड़ा निकट का होता है। इस ताल और लय की स्वाभाविक चेतना का होना लाभप्रद होता है। किसी भी स्थिति में इसे पाने के लिए अभिनेता को अपनी युवावस्था से ही प्रयत्नशील होना चाहिए।

7

अब तक जो विचार-विमर्श हुआ है, उससे यह तथ्य सामने आता है कि ताल और लय हमारे आन्तरिक जीवन पर, हमारी भावनाओं पर, हमारी अनुभूतियों को प्रभावित करती है, वह चाहे यांत्रिक प्रयास से, अन्तःप्रेरणा से अथवा जानी-समझी किसी कोशिश से बनी हुई हो। मंच पर रचनात्मक कार्य की प्रक्रिया के दौरान भी इसकी अवस्थिति महसूस की जा सकती है।

तोर्त्सोव ने रचनात्मक प्रयास के व्यापक क्षेत्र में भी महत्त्वपूर्ण बिन्दुओं को रेखांकित किया था कि "ताल और लय के विषय में खोजी गई प्रत्येक वस्तु इस विश्वास की ओर ले जाती है कि वह हमारी भावना की निकटतम सहयोगी और सहायक है। ऐसा इसलिए है कि वह अक्सर भावात्मक स्मृति और फलस्वरूप परम अन्तर्निष्ठ अनुभूति के सीधे तात्कालिक और पूर्णतः यांत्रिक उत्प्रेरक के रूप में भी प्रकट होती है।"

इसके आगे बढ़ने पर यह देखने को मिलता है कि ग़लत अथवा अनुपयुक्त ताल-लय की उपस्थिति में हम ठीक प्रकार से अनुभव नहीं कर सकते; और उसके बाद यह भी देखने को मिलता है कि हम तब तक सही ताल और लय नहीं प्राप्त कर पाते, जब तक हम उचित भावनाओं या अनुभूतियों से ओत-प्रोत नहीं हो जाते।

ताल और लय, भावना या अनुभूति के बीच एक अटूट, आत्म-निर्भर तथा अन्तरंग रूप में क्रियाशील बन्धन है। इसके विपरीत अनुभूति, ताल और लय के बीच भी कुछ ऐसा ही सम्बन्ध है।

तोर्त्सोव ने इसके बाद छात्रों को यह समझाया कि अपने कार्य की जब वे निकट से परीक्षा करेंगे, तभी खोजे गए को उसके पूरे विस्तार में ग्रहण कर सकेंगे। यह वास्तव में बड़ी विलक्षण और महत्त्वपूर्ण खोज है। जो खोजा गया है अगर वह व्यावहारिक रूप में सही है, तो नाटक की किसी भूमिका की सही रूप में स्थापित ताल और लय, खुद-ब-खुद अन्तःप्रेरणा से (कभी-कभार यंत्रवत रूप में) अभिनेता की भावनाओं को पकड़ लेगी, और फिर उसमें जीने की चेतना जगा देगी।

हमारा मनोजगत् शब्दों से, नाट्य-पाठ से, हमारी चिन्तन-प्रक्रिया को जगाने वाले विचार से, प्रभाव से परिपूर्ण होता है। हमारी इच्छाशक्ति, अन्य उद्देश्यों के साथ-साथ चरम उद्देश्य और कार्य की आद्यन्त रेखा से भी सीधे प्रभावित होती है। ताल और लय से हमारी भावनाएं सीधे-सीधे सक्रिय हो उठती हैं।

स्तानिस्लाव्स्की ने इसी को अपनी मनोवैज्ञानिक तकनीक की सर्वाधिक महत्त्वपूर्ण उपलब्धि कहा है।

13

रंगमंच का सम्मोहन

1

रंगमंच के सम्मोहन के विषय में स्तानिस्लाव्स्की इस वक्तव्य के साथ अपनी बात रखते हैं कि कुछ अभिनेता ऐसे होते हैं जो रंगमंच पर कदम रखते ही सामाजिकों को तुरन्त आह्लादित कर देते हैं। सवाल उठता है कि ऐसा क्यों होता है? क्या यह उनके रूप-वैभव के कारण होता है? लेकिन उन अभिनेताओं में बहुत कम ऐसे होते हैं जो देखने में सुन्दर हों। क्या उनकी वाणी में रमणीयता होती है? परन्तु उन अभिनेताओं के असाधारण वाचन में प्रायः यह विशेषता देखने को नहीं मिलती। उनकी प्रतिभा? इस क्षेत्र में भी उनमें कुछ ऐसा देखने को नहीं मिलता जो आनन्द की भावना जगा सके।

फिर ऐसा क्या है जिससे वे सामाजिकों को मंत्रमुग्ध कर लेते हैं? इसकी परिभाषा नहीं की जा सकती, वह अगोचर है। वह उस अभिनेता के सम्पूर्ण व्यक्तित्व का अविवेचनीय आकर्षण है, जो उनकी कमियों को भी उनके गुणों में बदल देता है। उनकी मूर्खताएं और कमज़ोरियां भी उनकी तारीफ़ करने वालों के लिए नक़ल करने की चीज़ बन जाती हैं।

इस कोटि के अभिनेता को कुछ करने का अधिकार मिल जाता है—वह ख़राब अभिनय भी कर सकता है। उससे यह आशा की जाती है कि वह जितनी बार हो सके मंच पर आए और जितनी देर तक हो सके बना रहे, ताकि दर्शक उसे देख सकें। उस पर अपनी आंखें बांधे रख सकें और उसकी प्रतिभा का आनन्द ले सकें।

फिर भी अक्सर ऐसा होता है कि वे लोग जब उसी अभिनेता को मंच के बाहर देखते हैं तो उसके बड़े-से-बड़े प्रशंसक का भी भ्रम टूट जाता है। वे कह उठते हैं, 'ओह! वास्तविक जीवन में यह कि़तना अनाकर्षक है।' यह स्पष्ट है कि प्रकाश व्यवस्था, दृश्य योजना, रंगपीठ और रंगद्वार उन विशेषताओं को उत्पन्न कर देते हैं जो उसकी प्रशंसा का कारण बन जाती हैं। यह कोई

आश्चर्य की बात नहीं है। उस विशेषता को स्वाभाविक आकर्षण नहीं, रंगमंच का सम्मोहन कहा जाता है।

यह सम्मोहन अभिनेता के लिए बड़ा ही लाभदायक होता है क्योंकि वह पहले से ही सामाजिकों पर उसकी पकड़ निश्चित कर देता है; वह उसके रचनात्मक उद्देश्यों को भी अधिक से अधिक लोगों तक पहुंचाने में मदद करता है। उसकी भूमिकाओं और उसकी कला का भी संवर्द्धन करता है। फिर भी यह ज़रूरी है कि वह अपनी इस मूल्यवान क्षमता का बहुत सोच-समझकर बुद्धिमानी और विनय के साथ उपयोग करे। अगर वह इस बात को नहीं समझता और अपने प्रदर्शन की क्षमता का अनावश्यक प्रदर्शन करता है तो यह उसके लिए शर्म की बात होगी। इस प्रवृत्ति को वेश्यावृत्ति कहा गया है क्योंकि इसमें अपने आकर्षणों का अत्यधिक प्रदर्शन है। ऐसे अभिनेता अपनी शक्ति का उपयोग सम्मोहन लिये, रूपायित चरित्र के प्रभाव को बढ़ाने के स्थान पर अपने स्वार्थ की सिद्धि के लिए करते हैं।

अभिनेताओं की एक और कोटि भी है, जिनमें कुछ और ही तरह का रंगमंचीय आकर्षण होता है। पहली कोटि के अभिनेताओं की तुलना में वे स्वयं को वास्तविक रूप में प्रदर्शित नहीं करते, क्योंकि उनमें उस तरह के आकर्षण का सर्वथा अभाव होता है। फिर भी जब वे ऐसी रूप-रचना, केश-विन्यास आदि धारण कर लेते हैं जो उनके अपने व्यक्तित्व को पूरी तरह से छिपा लेता है तो वे रंगमंच पर जादुई आकर्षण उत्पन्न करते हैं। वे जनसाधारण को अपने व्यक्तिगत नहीं वरन् कलात्मक रूप में संरचित आकर्षण से अपनी ओर खींचते हैं। इस संरचना के पीछे कोमलता, सूक्ष्मता और गरिमा अथवा साहस और विशदता अथवा अक्खड़पन और चालाकी भी हो सकती है।

स्तानिस्लाव्स्की ने इसके बाद उन अभागे अभिनेताओं के सम्बन्ध में बातचीत की है जिनमें रंगमंचीय आकर्षण होता ही नहीं। उनमें इसके विपरीत ऐसी अन्तर्निहित प्रवृत्ति होती है कि रंगमंच पर उपस्थित दर्शकों में उनके प्रति वितृष्णा भर देती है। लेकिन आम ज़िन्दगी में उनके साथ बिल्कुल उलटा ही देखने को मिलता है। उनसे मिलने पर लोग कह उठते हैं, "भला आदमी है!" स्तानिस्लाव्स्की बड़े विस्मय के साथ कहते हैं, "मुझे बड़ा आश्चर्य है। वह क्या है जो रंगमंच पर उसे अनाकर्षक बना देता है, फिर भी यह अभिनेता, उन अभिनेताओं से कहीं अधिक प्रतिभावान, बौद्धिकता से सम्पन्न और अपनी कला के प्रति अधिक सचेत होता है, जिन्हें रंगमंचीय सम्मोहन का वरदान होता है और जिन्हें उसके कारण माफ़ कर दिया जाता है।"

उनका कहना है कि जिन अभिनेताओं को प्रकृति ने विरूप कर दिया है, उनकी ओर विशेष ध्यान देना चाहिए और उन्हें देखने का ख़ुद को अभ्यस्त बनाना चाहिए। केवल इसी तरह हम उनकी वास्तविक कलात्मक क्षमताओं को पूरी तरह से समझ सकते हैं और उनका लाभ उठा सकते हैं। इसमें समय लग सकता है। उनकी क्षमताओं की पहचान में भी कुछ समय लग सकता है।

स्तानिस्लाव्स्की ने सवाल भी उठाया है कि क्या कोई ऐसा तरीक़ा नहीं हो सकता जिससे कि एक ओर तो सम्भव हो कि अभिनेता कुछ अंशों में उस रंगमंचीय सम्मोहन को अर्जित कर ले जिसका उसमें अभी अभाव है तथा दूसरी ओर विकर्षण उत्पन्न करने वालों की वृत्तियों पर वह थोड़ा-बहुत क़ाबू पा ले।

यदि सम्मोहन को विकसित करने की अपेक्षा अनाकर्षक प्रवृत्तियों के प्रभाव को कम करने की कोशिश की जाए तो यह कुछ सीमा तक तो किया जा सकता है। स्वभावतः इसके लिए यह ज़रूरी है कि अभिनेता पहले निकट से देखने, अपनी कमज़ोरियों को समझने की कोशिश करे और फिर परिश्रम, अध्यवसाय और व्यवस्थित रूप से उन स्वाभाविक प्रवृत्तियों और प्रतिदिन की आदतों से अपने को मुक्त करने की कोशिश करे।

जहां तक अपरिभाषेय सम्मोहन को विकसित करने की बात है, वह वैसे तो बहुत मुश्किल है, लेकिन उसमें स्वभाव बहुत मदद कर सकता है। यदि दर्शक अभिनेता की कमज़ोरियों के अभ्यस्त हो जाएं और संवेदनाओं को उद्वेलित करने वाली प्रवृत्तियों की ओर उनका ध्यान ही न जाए, उलटे उनमें भी वह कुछ आकर्षण देखने लगे।

अभिनेता अभिनय के एक विलक्षण और सुसंयोजित प्रभाव के माध्यम से कुछ सीमा तक रंगमंचीय सम्मोहन भी उत्पन्न कर सकता है क्योंकि उनमें अपना भी कुछ आकर्षण होता है।

प्रायः हम लोगों को यह कहते हुए सुनते हैं, "वह अभिनेता कितना सौम्य हो गया है? कोई अब मुश्किल से यह समझ पाएगा कि यह वही है, जो पहले इतना अधिक अनाकर्षक था।"

ऐसे वक्तव्य के सम्बन्ध में यह कहा जा सकता है कि वस्तुतः उसकी कला की पहचान और सराहना ने ही यह परिवर्तन किया है। कला वस्तुतः सौन्दर्य और सौम्यता प्रदान करती है तथा सुन्दर और सौम्य में सम्मोहन की शक्ति होती है।

14

रंगमंच की आचार-संहिता की ओर

1

अब तक स्थापित अवधारणाओं को सुव्यवस्थित करने के लिए रंगमंच की आचार-संहिता की ओर सबसे पहले स्तानिस्लाव्स्की ने ही हमारा ध्यान आकर्षित किया है। वस्तुतः रंगकर्म अन्य कलात्मक प्रयासों की तुलना में सर्वथा विलक्षण है। किसी लेखक, संगीत-निर्माता, चित्रकार या मूर्तिकार के लिए समय का कोई बन्धन नहीं होता। ये सभी जहां भी और जब भी उचित लगे अपना कार्य कर सकते हैं। उन्हें समय स्वच्छन्द रूप में उपलब्ध होता है। लेकिन अभिनेता के लिए ऐसी स्थिति नहीं होती। उसे तो विज्ञापित, सुनिश्चित समय पर प्रदर्शन के लिए तत्पर होना पड़ता है। वह अपने को सुनिश्चित विषय पर अन्तःप्रेरणा से सचेष्ट होने का आदेश कैसे दे सकता है? यह कोई आसान काम नहीं।

उसे सुव्यवस्था, अनुशासन और एक आचार-संहिता की ज़रूरत अपने कार्य की केवल सामान्य परिस्थितियों के लिए ही नहीं वरन् विशेष रूप से अपने कलात्मक और रचनात्मक उद्देश्यों की सिद्धि के लिए भी है।

स्तानिस्लाव्स्की ने इस प्राथमिक अवस्था की सम्प्राप्ति के लिए पहला सिद्धान्त-सूत्र दिया है, 'अपने में कला को प्यार करो, कला में अपने को नहीं।'

तोर्त्सोव ने इस सूत्र को समझाते हुए कहा था, "अभिनेता का व्यावसायिक जीवन उनके लिए एक विलक्षण व्यवसाय होता है, जो पूरी निष्ठा से उसके प्रति समर्पित होते हैं और उसे बड़े सही प्रकाश में देखते तथा समझते हैं।"

उनके इन शब्दों को सुनकर एक छात्र ने पूछा था कि अगर कोई अभिनेता ऐसा नहीं करता तो क्या होता है?

तोर्त्सोव का जवाब था, "यह बड़ी दुर्भाग्यपूर्ण स्थिति होगी क्योंकि वह उसके मानवीय व्यक्तित्व को भी विकलांग कर देगी। अगर रंगमंच तुम्हें सौम्य, उदात्त और भला व्यक्ति न बनाए तो तुम्हें उससे अलग हो जाना चाहिए।"

सभी छात्र एक साथ बोल पड़े, "क्यों?"

जवाब मिला, "क्योंकि रंगमंच में बहुत से जीवाणु हैं। कुछ अच्छे हैं तथा कुछ बहुत ही हानिकर हैं। जो अच्छे जीवाणु हैं वे तुम्हारे भीतर के सुन्दर को और तुम्हें ऊपर उठाने वाले हैं, महान् विचारों और भावनाओं के लिए तुम्हारे भावावेग को बढ़ाने वाले हैं। वे तुम्हें शेक्सपीयर, पुश्किन, गोगोल, मोलियर जैसी महान् प्रतिभाओं के साथ संवाद के लिए प्रोत्साहित करेंगे। उनकी रचनाएं और परम्पराएं हमारे भीतर जीवन्त हैं। रंगमंच में तुम्हें आधुनिक लेखकों, कला, विज्ञान, समाज-विज्ञान, काव्य-चिन्तन की सभी शाखाओं के प्रतिनिधियों से मिलने का सुअवसर मिलेगा। यह सुचयनित सम्पर्क और उसके अन्तर्निहित मूलभूत अभिप्राय को समझने का तुम्हें समुचित प्रशिक्षण देंगे। यही कला की प्रधान वस्तु है और इसी में उसकी सर्वाधिक महत्ता निहित है।"

कोस्त्या ने यह जानना चाहा कि कला का रहस्य वास्तव में किस रूप में अन्तर्निहित है।

तोर्त्सोव ने समझाया कि वह अपनी कला को समझने, उसकी प्रक्रिया को जानने और उसके समुचित अध्ययन, उसके आधारों, कार्यविधियों और रचनाशीलता की तकनीक में अन्तर्निहित है। वह रचनाशीलता के कष्टों और प्रसन्नता में भी निहित है जिन्हें हम सभी सामूहिक रूप में भी अनुभव करते हैं। वह उपलब्धि के आनन्द में भी अन्तर्निहित है जो अन्तश्चेतना का नव संस्कार करते हैं और उसे ऊपर उड़ने के लिए पंख प्रदान करते हैं! उनकी उपस्थिति सन्देहों और असफलताओं में भी होती है क्योंकि उनमें भी वह प्रेरणा अन्तर्निहित होती है जो नये संघर्षों की ओर अग्रसर होने, नई दिशाओं में बढ़ने और नई खोजों की ओर तत्पर होने की प्रेरणा जगाते हैं। एक कलात्मक सन्तोष की भावना में उसकी अवस्थिति होती है जो कभी पूर्णता लिये हुए नहीं होती और नई ऊर्जा को जगाती और प्रोत्साहित करती है। ये सभी व्यापार वास्तव में कैसी जिजीविषा लिये हुए होते हैं!

कोस्त्या ने कुछ शर्माते हुए यह जानना चाहा कि सफलता के सम्बन्ध में क्या कहा जा सकता है?

तोर्त्सोव ने जवाब दिया कि सफलता तो बड़ी अस्थिर और क्षणभंगुर होती है। वास्तविक भावावेग तो रचनाशीलता के रहस्यों की सभी भंगिमाओं एवं सूक्ष्मताओं के मर्मस्पर्शी संज्ञान की उपलब्धि में अन्तर्निहित होता है।

उन्होंने अभिनेताओं को सावधान किया है कि इस बीच वे रंगमंच के बुरे, ख़तरनाक और अनेक प्रकार की ख़राबियां उत्पन्न करने वाले जीवाणुओं

या कीटाणुओं को न भूल जाएं। यह कोई आश्चर्य की बात नहीं है कि वे भी वहां पैदा होते और बढ़ते रहते हैं। हमारे रंगमंच के संसार में भी बहुत ही बड़े-बड़े प्रलोभन होते हैं।

इस विषय को और स्पष्ट करते हुए उन्होंने आगे कहा :

"अभिनेता प्रतिदिन एक निश्चित समय से लेकर दूसरे निश्चित समय तक हज़ारों दर्शकों के आगे रहता है। वह प्रायः बड़े मूल्यवान और सुन्दर वस्त्राभरण पहने हुए चित्रित दृश्य-विधान की प्रभावपूर्ण पृष्ठभूमि में सुव्यवस्थित प्रदर्शन की शानदार माया से घिरा रहता है। वह महान् प्रतिभाओं की उदात्त शब्दावली बोलता है, वह बड़ी ही चित्रात्मक आंगिक चेष्टाओं एवं गरिमामय भाव-भंगिमाओं का प्रदर्शन करता है और इन सबके माध्यम से वह विलक्षण सुदर्शन प्रभावों की सृष्टि करता है। यह सब अधिकांश कलात्मक प्रयासों के माध्यम से सम्भव होता है। अभिनेता का यह जनसाधारण की आंखों के आगे बराबर बना रहना, अपने किसी सर्वोत्तम पक्ष का प्रदर्शन करना, प्रशंसा के बोल सुनना, अतिरंजित सराहना को स्वीकार करना, बड़ी-बड़ी आनन्दमयी समीक्षाएं सुनना—ये सभी और इनसे मिलती-जुलती और चीज़ें बड़े ही अपरिमित प्रलोभन का कार्य करती हैं। अभिनेता में उसके व्यक्तिगत स्वाभिमान की निरन्तर और अबाध उत्तेजना की प्यास की भावना जगाती है। अगर वह केवल इसी तथा इससे मिलती-जुलती उत्प्रेरणाओं पर जीवित रहता है तो वह निश्चित रूप से बहुत नीचे गिर जाएगा और बड़ी ही क्षुद्र प्रकृति का हो जाएगा।"

तोर्त्सोव ने इस विषम परिस्थिति से बचने का उपाय बताते हुए छात्रों से कहा था कि उन्हें इस सम्बन्ध में बहुत सावधान और दृढ़ अनुशासन में रहना सीखना चाहिए। व्यावहारिक रूप में उन्होंने सलाह दी थी कि उन्हें रंगशाला में कभी गन्दे पैरों से नहीं आना चाहिए, "अपनी धूल और गर्द बाहर ही छोड़ दो। छोटी-छोटी चिन्ताओं, उलझनों, हल्की-फुल्की कठिनाइयों को बाहर छोड़कर ही रंगशाला में प्रवेश करो। ये सभी चीज़ें जो ज़िन्दगी को बर्बाद करती हैं, कलाकार का ध्यान उसकी कला-साधना से भी हटाती हैं।"

ग्रीशा ने स्वभावतः यह सुनकर यह जानना चाहा था कि क्या संसार में कोई ऐसा रंग संस्थान है, जहां यह सम्भव हो?

तोर्त्सोव ने जवाब में कहा था, "दुर्भाग्य से कोई भी रंग संस्थान नहीं है। इसीलिए यह ज़रूरी है कि हम सब मिल-जुलकर उदात्त चेतना के और वैसी ही उत्कृष्ट कला वाले रंग संस्थान की खोज करें। इस सम्बन्ध में

पहला चरण यह होना चाहिए कि तुम सभी बड़े साफ़ पैरों के साथ रंग संस्थान में प्रवेश करने की शिक्षा को अपनाओ।" इस प्रसंग में अन्त में उन्होंने किसी वरिष्ठ अभिनेता के कुछ शब्दों को उद्धृत करते हुए कहा था, "एक सच्चा पुजारी देवपूजा में संलग्न रहते हुए भी वेदिका की पवित्रता का ध्यान रखता है, जिस पर देवता प्रतिष्ठित है। एक सच्चे कलाकार को रंचमंच पर बिल्कुल ऐसे ही सोचना चाहिए। वह अभिनेता जो इस प्रकार की भावना को अपने भीतर नहीं जगा सकता, कभी सच्चा कलाकार नहीं हो सकता।"

2

अगले दिन रंग संस्थान में घटित हुए एक विशेष दुराचार की विशेष चर्चा थी। अपराधी को दण्डित भी किया गया था और उसे यह चेतावनी भी दे दी गई थी कि अगर उसने भविष्य में फिर कोई ऐसी हरकत की तो उसे निकाल दिया जाएगा।

ग्रीशा ने आपत्ति खड़ी की थी कि किसी अभिनेता के व्यक्तिगत जीवन को लेकर प्रबन्धतन्त्र को उसे दण्डित करने का क्या अधिकार है?

तोर्त्सोव ने वस्तुस्थिति को स्पष्ट करते हुए कहा था कि क्या यह तुम्हें अनर्गल दिखाई देता है कि तुम दूसरों के साथ मिलकर जिसे बना रहे हो, उसे अपने दूसरे हाथ से फाड़ दो? अक्सर बहुत से अभिनेता ऐसा ही करते हैं। रंगमंच पर वे बड़े प्रयास से बड़े ही सुन्दर और कलात्मक प्रभावों की सृष्टि करते हैं और दर्शकों की प्रशंसा प्राप्त करते हैं लेकिन मंच से उतरते ही अपने बिना सोचे-समझे अनर्गल क्रिया-कलापों से दर्शकों के मन में अपने प्रति जगी धारणा को पूर्णतः विनष्ट कर देते हैं।

इस विषम वस्तुस्थिति को और अधिक स्पष्ट करने के लिए उन्होंने एक वरिष्ठ अभिनेता का व्यक्तिगत अनुभव सुनाया था। उससे कुछ मिलता-जुलता अनुभव इन पंक्तियों के लेखक को हुआ था। शायद मेरे अनुभव के विवरण से बात जल्दी स्पष्ट हो। दिल्ली में आयोजित एक विशाल पारिवारिक उत्सव में मैं कुछ देर से पहुंचा था और एक बड़ी मेज़ के पास एक ख़ाली कुर्सी देखकर बैठ गया। वहां शराब के दौर चल रहे थे। मैं जब उठने लगा तो मेरे एक परिचित ने कहा, "अरे मिश्र जी, इनसे तो मिलते जाइए, इन्हें पहचान रहे हैं?"

मैंने कहा, "श्रीमुख तो कुछ पहचाना-सा लगता है।" उन्होंने कहा, "ये श्री...हैं। आपने इन्हें प्रसिद्ध पौराणिक धारावाहिक में मुख्य भूमिका में देखा

होगा। इनके मुख की सहज-सरल और देवोपम मुस्कान की आपने मुझसे अनेक बार सराहना की है।'' मैंने पहचान लिया था और मैं स्तम्भित था कि भारतीय मनीषा के सर्वोत्कृष्ट आसन पर सर्वश्रेष्ठ देवपुरुष की सफल भूमिका के लिए अनन्त ख्याति अर्जित करने वाला यह व्यक्ति खुले-आम विशाल जन-समुदाय के बीच बैठा हुआ शराब के प्याले पर प्याले उड़ेल रहा है। आखिर इसके सम्बन्ध में लोग क्या धारणा बनाएंगे? इस प्रसंग से आपने अभिनेता और उसकी भूमिका दोनों को भली प्रकार समझ लिया होगा।

तोर्त्सोव ने लगभग ऐसा ही प्रसंग सुनाया था और अपने छात्रों को समझाते हुए कहा था कि ''अभिनेता अपने घर के बन्द दरवाज़ों के भीतर नितान्त अन्तरंग व्यक्तियों के बीच ही अपने को स्वच्छन्द अनुभव कर सकता है। उसकी भूमिका परदा गिरने पर पूरी नहीं हो जाती। वह अपने व्यक्तिगत जीवन में भी जो कुछ सुन्दर है, उसकी पताका का संवहन करता है अन्यथा वह उसे विनष्ट कर देगा जिसका उसने निर्माण किया है। कला की सेवा का बीड़ा उठाने के दिन से ही यह याद रखो और अपने को इसी महान् सन्देश के सम्प्रसार के लिए समर्पित करने का निश्चय करो। अपने में आवश्यक आत्म-नियंत्रण विकसित करो, एक जनसेवक की आचार-संहिता और अनुशासन अपनाओ, जिसे इस संसार में एक भव्य, सौम्य और औदात्य की ओर उन्मुख करने वाला महान् सन्देश पहुंचाने का सौभाग्य मिला है।''

स्तानिस्लाव्स्की ने अपने इसी गन्तव्य को और स्पष्ट करने के लिए आगे लिखा है, ''एक अभिनेता जिस कला की सेवा में वह तत्पर होता है, उसकी प्रकृति के अनुरूप बड़ी और जटिल संस्था—रंग-संस्थान का सदस्य बनता है। उसी के प्रतीक और प्रतिमान की छाया में वह हर रोज़ हज़ारों लोगों के सामने उसका प्रतिनिधित्व करता है। हज़ारों लोग उस संस्था के क्रिया-कलापों का, जिसका वह सदस्य है, प्रतिदिन अखबार में विवरण पढ़ते हैं। उसका नाम उस रंग-संस्थान के साथ इतने निकट से जुड़ा हुआ है कि दोनों को अलग-अलग समझ पाना ही सम्भव नहीं है। उसके अपने पारिवारिक नाम के बाद उसकी संस्था का नाम भी जुड़ता है। जन साधारण के मन में उसके कलात्मक और व्यक्तिगत जीवन परस्पर अविच्छिन्न रूप से जुड़े होते हैं। इसलिए अगर (मास्को) आर्ट थिएटर...या अन्य किसी रंग संस्थान का कोई अभिनेता एक निन्दनीय कार्य करता है या कोई अपराध करता है या किसी अपकर्म में उसका नाम जुड़ता है, तो चाहे कोई भी बहाना वह क्यों न करे, उसे अस्वीकार करे या अख़बारों में उसका स्पष्टीकरण प्रकाशित कराए,

वह उस धब्बे को, उस कलम को नहीं मिटा पाएगा जो उसके कारण उसके सभी साथियों, उसके रंग संस्थान के साथ जुड़ गया है। इसलिए यह अभिनेता का उत्तरदायित्व हो जाता है कि वह अपने रंग-सस्थान के भवन के बाहर भी सही ढंग से व्यवहार करे। यह रंगमंच पर और व्यक्तिगत जीवन में भी उसके भले नाम की सुरक्षा के लिए बहुत ज़रूरी है।"

3

रंग-संस्थान में सुव्यवस्था और स्वस्थ वातावरण बनाए रखने के लिए सबसे पहले यह ज़रूरी है कि उसमें अधिकार का पद जिन्हें मिला है उन्हें समुचित सम्मान प्रदान किया जाए। प्रायः यह होता है कि नियुक्ति के समय जो प्रतिद्वन्द्वी होते हैं वे बाद में अपने असफल हो जाने के कारण विद्वेष की भावना से परिपूर्ण होकर उनके लिए अनेक प्रकार की कठिनाइयां खड़ी करते रहते हैं। इसके अतिरिक्त अभिनेताओं एवं अन्य रंगकर्मियों के बीच वरिष्ठता और कनिष्ठता को लेकर अनेक प्रकार के झगड़े होते रहते हैं। महत्त्वाकांक्षा, ईर्ष्या-द्वेष, एक-दूसरे को नीचा दिखाने के षड्‌यन्त्रों को बड़ी ही सुन्दर शब्दावली में स्वस्थ प्रतियोगिता का रूप देकर उपस्थित किया जाता है। ये सारी प्रवृत्तियां रंग-संस्थान के वातावरण को ज़हरीली गैस से भर देती हैं। अगर अभिनेता मिल-जुलकर इन आत्मघाती प्रवृत्तियों को अवरुद्ध नहीं करते तो उनके सारे प्रयास सर्वथा विफल हो जाएंगे।

तोर्त्सोव ने इस स्थिति को और अधिक स्पष्ट करने के लिए आगे कहा था कि मान लो कि एक अभिनेता बड़ी सावधानी से सुनियोजित प्रदर्शन में उपेक्षा की भावना या आलस्य के कारण अथवा बिना समुचित ध्यान दिए अपनी भूमिका के प्रदर्शन की सही पद्धति से विचलित होता है अथवा यांत्रिक रूप में कार्य करता है, तो सवाल उठता है कि क्या उसको यह करने का अधिकार है? इस प्रकार के उद्योग में तो एक व्यक्ति तो सबके लिए और सभी उस व्यक्ति के लिए कार्य करते हैं। उस कार्य के लिए परस्पर उत्तरदायित्व का निर्वाह बड़ा ज़रूरी होता है और जो उस विश्वास को तोड़ता है, उसे गद्दार कहना चाहिए।

स्तानिस्लाव्स्की ने इस सन्दर्भ में यह भी स्पष्ट किया है कि प्रतिभा की व्यक्तिगत विलक्षणता के प्रति उनके मन में यद्यपि आदर का भाव है तथापि रंग-जगत् में वे स्टार-सिस्टम को बिल्कुल स्वीकार नहीं करते। सामूहिक रचनात्मक प्रयास रंगमंच की कला का वास्तविक आधार है। उसके लिए

समन्वित अभिनय बड़ा ज़रूरी है और जो भी उस समन्वय को विनष्ट करता है, वह केवल अपने सहयोगियों के प्रति ही नहीं, उस कला के प्रति भी अपराध करता है, जिसकी सेवा करने का उसने व्रत लिया है।

4

स्तानिस्लाव्स्की ने रंगमंचीय अनुशासन को विशेष रूप से स्पष्ट करने के लिए तोर्त्सोव और उनके सहयोगी रख़्मानव के स्थान पर सीधे एक निर्देशक को छात्रों के बीच अवतरित किया है। निर्देशक महोदय पहले तो छात्रों का विश्वास अर्जित करने के लिए पूर्वाभ्यास के प्रति उनकी गम्भीरता की सराहना करते हैं और फिर उसके बाद कहते हैं, "अगर तुम लोग अपने मन में इस बात को पूरी तरह से जमा लो कि यह कार्य (रंगप्रदर्शन) एक सामूहिक उद्योग है तो तुम्हें यह भली प्रकार समझ में आ जाएगा कि क्या करना तुम्हारे लिए ज़रूरी है और वह किस प्रकार किया जाना चाहिए। तुम सभी एक साथ मिल-कर प्रदर्शन करने जा रहे हो। तुम सभी मिलकर एक-दूसरे की मदद करोगे। सभी एक-दूसरे पर निर्भर करोगे। एक ही व्यक्ति तुम्हारा निर्देशन, तुम्हारा मार्गदर्शन करेगा।

"अगर सुव्यवस्था है और कार्य का समुचित विभाजन है, तो तुम्हारा सामूहिक कार्य आनन्दमय और रचनात्मक होगा, क्योंकि वह परस्पर सहायता पर आधारित होगा। लेकिन अगर अव्यवस्था है, कार्य के लिए वातावरण ग़लत ढंग का है, तो तुम्हारा यह सामूहिक प्रयास यंत्रणा-भवन बन जाएगा। तुम एक-दूसरे के रास्ते में आओगे, एक-दूसरे को इधर-उधर धक्के देते रहोगे। इसलिए यह साफ़ है कि तुम सभी को अनुशासन को स्थापित कर उसे सहारा प्रदान करने को तत्पर होना चाहिए।"

निर्देशक महोदय ने इस सन्दर्भ में कुछ निश्चित परामर्श दिए थे कि इस अनुशासन की भावना को प्रोत्साहित कैसे किया जाए।

"सबसे पहले पूर्वाभ्यास आरम्भ होने के कोई चौथाई या आधा घंटा पहले तुम्हें रंग-संस्थान में आ जाना चाहिए, जिससे कि जिस मनोदशा की तुम्हें स्थापना करनी है, उसके लिए अपेक्षित सभी तत्त्वों को तुम भली प्रकार सुनियोजित कर सको। अगर एक भी व्यक्ति देर से आता है तो वह और सभी को अव्यवस्थित कर देगा।"

निर्देशक ने यह कहा है कि अभिनेताओं को पूर्वाभ्यास के लिए समुचित तैयारी के साथ आना चाहिए। स्वभावतः लोग जब इस तैयारी के साथ आएंगे

तो जो चुनौती उनके सामने है, उसका वे भली प्रकार सामना कर सकेंगे। यह भी ज़रूरी है कि अभिनेता एक-दूसरे की सहायता करने को बराबर तत्पर रहें। इससे रंग-संस्थान का वातावरण बड़ा उत्साहवर्द्धक हो जाएगा और प्रत्येक पूर्वाभ्यास के वास्तविक उद्देश्य की सिद्धि के लिए वे मिल-जुलकर तत्पर हो सकेंगे।

स्तानिस्लाव्स्की ने पूर्वाभ्यास से पहले अभिनेताओं से घर पर अभ्यास करने का विशेष आग्रह किया है। घर पर जो कुछ किया जाना है, उसके लिए पहले से नोट्स बना लेना, लिख लेना बड़ा जरूरी है। निर्देशक ने समय-समय पर जो निर्देश दिए हैं उन्हें तो विशेष रूप से लिख लिया जाना चाहिए और गृहकार्य में उसके लिए समुचित अभ्यास करना चाहिए। इस बात का ध्यान रखा जाना चाहिए कि अनभ्यास के कारण अगर निर्देशक को फिर से अपनी बात दोहरानी पड़ती है, तो वह सभी के कार्य में बाधा उत्पन्न करेगी। इस सम्बन्ध में स्तानिस्लाव्स्की ने स्वयं निर्देशक से कहलाया है, "इसलिए इस दुर्योग से बचने के लिए तुम्हें अपने को सिखाना अनिवार्य है कि अपनी भूमिका पर स्वतन्त्र रूप से कैसे गृहकार्य किया जाए। यह कोई आसान काम नहीं है। यह बात तुम्हें यहां प्रशिक्षण के दौरान पूरी और अच्छी तरह से सीख लेनी चाहिए क्योंकि कक्षा की तुलना में रंगमंच पर तुमसे बहुत कुछ और बड़ी दृढ़ता के साथ मांगा जाएगा।"

5

अभिनेता के लिए गृहकार्य की परम आवश्यकता पर स्तानिस्लाव्स्की ने लिखा है कि अब आप गायक, पियानोवादक और नृत्यकार को देखें, वह कैसे अपना दिन शुरू करता है? वह सुबह उठता है, नहाता है, कपड़े पहनता है, नाश्ता करता है और फिर इस उद्देश्य के लिए सुनिश्चित समय पर रियाज़ आरम्भ कर देता है। गायक स्वर-साधना करता है। पियानोवादक विभिन्न राग-रागिनियों को जगाता है, नर्त्तक या नर्त्तकी अपने अभ्यास-कक्ष में जाकर अपनी मांसपेशियों को चुस्त-दुरुस्त रखने में लग जाते हैं। यह कार्य वे प्रतिदिन करते हैं चाहे जाड़ा हो या भयंकर गर्मी पड़ रही हो। एक दिन का भी नागा उनकी कला-साधना को खण्डित कर देता है।

स्तानिस्लाव्स्की का कहना है कि तोलस्तोय और चेख़व जैसे महान् लेखक भी प्रतिदिन निश्चित समय पर बैठकर कुछ-न-कुछ लिखते अवश्य हैं। उपन्यास, कहानी या नाटक नहीं तो अपनी डायरी में अपने किसी विचार या

चिन्तन को ही लिपिबद्ध कर लेते हैं। उनके जीवन का मुख्य लक्ष्य होता है मनुष्य के चिन्तन, मनन, जीवन-दर्शन और भावात्मक अनुभूतियों की सूक्ष्मताओं को लिपिबद्ध कर लेने का संस्कार बराबर जाग्रत रखना।

स्तानिस्लाव्स्की ने इस सन्दर्भ में अपने एक परिचित सर्जन का उल्लेख किया है। उन्होंने लिखा है कि जब वह खाली होता था तो वह सरकण्डों से छोटी-छोटी सूखी हुई टहनियों से कलाकार की भांति क्रीड़ा करता था। उन्होंने तो शल्य-चिकित्सा को भी कला कहा है। सुबह चाय पीने के बाद वह और लोगों से बातचीत करते हुए अपनी मेज़ की दराज़ से ढूंढ़कर कुछ-न-कुछ ऐसा निकाल लेता था जिसे सुव्यवस्थित रूप दिया जा सके और इस तरह वह शल्य-चिकित्सा के अपने अभ्यास को बनाए रखता था।

लेकिन बड़े दुःख की बात है कि अभिनेता जिसे अन्य कलाकारों की तुलना में गृहकार्य की अधिक जरूरत होती है, उससे बचने की कोशिश करता है। गायक को जहां केवल स्वर-साधना और श्वास-प्रक्रिया को नियोजित करने की ज़रूरत होती है, नर्तक या नर्तकी केवल अपने भौतिक उपकरण पर कार्य करते हैं और पियानोवादक अपने हाथों या एक उपकरण को श्वास-प्रश्वास के साथ नियोजित करता है, वहां अभिनेता पर अपनी बांहों, अपने पैरों, अपनी आंखों, अपने चेहरे, अपने सारे शरीर की नमनीयता, उसकी लय, उसकी गतिविधि आदि को नियंत्रित करने का उत्तरदायित्व होता है। रंग-संस्थान में इन सभी का अभ्यास कराया जाता है। यह अभ्यास प्रतिक्षण समाप्त हो जाने के बाद रोक नहीं दिए जाते, वे कलाकारों के जीवनभर बराबर चलते रहते हैं। कलाकार की जितनी आयु बढ़ती जाती है उतना ही उसके लिए इस ज़हमत को उठाए रखना ज़रूरी होता जाता है। यह इसलिए भी ज़रूरी होता है कि सुनिश्चित कार्यक्रम की एक व्यवस्था बनाई रखी जा सके।

इसी सम्बन्ध में सावधान करते हुए उन्होंने लिखा है कि सामान्यतः अभिनेताओं के पास इस अभ्यास के लिए समय नहीं होता। वे अपना वक़्त बर्बाद करते हैं। परिणामतः उनकी कला का निरन्तर ह्रास होता जाता है। यह इसलिए होता है क्योंकि वे बिना सोचे-समझे, झूठे, अयथार्थ और यांत्रिक रिहर्सलों अथवा कम तैयारी वाले प्रदर्शनों में व्यस्त हो जाते हैं।

अभिनेताओं की इस सामान्य कमज़ोरी को पहचानकर यह सलाह दी गई है कि छोटी-बड़ी सभी प्रकार की भूमिकाओं को करने वाले अभिनेताओं को घर में तैयारी तो करनी ही चाहिए। जो अभिनेता छोटी-छोटी भूमिकाएं

करते हैं और जिन्हें कई बार मंच पर आना पड़ता है, उन्हें बीच के समय का भी अपेक्षानुसार उपयोग करना चाहिए।

गृहकार्य की समुचित व्यवस्था के लिए पूर्वाभ्यास का समय निर्धारित करना भी ज़रूरी होता है। स्तानिस्लाव्स्की के समय में पूर्वाभ्यास के लिए अल्सुबह, 9 बजे प्रातः और दोपहर 11-12 बजे की तीन पालियों का प्रचलन था। पूर्वाभ्यास रात को देर से समाप्त होते हैं, फिर घर जाना और खाना-पीना। अतः अभिनेता सामान्यतः देर से ही सोते थे। अल्सुबह का पूर्वाभ्यास समय इसलिए सम्भव ही नहीं है। प्रातः 9 बजे का समय सम्भव है, लेकिन वह बिना घर के अभ्यास के ही होगा, इसलिए वह भी उपयुक्त नहीं है। 11.30-12 बजे का समय पूर्वाभ्यास आरम्भ करने के लिए सर्वाधिक उपयुक्त है, क्योंकि तब घर से अभ्यास करके, खा-पीकर आया जा सकता है।

स्तानिस्लाव्स्की ने रिहर्सल के आन्तरिक स्वरूप की विशेष समीक्षा की है। उन्होंने लिखा है कि अनेक ऐसे निर्देशक हैं, जो लौह-अनुशासन और यांत्रिक प्रदर्शन को सही और आदर्श मानते हैं। सवाल उठता है कि ऐसे लोगों को जो वास्तविक कलाकारों के कार्य का मूल्यांकन खाता रखने वालों, रोकड़ियों और लेखाध्यक्षों द्वारा प्रतिष्ठित प्रतिमानों के आधार पर करते हैं, उन्हें कलात्मक उपलब्धियों, निर्देशन और नियंत्रण का उत्तरदायित्व कैसे सौंपा जा सकता है? इस वक्तव्य में यह व्यंजना है कि निर्देशक को सहानुभूति की भावना से युक्त तथा स्नेह और सौहार्द की भावना से परिपूर्ण होना चाहिए। तभी वह अपने साथी अभिनेताओं को अपने अनुशासन में रखकर भी अपनी मौलिक प्रतिभा के प्रकाशन का समुचित अवसर प्रदान कर सकेगा।

6

स्तानिस्लाव्स्की का मानना है कि अभिनेता और अभिनेत्रियों को अपनी रचनाशीलता को सहज रूप में सक्रिय करने में समर्थ होना चाहिए। उन्हें ऐसे अभिनेताओं से ऐतराज़ है जो अपनी भूमिका को प्रेक्षागृह से बाहर रहते समय अपनी कल्पना और अवचेतन का प्रयोग करके तैयार ही नहीं करते। वे रिहर्सल पर आकर भी तब तक निष्क्रिय रहते हैं, जब तक कि उन्हें कार्य के लिए निर्देशित न किया जाए। निर्देशक बड़े प्रयत्न से उनकी निष्चेष्ट प्रकृति में ऊर्जा का स्फुलिंग प्रज्वलित कर पाता है या कभी-कभी ऐसा होता है कि ये लोग अन्य सक्रिय साथियों को देखकर उत्साह से भर जाते हैं और उनके निर्देशन

में चलते हुए नाटक के सम्बन्ध में जो भाव उनके मन में है उसकी अभिव्यक्ति कर दें। भावात्मक संवेदनों की ऐसी श्रृंखलाओं से अगर उनमें थोड़ी-बहुत सामर्थ्य है तो वे अपनी निज की भावनाओं को जगा सकते हैं और अपनी भूमिका पर कुछ अधिकार प्राप्त कर सकते हैं। केवल निर्देशक ही यह जानते हैं कि दुर्बल रचनाशीलता से भरे ऐसे अभिनेताओं के साथ उन्हें कितने परिश्रम, कोंच, सहनशीलता, स्नायविक शक्ति के साथ कार्य करना पड़ता है और यह कितना समय-साध्य है...वस्तुतः अन्तःचेतना जितनी जल्दी जागेगी, हर चीज़ उतनी ही जल्दी ठीक होगी।

इस प्रकार के अभिनेता जो दूसरों के परिश्रम और रचनाशीलता पर निर्भर करते हैं, अपने सभी साथियों की उपलब्धियों को निश्चित रूप से कुछ कुन्द कर देते हैं। उन्हीं के कारण अक्सर प्रदर्शनों में विलम्ब हो जाता है। वे केवल अपने ही काम में ढीले नहीं होते, औरों के काम को भी ढीला कर देते हैं। कभी-कभी तो ऐसा होता है कि कोई अभिनेता अपनी चारित्रिक दुर्बलता के कारण बड़ी अच्छी तरह चल रहे प्रदर्शन को नकारात्मक ढंग से प्रभावित कर दे।

आप यह कह सकते हैं कि समुचित रचनाशीलता और उसके अनुरूप कौशल से रहित अभिनेताओं को पहले से ही अलग कर देना अच्छा रहता है; लेकिन दुर्भाग्य से सत्य यह है कि उनमें से अनेक बड़े ही प्रतिभावान होते हैं। वे अभिनेता जिनमें प्रतिभा कम होती है, निष्क्रिय होने का साहस नहीं कर सकते जबकि अधिक प्रतिभावान अभिनेता निर्बाध होकर बहुत अधिक छूट ले लेते हैं। वे सचमुच यह समझते हैं कि उन्हें इस बात का अधिकार है; वे अपनी अन्तःप्रेरणा के जाग उठने की वेला का इन्तज़ार करते हैं। लेकिन वे यह नहीं देखते कि उनका यह इन्तज़ार औरों के अभिनय और पूरे प्रदर्शन को ही बिगाड़ देता है।

इस विवेचन से यह स्पष्ट हो जाता है कि वह पूर्वाभ्यास के बीच अपने कारण कोई व्याघात उत्पन्न करे। उसे अपने में स्वयं वे जीवन्त भावनाएं उत्पन्न करनी चाहिए जो उस भूमिका को सजीव बना सकें। अगर हर अभिनेता प्रदर्शन में यह करेगा तो वह केवल अपनी ही नहीं, वरन् अपने सभी सहयोगियों के कार्य में भी सहायता करेगा। इसके बदले अगर हर अभिनेता दूसरे पर निर्भर करेगा तो रचनाशीलता पूरी तरह से ग़ायब हो जाएगी। निर्देशक हर किसी का काम नहीं कर सकता। कोई भी अभिनेता उसके हाथ की कठपुतली नहीं होता।

हर अभिनेता को अपनी रचनाशीलता और तकनीक को विकसित करने का अधिकार है। उसके और उसके सभी साथियों के लिए यह अनिवार्य है कि अपने कार्यभाग का अभ्यास घर पर करें और पूर्वाभ्यास के समय भी हमेशा सामर्थ्य के अनुरूप पूरे स्वर-विन्यास के साथ अपनी भूमिका का निर्वाह करे।

7

रंगमंच की आचारसंहिता के निर्माण के प्रसंग का समाहार करते हुए स्तानिस्लाव्स्की ने लिखा है, "हमारी कला और फलस्वरूप हमारे रंगमंच की समस्या है—नाटक और उसके चरित्रों के लिए एक अन्तरंग जीवन-संरचना, आधारभूत वस्तु को भौतिक और नाटकीय शब्दावली में अभिव्यक्त करना और उस विचार को उद्घाटित करना जिसने लेखक-कवि को उस रचना की सृष्टि के लिए सम्प्रेरित किया था।"

थिएटर में दर्शकों के प्रवेश के समय उनके सम्पर्क में आने वाले, दरवाज़ा खोलने वाले, टिकट चेक करने वाले, सीट दिखाने वाले से लेकर मैनेजर, कार्यालय कर्मचारी और अभिनेताओं तक सभी नाट्यलेखक, संगीतकार आदि के सह-रचनाकार होते हैं। दर्शक उन्हीं के लिए नाटक देखने आते हैं। हमारी कला के आधरभूत लक्ष्य की सिद्धि में ये सभी योग देते हैं। ये सभी बिना किसी अपवाद के प्रदर्शन में भाग लेते हैं। हमारे इस आधारभूत लक्ष्य की सिद्धि के सामूहिक प्रयास में जो कोई भी किसी अंश में बाधक होता है, उसे हमारी ओर से अवांछनीय व्यक्ति घोषित किया जाना चाहिए। अगर नाट्य-संस्थान का कोई भी कार्यकर्ता किसी दर्शक के साथ मेहमानदारी से पेश नहीं आता और इस प्रकार वह उनकी मनःस्थिति को बिगाड़ देता है, तो वह वस्तुतः हमारे लक्ष्य और हमारी कला के वास्तविक उद्देश्य को चोट पहुंचाता है। अगर रंगमंच में सीलन है, गन्दगी है, यहां-वहां चीज़ें फैली हुई हैं, पर्दा देर से उठता है, प्रदर्शन लम्बा खिंच जाता है, तो दर्शक विक्षुब्ध हो उठते हैं। जो विचार और भावनाएं, जो नाट्यलेखक, निर्देशक, अभिनेताओं एवं अन्य रंगकर्मियों के माध्यम से, उनके सामने प्रस्तुत हुई हैं, वे भली प्रकार गृहीत नहीं हो पातीं। निराशा का अनुभव होता है। दर्शकों को लगता है कि नाटक देखने का कोई समुचित कारण नहीं था; प्रदर्शन विनष्ट हो जाता है और वह रंग-संस्थान अपना सामाजिक, कलात्मक और शैक्षिक महत्त्व खो देता है।

नाट्यलेखक, प्रदर्शनकर्त्ता, अभिनेता-मण्डल, फ़ुट लाइट्स के इस ओर के वातावरण के अपेक्षित स्वरूप की संरचना करते हैं, और प्रशासन-मण्डल के लोग सामाजिकों में उचित मनोदशा की संरचना में और नेपथ्य में भी जहां अभिनेता प्रदर्शन के लिए तैयार होते हैं, भूमिका का निर्वाह करते हैं। प्रदर्शन में अभिनेता के साथ दर्शक भी सहभागी के रूप में सक्रिय होते हैं; इसलिए उसके लिए भूमिका की तैयारी ज़रूरी होती है। उसके लिए यह भी ज़रूरी है कि वह अपनी मनोदशा को उचित रूप दे; जिससे कि वह नाट्यलेखक ने जिन प्रभावों और विचारों की सृष्टि की है और जिन्हें वह सम्प्रेषित करना चाहता है, उन्हें भली प्रकार ग्रहण कर सके।

हमारी कला के चरम लक्ष्य पर रंग-संस्थान के सभी कर्मियों की एक-दूसरे पर पूर्ण निर्भरता केवल प्रदर्शन के समय ही उच्चतम स्तर पर नहीं होती, वह प्रत्येक क्षण बनी रहती है। यही हमारी शक्ति है। अगर किसी कारण से पूर्वाभ्यास अनुत्पादक रहती है तो इसका कारण कार्य में व्यवधान उत्पन्न करने वाले तत्त्व ही होते हैं। कलाकार किन्हीं विशिष्ट परिस्थितियों में ही सफलता के साथ कार्य कर सकते हैं। इन परिस्थितियों को जो भी बिगाड़ता है वह अपनी कला का स्वयं विरोधी होता है। जो भी परिस्थितियों में उलट-पुलट करता है वह कला के प्रति और फिर अपने समाज का विरोधी है। पूर्वाभ्यास ख़राब होने का अर्थ नाटक के एक अंश की हानि होता है और विरूपित भूमिका अभिनेता को नाटककार के विचार को सम्प्रेषित करने में बाधा पहुंचाती है। दूसरे शब्दों में कहा जाए तो नाटक के मूल लक्ष्य को प्राप्त करने में ये स्थितियां अवरोधस्वरूप होती हैं।

15

उपलब्धि के विभिन्न रूप

1

रंगमंच के लिए चरित्र के निर्माण की बाहरी प्रक्रिया पूरी होने के बाद स्तानिस्लाव्स्की ने विवेचन की सामग्री को सुव्यवस्थित और विभिन्न रूपों में सुसंयोजित करने की बात उठाई है। रख़्मानव ने अपने घर पर विभिन्न विचार-सूत्रों के झण्डे, पताकाएं, ध्वजाएं, पोस्टर आदि कलात्मक रूप में लिपिबद्ध किए। इस कार्य में उनके कुछ छात्रों ने भी उनकी थोड़ी-बहुत सहायता की थी। सामग्री को लेकर वे कक्षा में आए और बातचीत आरम्भ की।

"मित्रो, कला सुव्यवस्था चाहती है; इसीलिए आओ, अब हमने जो सामग्री इकट्ठी की है और जो तुम्हारे मनोजगत् में विशृंखल राशियों के रूप में इधर-उधर भटक रही है, उसे अपने स्मृति की अलमारी के खानों में सुव्यवस्थित रूप से रखें।"

उसके बाद कुछ देर तक छात्रों के साथ सम्बन्धित विषय पर विचार-विनिमय के बाद अभी तक सामग्री को स्पष्टता के लिए चित्रात्मक रूप में प्रस्तुत करने का निर्णय किया गया। उन्होंने पीछे की लम्बी-चौड़ी दीवार को ऊपर से नीचे तक दो भागों में विभाजित किया। बाएं भाग में ऊपर की ओर उन्होंने शीर्षक लगाया—'मनोतकनीक' और दाहिनी ओर उसी के सामने दूसरा शीर्षक लगाया—'बाहरी तकनीक'।

इस रूप-विन्यास में पहला वक्तव्य था पुश्किन का यह कथन :

"हमारा विवेक नाट्य-लेखक से 'भावनाओं की सच्चाई' और 'अनुभूतियों की विशेष-अनुरूपता' की मांग करता है।"

रख़्मानव ने कहा कि अभिनय का यह आधारभूत सिद्धान्त है, इसलिए इसे दोनों स्तम्भों के बीच, दोनों का थोड़ा-थोड़ा भाग लेते हुए लिखा जाना चाहिए। उसके ऊपर दोनों स्तम्भों के कुछ भागों को घेरते हुए 'कार्य-व्यापार' वाली इबारत का पोस्टर लगाया गया। उसके ऊपर जो बैनर लगाया गया

था उस पर लिखा था–'चेतन से उपचेतन की ओर।' उसके ऊपर की पताका में लिखित था–'मन, इच्छाशक्ति और भावनाएं।' रख़्मानव ने समझाया कि ये चारों सूत्र अभिनय के अन्तरंग और बहिरंग दोनों ही पक्षों में आते हैं, इसीलिए इन्हें दोनों के नीचे मध्य भाग में स्थान दिया गया है।

अब बाएं स्तम्भ के ऊपर के भाग में एक पताका को भरने का काम किया गया, जिस पर लिखा था–'मनोतकनीक'। रख़्मानव ने इस बाएं स्तम्भ के अन्तर्गत जिन विचारसूत्रों के पोस्टर लगवाने आरम्भ किए थे, उनका सम्बन्ध पहले वर्ष के पाठ्यक्रम में 'अभिनेता की तैयारी' ('ऐन ऐक्टर प्रिपेयर्स') से था। 'मनोतकनीक' के नीचे जो पोस्टर लगाया गया था, उसमें लिखा था–'आन्तरिक रचनाशील मनोदशा'। उसके बाद उस स्तम्भ में नीचे की ओर से क्रमशः सत्य की चेतना 'कल्पना', 'ध्यान', 'भावात्मक-स्मृति', 'इकाइयां और उद्देश्य' लिखे हुए थे। उसी स्तम्भ में ऊपर की ओर 'आन्तरिक रचनाशीलता मनोदशा' के नीचे जो पताका लगाई गई थी, उस पर लिखा था 'आन्तरिक ताल और लय'। उसके नीचे के पोस्टर में अंकित था–'भावनाओं में सतर्कता एवं सामंजस्य'।

अब दाहिनी ओर के स्तम्भ को नीचे से ऊपर की ओर भरा गया। पहली पताका पर लिखा था–'मांसपेशियों को तनाव से मुक्त करना'। उसके ऊपर की पट्टिका पर अंकित था–'शरीर को अभिव्यंजनाशील बनाने का प्रशिक्षण'। उसके ऊपर कोष्ठक में बैनर के ऊपर–'श्वास साधना', 'उच्चारण', 'गायन' आदि लिखा था। उसके ऊपर के पोस्टर में प्रारम्भ में 'वाचन' और उसके आगे कोष्ठकों के अन्तर्गत 'स्वर-विन्यास', 'मौन', 'शब्द', 'पदावली' आदि लिखा हुआ था। इस प्रकार इस पोस्टर में वाचन के विभिन्न विधानों के संकेत दिए गए थे। उसके ऊपर लिखा था–'भौतिक चेष्टाओं में सतर्कता और सामंजस्य'। उसके ऊपर की पताका में था–'बाहरी तालमेल'। उसके ऊपर के बैनर में लिखा था–'बाहरी चरित्र-चित्रण'। उसके ऊपर के पोस्टर में 'रंगमंच का बाहरी सम्मोहन', 'नियन्त्रण', 'सम्पूर्णता', 'आचार-संहिता' और 'समन्वय' की भावना लिखे हुए थे। उसके ऊपर 'बाहरी रचनाशील मनोदशा' का फरहरा था। सबसे ऊपर दोनों ही स्तम्भों के कुछ भागों को घेरते हुए एक बड़ा पोस्टर था जिस पर लिखा था 'सर्वतः रचनाशील परिव्याप्त मनोदशा'।

रख़्मानव के छात्रों की सहायता से दीवार पर विभिन्न प्रकार के बैनरों को सुव्यवस्थित कर लेने के बाद तोर्त्सोव का प्रवेश हुआ था और उस

चित्रात्मक वस्तु-विन्यास को देखकर उन्होंने अपनी ओर से परम प्रसन्नता व्यक्त की थी और बधाई भी दी थी।

रख़्मानव द्वारा खड़े किए गए इस रूप-विधान में कुछ जोड़ने की आवश्यकता प्रतीत होती है। मुझे लगता है कि स्तानिस्लाव्स्की जब रख़्मानव के माध्यम से बायीं ओर के स्तम्भ की सम्पूर्ति कर रहे थे, तब अभिनेता की तैयारी के लिए जिस ग्रन्थ की रचना उन्होंने रचना की थी, वह उनके पास नहीं था। इसीलिए उस स्तम्भ में कुछ कमियां रह गईं। दाहिना स्तम्भ ठीक उसके सामने था, इसलिए दूसरी पुस्तक 'चरित्र की रचना-प्रक्रिया' ('बिल्डिंग ए कैरेक्टर') पास होते हुए भी, उन्हें कुछ छोड़ना पड़ा। इन दोनों ही ग्रन्थों को साथ रखकर उपलब्धियों की रूपरेखा अगर बनाई जाए तो वह इस प्रकार होगी :

मनोतकनीक / बाहरी तकनीक

उपचेतना के द्वार पर
चरम उद्देश्य
आन्तरिक रचनाशील मनोदशा
आद्यन्त अविच्छन्न रेखा
आन्तरिक प्रेरणात्मक शक्तियां
संग्रहण
संवहन : सम्प्रेषण
भावात्मक स्मृति
विश्वास और सत्य की चेतना
इकाइयां और उद्देश्य
मांसपेशियों की विश्रान्ति
एकाग्र ध्यान
कल्पना
अगर (मैं कोई भूमिका करूं)
मन, इच्छा-शक्ति, भावनाएं
चेतन के माध्यम से उपचेतन की ओर

कार्य-व्यापार

'हमारी बुद्धि' नाट्यलेखक में 'भावनाओं की सच्चाई' और 'अनुभूतियों की विशेष अनुरूपता' की मांग करती है।

तोर्त्सोव ने रख़्मानव द्वारा खड़े किए गए रंगमंच पर प्रदर्शन के रूपविधान की कुछ व्याख्या करना आवश्यक समझा। उन्होंने अभिनय की इस नई प्रणाली के तीन आधारभूत सूत्र माने हैं।

पहला, सक्रियता का सिद्धान्त और वह इस तथ्य की ओर संकेत करता है कि अभिनेता मूल चरित्र के बिम्बों और भावनाओं को प्रदर्शित नहीं करते, वरन् भूमिका के बिम्बों और आवेगों में सक्रिय होते हैं।

दूसरा सूत्र है, पुश्किन का प्रसिद्ध कथन जो यह बताता है अभिनेता का कार्य भावनाओं की संरचना करना नहीं है, वरन् उन प्रदत्त परिस्थितियों का निर्माण करना है, जिनमें वास्तविक भावनाएं सहज रूप में सजग हो उठती हैं।

तीसरा आधारभूत सत्य है, हमारी अपनी नैसर्गिक जैविक रचनाशीलता, जिसे इन शब्दों में स्पष्ट किया जा सकता है : सचेतन तकनीक के माध्यम से कलात्मक सत्य की उपचेतन द्वारा संरचना की ओर अग्रसर होना।

इसी तीसरे सूत्र के सन्दर्भ में उन्होंने आगे कहा है कि अभिनय की इस नई पद्धति के मुख्य प्रयोजनों में से एक जैविक प्रकृति की रचनाशीलता और उसकी उपचेतना को स्वभावतः उत्प्रेरित करना है।

तोर्त्सोव के इस कथन से यह भ्रान्ति हो सकती है कि उपचेतना का उन्होंने सम्यक् अध्ययन किया होगा। इसीलिए उन्होंने आगे चलकर यह स्पष्ट किया है कि उन्होंने उपचेतना की नहीं, वरन् केवल उसकी ओर ले जाने वाले मार्ग की जानकारी प्राप्त की है। फिर भी उनके नियम उपचेतना के सम्बन्ध में किन्हीं अस्थिर, अनिश्चित आधारों पर निर्मित नहीं हैं। इसके विपरीत उनके सभी अभ्यास और नियम बराबर उनके सचेतन प्रयासों पर आधरित हैं और उन्हें उन्होंने सैकड़ों बार अपने साथ और औरों के साथ भी जांचकर देखा है। यही और केवल यही प्रयास उन्हें उपचेतन के अनजाने संसार की ओर ले गए हैं, जो किन्हीं क्षणों में उनके भीतर जीवन्त हो उठे हैं।

उन्होंने पुनः यह स्पष्ट किया है कि उन्हें उपचेतना के सम्बन्ध में कोई भी जानकारी नहीं थी, फिर भी उन्होंने प्रतिक्रियात्मक रूप से उससे सम्पर्क स्थपित करने की कोशिश की है। उनका यह सचेतन प्रयास एक ओर तो उपचेतन को सक्रिय बनाने की ओर रहा है और दूसरी ओर यह सीखने की

दिशा में रहा है कि जब वह एक बार सक्रिय हो जाए तो उसे किसी प्रकार बाधित न किया जाए।

तोर्त्सोव ने इसके बाद दीवार के बाएं भाग की ओर संकेत किया और यह कहा कि वह भूमिका को जीने की पूरी प्रक्रिया की ओर समर्पित है।

उन्होंने आगे कहा कि यह प्रक्रिया अभिनय में इसलिए महत्त्वपूर्ण है क्योंकि अभिनेता के रचनात्मक कार्यप्रवाह में उसका हर कदम हर एक क्षण उसकी भावनाओं में, जिसे कुछ लोग अनुभव ही नहीं करते, वह हमारे भीतर निष्क्रिय रहता है और हमारे कार्य को बिगाड़ देता है। अभिनय में भूमिका को अनुभव किए बिना कोई कलात्मकता हो ही नहीं सकती। इसीलिए रंगमंच पर कार्य का आरम्भ इसी चेतना के साथ किया जाता है।

लेकिन इसका यह अर्थ नहीं समझ लिया जाना चाहिए कि इसी में सारी प्रक्रिया पूरी तरह समझ में आ जाती है और उसे व्यावहारिक स्वरूप प्रदान किया जा सकता है। नहीं, यह निष्कर्ष बड़ा ही अनुचित होगा। वास्तविकता यह है कि यह प्रक्रिया अभिनेता के व्यावसायिक जीवन-पर्यन्त चलती है। अभिनय के इस नये दर्शन को समझने में व्यायाम का अभ्यास अभिनेता की थोड़ी-बहुत सहायता करता है; लेकिन उनका समुचित ग्रहण तो भूमिका पर होने वाले कार्य और रंगमंच पर अनुभव से ही हो पाता है।

तोर्त्सोव ने इसके बाद दीवार के दाहिने ओर की सामग्री पर बातचीत शुरू की, जिसमें अभिनय के बाहरी पक्ष भौतिक उपकरण के निर्माण के सम्बन्ध में वस्तुस्थिति स्पष्ट की गई थी।

"मैं जब रंगमंच पर होता हूं तो मैं सबसे पहले तुम्हारी भूमिका की सभी सूक्ष्म भंगिमाओं और भावनाओं के परिवर्तनों को समझना, देखना, जानना और तुम सभी के साथ उन्हें अनुभव भी करना चाहता हूं। इसलिए यह बहुत ज़रूरी है कि तुम अपने भीतर के अदृश्य अनुभव को मेरी आंखों के आगे दृश्यात्मक बनाओ।

"अक्सर ऐसा होता है कि अभिनेता में उसकी भूमिका की सभी सुन्दर, सूक्ष्म और गम्भीर भावनाएं होती हैं और फिर भी वह उन्हें इतना बिगाड़ देता है कि वे पहचान के बाहर हो जाती हैं, क्योंकि वह उन्हें बड़े बेढंगे तरीके से तैयार किए गए बाहरी भौतिक साधनों के माध्यम से अभिव्यक्त करता है। जब शरीर न तो अभिनेता की भावनाओं को मुझ तक सम्प्रेषित करता है और न यही बताता है कि वह उनको कैसे अनुभव कर रहा है, तो मुझे वह बड़ा ही बेसुरा निम्नकोटि का वाद्ययन्त्र लगता है जिस पर एक अच्छे

संगीतकार को प्रदर्शन के लिए मजबूर होना पड़ता है। बेचारा वह! वह अपनी भावनाओं की सभी भंगिमाओं को सम्प्रेषित करने के लिए बड़ी मुश्किल के साथ संघर्ष करता हुआ दिखाई देता है। पियानो की जकड़ी हुई कुंजियां उसके छूने से स्पन्दित नहीं होतीं। बिना तेल के पैडल घरघराते हैं। तार झनझनाहट और बेसुरी ध्वनियां उत्पन्न करते हैं। इस कारण कलाकार को बड़ा परिश्रम करना पड़ता है और उसे तकलीफ़ होती है। रूपायित होने वाली भूमिका की मानवीय आत्मा का जीवन जितना अधिक जटिल होता है उसे आवृत्त करने वाला भौतिक स्वरूप उतना ही अधिक सूक्ष्म, उतना ही अधिक अभिभूत करने वाला और कलात्मक होना चाहिए।

"हमारी बाहरी तकनीक हमारे शारीरिक उपकरण की अभिव्यंजनाशीलता, वाणी, वाचन, स्वर-विन्यास, शब्दों, वाक्यांशों, संवादों के संयोजन, मौखिक अभिव्यक्ति, गतिविधि की नमनीयता, चलने-फिरने के तरीके से बहुत अधिक मांग करती है। जब हम रंगमंच पर होते हैं तो छोटी-छोटी भंगिमाओं की, चरम अवस्था की संवेदनशीलता से लेकर हमारे आन्तरिक जीवन के सूक्ष्मतम घुमावों एवं परिवर्तनों तक सभी कुछ बड़े ही सूक्ष्मतम तापमापक यन्त्र के समान परिवेश के अदृश्य बदलावों के प्रति समुचित प्रतिक्रियाशील होना चाहिए।

"तुम्हारा तात्कालिक उद्देश्य अपने भौतिक उपकरण को नैसर्गिक जन्मजात क्षमता की सीमाओं तक प्रशिक्षित करना रहा है। तुम्हें अपने शरीर को उस सीमा तक और भी अधिक विकसित, संशोधित और सस्वर बनाने की दिशा में तत्पर रहना चाहिए जब तक कि उसका हर एक अंग पूर्वनिर्धारित जटिल कार्य तथा अदृश्य भावनाओं को उनके बाहरी रूप में नैसर्गिक स्वरूप में प्रकट करने योग्य नहीं हो जाता।"

तोर्त्सोव का इस सम्बन्ध में परामर्श है कि अभिनेताओं को नैसर्गिक नियमों के अनुसार अपने शरीर को बराबर प्रशिक्षित करते रहना चाहिए। इसका तात्पर्य है कि उन्हें जटिल कार्य बड़े धीरज के साथ करते रहना चाहिए।

2

तोर्त्सोव ने उपलब्धि के प्रसंग पर विस्तार से बातचीत की है। उन्होंने कहा है कि रंगमंच पर बुद्धि, इच्छाशक्ति और भावनाएं यही तीन प्रेरणा शक्तियां होती हैं। इन्हें कला-मर्मज्ञ प्रदर्शनकर्ता भी कहा जा सकता है। वस्तुतः ये अपने-अपने वाद्ययन्त्रों के सामने बैठे तीन वादकों के समान हैं जिनके ऊपर गुंजन उत्पन्न करने के लिए छोटे-छोटे पंखों जैसे पाइप लटके रहते हैं। ये

गुंजन अन्तरंग एवं बहिरंग रचनाशील मनोदशा की रूप-रचना के अंग होते हैं। उदाहरण देने के लिए उन्होंने दीवार पर लगी हुई सामग्री को कुछ परिवर्तनों के साथ फिर से व्यवस्थित करके सानुक्रम व्याख्या की है :

1. रचनात्मक प्रक्रिया का प्रारम्भ कवि, लेखक, नाट्य-निर्देशक, अभिनेता, दृश्य अभिकल्पक और प्रदर्शन में संलग्न अन्य लोगों की कल्पनात्मक रचनाशीलता के साथ होता है। इसलिए अनुक्रम में पहले कल्पना और उसके आविष्कारों को स्थान दिया जाना चाहिए। उसके बाद 'मायावी अगर' और फिर 'प्रदत्त परिस्थितियों को'।

2. इस प्रकार विषयवस्तु की व्यवस्था हो जाने के बाद उसे 'इकाइयों' और उनके 'उद्देश्यों' में बांटा जाना चाहिए।

3. इस तीसरे चरण में उस उद्देश्य पर ध्यान केन्द्रित किया जाना चाहिए, जिसकी सहायता से या जिसके लिए लक्ष्य को प्राप्त किया जाना है।

4. लक्ष्य को जीवन्त बनाने के लिए अभिनेता के सामने जो उद्देश्य है, उसमें सत्य की चेतना और किए जा रहे कार्य के प्रति विश्वास जगाया जाना चाहिए। इसका प्रतिफल यह होगा कि बाहर का सारा बनावटीपन, अभिनय के लटके और उसके रबर की मुहर जैसे प्रयोग सभी बाहर हो जाएंगे।

5. इसके बाद इच्छाशक्ति जागृत होगी, जो सक्रियता की ओर ले जाएगी। यह स्थिति लक्ष्य या लक्ष्यों की रचना के साथ ही स्वयमेव रूप से उत्पन्न होती है जिनकी प्रामाणिकता पर अभिनेता वास्तव में विश्वास कर सकता है।

6. अगले चरण में उस सम्प्रेषण की प्रक्रिया के विभिन्न रूप उभरेंगे जिनके लिए उद्देश्य-प्राप्ति की ओर लक्षित कार्य-व्यापार हो रहा है।

7. यह पारस्परिक विनिमय आरम्भ हो जाने पर संग्रहण की प्रक्रिया आरम्भ हो जाएगी, इसलिए दोनों समानान्तर रूप से चलने चाहिए।

8. अपनी सोयी हुई भावनाओं को उकेरने में सहायता के लिए अभिनेता को आन्तरिक ताल-लय को ग्रहण करना होगा।

9. ये सभी तत्त्व भावात्मक स्मृति को उन्मुख करेंगे जिससे भावनाओं की आवृत्ति, उनकी अभिव्यंजना उन्मुक्त हो उठे और उनमें सच्चाई की प्रतिष्ठा हो।

10. इन सभी व्यापारों में सतर्कता और तारतम्य अन्त तक बना रहना चाहिए।

तोर्त्सोव ने सतर्कता और तारतम्य का महत्त्व रंगमंच के सभी पक्षों में आधारभूत रूप में ग्रहण किया है। उन्होंने कहा है कि हम चाहे कल्पना के

आविष्कारों, प्रस्तावित परिस्थितियों, ध्यान में रखी गई वस्तुओं, इकाइयों और उद्देश्यों तथा अन्य किसी रंगकर्म के विषय में क्यों न बोल रहे हों, सतर्कता और तारतम्य का ध्यान हमें बराबर रखना होगा।

रंगकर्मी सामान्यतः रंगकर्म के इन दोनों आधारभूत तत्त्वों की अनिवार्यता को नहीं समझते। बहुत से नाटकों में नायक और नायिका एक साथ आने के लिए सब कुछ करते हैं, वे हर प्रकार की मुश्किल और तकलीफ़ का सामना करते हैं। बाधाओं से वे बड़े साहस के साथ संघर्ष करते हैं, फिर जब वांछित लक्ष्य की प्राप्ति हो जाती है और प्रेमी एक-दूसरे का आलिंगन करते हैं, तो उनमें तत्काल एक-दूसरे के प्रति बड़ी ठण्डक की भावना पैदा हो जाती हो, जैसे सब कार्य हो गए हों और नाटक समाप्त हो गया हो। यह देखकर दर्शक कितने निराश होते हैं। सारी शाम एक-दूसरे के प्रति उनकी प्रेम-भावना पर विश्वास करते हुए दोनों प्रधान अभिनेताओं का यह ठण्डापन उनके सम्मोहन को तोड़ देता है, क्योंकि उन्होंने अपनी भूमिकाओं की सतर्कता और तारतम्य के साथ तैयारी नहीं की थी।

रंगकर्मी के लिए यह परमावश्यक है कि रचनाशीलता के सभी बिन्दु सतर्कता और तारतम्य के साथ संयोजित हों। रंगमंच पर तर्कहीन और सामंजस्यरहित चरित्रों को भी पूरे नाटक के सतर्क विन्यास और रूप-योजना में प्रदर्शन के आरम्भ से लेकर अन्त तक सुनियोजित रूप में उपस्थित किया जाना चाहिए।

स्तानिस्लाव्स्की ने इस सम्बन्ध में अपनी रचना-प्रणाली को स्पष्ट करते हुए कहा है कि वे जिस भावना को लेते हैं, उसके कार्यों की सूची बना लेते हैं, जिनमें वह भावना अपने को सहज रूप में प्रकट करती है। अपने इस मन्तव्य को स्पष्ट करने के लिए उन्होंने प्रेम की भावना को उदाहरण के रूप में लिया है और उसके अन्तर्गत आने वाली विभिन्न क्रियाओं का विश्लेषण उपस्थित किया है। उन्होंने लिखा है कि इस सन्दर्भ में प्रेमी और प्रेमिका का पहले मिलन होता है और कभी तत्काल तथा कभी धीरे-धीरे दोनों में एक-दूसरे के प्रति स्नेह-भावना का विकास होता है।

इस सम्बन्ध में मैं कविवर सुमित्रानन्दन पन्त के एक छोटे प्रेमकथा काव्य की निम्नलिखित पंक्तियां उद्धृत करना चाहूंगा :

> एक पल मेरी प्रिया के दृगपलक
> थे उठे ऊपर, सहज नीचे गिरे

चेतना के इस विकम्पित पुलक ने,
दृढ़ किया मानो प्रणय-सम्बन्ध था।

इन पंक्तियों में प्रथम दृष्टि में प्रणय का वर्णन हुआ है, लेकिन सारा कार्य बीच की अवस्थाएं उठाए बिना अचानक सम्पन्न होता हुआ दिखाया गया है। इसीलिए पाठक यह समझ नहीं पाता कि यह क्या हो गया और कैसे हो गया? प्रथम दृष्टि में प्रणय के एक ऐसे ही प्रसंग को तुलसीदास जी ने जनक-वाटिका प्रकरण में उठाया है। मर्यादानिष्ठ और वीतराग होते हुए भी उन्होंने राम और सीता दोनों के मन में पहली भेंट में ही प्रणय-भावना के जागरण का समुचित और विस्तृत विवरण उपस्थित किया है। राम ने जब सीता को पहली बार देखा, तुलसीदास जी ने उसका वर्णन करते हुए लिखा है :

कंकन किंकिनि नूपुर धुनि सुनि,
कहत लखन सन रामु हृदयं गुनि।
मानहुं मदन दुंदुभी दीन्ही,
मनसा विस्वबिजय कहं कीन्ही॥
अस कहि फिरि चितए तेहि ओरा,
सिय मुख ससि भए नयन चकोरा।
भए बिलोचन चारु अचंचल,
मनहुं सकुचि निमि तजे दृगंचल॥
देखि सीय शोभा सुखु पावा,
हृदयं सराहत वचन न आवा।
... ...
सिय शोभा हियं बरनि प्रभु आपनि दसा बिचारि।
बोले शुचि मन अनुज सन वचन समय अनुहारि॥
तात जनक तनया यह सोई,
धनुष जज्ञ जेहि कारन होई।
पूजन गौरि सखीं लैं आईं,
करत प्रकासु फिरहि फुलवाईं॥
जासु विलोकि अलौकिक सोभा,
सहज पुनीत मोर मन छोभा।

सो सबु कारन जान बिधाता,
फरकहिं सुभद अंग सुनु भ्राता॥

इन पंक्तियों से यह स्पष्ट है कि तुलसीदास जी ने प्रणय-प्रसंग में गहरे उतरकर उसके अन्तर्गत आने वाले विभिन्न व्यापारों को भली प्रकार समझा और इसीलिए उसका जीवन्त वर्णन उपस्थित करने में सफलता पाई। स्तानिस्लाव्स्की ने इसी सच्चाई को समझकर अभिनेताओं को यह परामर्श दिया है कि अगर वे मानव-जीवन की विभिन्न अनुभूतियों के रूढ़िबद्ध अध्ययन से बचना चाहते हैं तो उन्हें प्रसंग-विशेष में जागृत हुई भावना का गहराई के साथ अध्ययन करना चाहिए। उसे पूरी तरह से आत्मसात करना चाहिए; सम्पूर्णता के साथ उसका अनुभव करके ही उसके प्रदर्शन में तत्पर होना चाहिए।

3

स्तानिस्लाव्स्की ने रंगमंच पर बाहरी रूप-विधान की प्रतिष्ठा में शरीर-साधना की आधारभूत भूमिका मानी है। उन्होंने एक स्थिति का चित्रण किया है : "तुम अभी जगे हो; लेकिन नींद अभी पूरी तरह टूटी नहीं है, तुम्हारे शरीर में अभी अकड़न है, कुछ करने की इच्छा नहीं हो रही; तुम उठना ही नहीं चाहते; तुम्हें अपनी हड्डियों तक में सुबह की कुछ ठण्डक महसूस हो रही है। फिर भी तुम बिछौने से उतरकर खड़े हो जाते हो; कुछ कसरत करते हो; कुछ गरमाते हो; शरीर की ही नहीं, तुम्हारे चेहरे की मांसपेशियां भी कुछ स्फूर्त होती हैं; तुम्हारे सभी अंगों में ऊपर से लेकर नीचे तक रक्त का प्रवाह चल पड़ता है।

"अपने शरीर को इस प्रकार फुर्तीला और लचकदार बनाने के साथ तुम अपनी वाणी का भी अभ्यास आरम्भ करते हो। उसे स्वर-विन्यास प्रदान करते हो। तुम्हारे मुख से ध्वनि पूरी तरह से स्पष्ट रूप से और गूंजती हुई निकलती है। वह तुम्हारे चेहरेनुमा मुखौटे से बाहर निकलती है और पूरे कमरे में स्वच्छन्द तैरने लगती है। तुम्हारा ध्वनि-विन्यास बड़ा ही मनोरम और जीवन्त है। कमरे की ध्वनि-व्यवस्था तुम्हारे स्वरों को तुम्हारे पास लौटा लाती है, तुम्हें और अधिक प्रयास करने को अधिक ऊर्जा, सक्रियता और जीवन्तता लाने के लिए प्रेरित करती है।

"स्पष्ट उच्चारण, स्वच्छ और सुव्यस्थित वाक्यांश, विशद वाचन, परिमार्जन और शक्ति के साथ अभिव्यंजना हेतु विचारों की तलाश करते हैं।

"अप्रत्याशित आरोह-अवरोह, भीतर से सहज रूप से उठते हुए वाचन को तीव्रता प्रदान करने में तत्पर होते हैं। इसके फलस्वरूप लय के चक्र चल पड़ते हैं और तुम आगे-पीछे झूलने लगते हो। अपनी सम्पूर्ण भौतिक प्रकृति में तुम्हें आदि से लेकर अन्त तक व्यवस्था, अनुशासन, सन्तुलन और सामंजस्य देखने को मिलने लगता है। तुम्हारी बाहरी और भौतिक तकनीकों को प्रभावित करने वाले सभी सम्भाग अब सुनम्र, ग्रहणशील, अभिव्यंजनामय, संवेदनात्मक प्रतिक्रियाओं से युक्त और सगतिक हो जाते हैं—तेल दी हुई सुनियन्त्रित मशीन की तरह, जिसके सभी पहिए, बेलन और दांते एक-दूसरे के साथ पूरे समन्वय के साथ सक्रिय हैं।

"तुम्हें स्थिर खड़े रहना मुश्किल लग रहा है; तुम्हारे भीतर गतिमय होने की उत्तेजना है; कुछ करने की इच्छा है; तुम्हारे भीतर की मानवीय आत्मा के निर्देशों को तुम अभिव्यक्त करना चाहते हो; तुम्हारा पूरा शरीर सक्रिय होने की मुद्रा में है; तुममें जोश भरा हुआ है; बच्चों की भांति तुम यह नहीं जानते कि अपनी अतिरिक्त ऊर्जा से तुम क्या करोगे; तुम्हारे आगे कुछ भी आ जाए, तुम अपनी ऊर्जा का उपयोग करने को तैयार हो; तुम्हें एक लक्ष्य चाहिए; एक रूपायित होने को तत्पर आन्तरिक उत्प्रेरणा अथवा व्यवस्था यदि मिल जाए तो तुम अपने सारे भौतिक और आंगिक विधान को उसकी सम्पूर्ति में लगा दोगे और उसे एक बच्चे के सामन आवेगपूर्ण ऊर्जा के साथ सम्पन्न करोगे।"

यही वह भौतिक तत्परता है जिसे रंगमंच पर एक अभिनेता को जगाने में समर्थ होना चाहिए। इसी को रंगमंचीय शब्दावली में बाहरी 'रचनाशील मनोदशा' कहा जाता है।

स्तानिस्लाव्स्की ने इसके बाद यह स्पष्ट किया है कि अभिनेता की भौतिक तकनीक का यह उपकरण भली-भांति प्रशिक्षित ही नहीं वरन् उसकी इच्छाशक्ति के आन्तरिक निर्देशों के पूर्ण अधिकार में भी होना चाहिए। हमारी प्रकृति के अन्तरंग और बहिरंग पक्षों के बीच का यह अनुबन्ध और उनका पारस्परिक व्यवहार अभिनेता में एक तात्कालिक, अचेतन और अन्तःप्रेरित अनुक्रिया की अवस्था तक विकसित होना चाहिए।

जब हमारे तीन संगीतकार—बुद्धि, इच्छाशक्ति और भावनाएं—अपना स्थान ले लेते हैं और दीवार के बायीं और दाहिनी के दोनों अभियन्त्रों पर कार्य करने लगते हैं, तब बाहरी और आन्तरिक रचनाशील मनोदशा ध्वनि पटल के रूप में सभी व्यक्तिगत तत्त्वों को पकड़ने के लिए कार्य करने को तत्पर हो उठती है।

अब जो कुछ करना शेष रह जाता है, वह उन सभी को एक समन्वित रूप में एकत्र करना है। जब यह प्रक्रिया पूरी हो जाती है तो उसे सामान्य रचनात्मक मनोदशा कहा जाता है क्योंकि उसमें आन्तरिक मनोतकनीक के साथ बाहरी भौतिक तकनीक का भी समायोजन होता है।

स्तानिस्लाव्स्की के अनुसार अभिनेता द्वारा इस मनोदशा को प्राप्त कर लेने के बाद उसके भीतर उठने वाली हर भावना, हर मनःस्थिति अनुक्रिया के रूप में अभिव्यक्त हो जाती है। उसकी सारी अन्तरंग शक्तियां और भौतिक क्षमताएं किसी भी अपेक्षा के लिए सक्रिय होने को तत्पर हो उठती हैं। वह फिर उनके साथ वैसे ही खेलता है जैसे कोई वादक अपने वाद्ययन्त्र की कुंजियों के साथ खेलता है। उसका स्वर-विन्यास जैसे ही एक पर तिरोहित होने लगता है वह दूसरे को सजग कर देता है।

भीतर से बाहरी स्वरूप की ओर अभिनेताओं का प्रतिबिम्बित जितना त्वरित, सहज, विशद और सटीक होगा, मंच पर प्रस्तुत चरित्र के आन्तरिक जीवन के प्रति दर्शकों की समझ उतनी ही अच्छी, विस्तृत और सम्पूर्ण होगी। इसी उद्देश्य के निमित्त नाटक लिखे जाते हैं और रंगमंच का अस्तित्व भी इसीलिए बना हुआ है।

रचनात्मक प्रक्रिया के दौरान अभिनेता कुछ भी कर रहा हो, उसकी सर्वतः परिव्याप्त मनोदशा में अन्तरंग और बहिरंग का समन्वय होना चाहिए। वह अपनी पंक्तियों को चाहे पहली बार बोल रहा हो अथवा सौवीं बार, वह अपनी भूमिका का अध्ययन कर रहा हो अथवा उसे पढ़ रहा हो, उस पर अपने घर पर काम कर रहा हो या पूर्वाभ्यास के समय, भूमिका के लिए मूर्त सामग्री की खोज कर रहा हो अथवा अमूर्त की, उसके अन्तरंग पक्ष के विषय में सोच रहा हो या बहिरंग पक्ष के, वह उसके भावावेगों, भावनाओं, विचारों, चेष्टाओं, सामाजिक बाहरी स्वरूप, वेशभूषा अथवा अपनी रूप-सज्जा पर विचार कर रहा हो—भूमिका के साथ इन सभी महत्त्वपूर्ण या गौण सम्पर्कों में उसे मानसिक रूप से सामान्य रचनात्मक अवस्था में रहना चाहिए, जिसका सम्बन्ध उसकी तकनीक के दोनों ही पक्षों से होता है।

जब तक यह नहीं होगा, भूमिका को पकड़कर पाना सम्भव नहीं है। इन बातों को अभिनेता में स्थायी रूप से सहज और स्वाभाविक विशेषताओं तथा उसकी दूसरी प्रकृति के रूप में प्रतिष्ठित हो जाना चाहिए।

स्तानिस्लाव्स्की इसे रंग-साधना की चरमावस्था मानते हैं। यह अवस्था अभिनेता के सम्पूर्ण रचना-विधान, उसके विभिन्न तत्त्वों का सम्पुंजन ही नहीं,

वरन् मनुष्य के जीवन का स्वाभाविक स्वरूप भी है। हम अपने स्वाभाविक जीवन में इस अवस्था से और उसके विभिन्न तत्त्वों से भी परिचित हैं। हम जब अपने वास्तविक जीवन में किसी अनुभव से गुज़रते हैं तो स्वयं को इसी अवस्था में पाते हैं; और रंगमंच पर पहुंचकर भी हम उसी अवस्था की खोज करते हैं।

स्तानिस्लाव्स्की की यह स्पष्ट धारणा है कि वास्तविक जीवन और रंगमंच दोनों ही स्थितियों में एक ही जैसे तत्त्व होते हैं। जब तक हम वास्तविक जीवन में इस अवस्था में नहीं पहुंचते, हम अपनी आन्तरिक भावनाओं के अनुभव के प्रति समर्पित नहीं हो सकते तथा उनकी अभिव्यक्ति में समर्थ भी नहीं हो सकते। लेकिन विस्मयजनक बात यह है कि स्वाभाविक परिस्थितियों में सामान्य रूप से उत्पन्न होने वाली यह मनोदशा अभिनेता के रंगमंच पर कदम रखते ही बिना कोई अवशेष छोड़े ग़ायब हो जाती है। रंगमंच पर प्रत्येक मानव-स्थिति को साकार करने के लिए, उसकी फिर से सम्प्राप्ति के लिए हमें परिश्रम, विस्तृत अध्ययन, स्वभाव और तकनीक को विकसित करने की ज़रूरत होती है; इसीलिए अभिनेताओं के लिए यह परम आवश्यक है कि वे धैर्य और निष्ठा के साथ समय लगाते हुए अथक रूप में व्यवस्थित अभ्यास और प्रशिक्षण में तत्पर रहें।

यह उक्ति कि स्वभाव दूसरी प्रकृति है, रंगकर्म के विषय में जितनी सटीक है, उतनी किसी और के साथ नहीं। स्वभाव और उसका प्रशिक्षण इतने आवश्यक तत्त्व हैं कि स्तानिस्लाव्स्की ने दीवार पर स्तम्भों के ऊपर स्वभाव और प्रशिक्षण दोनों शब्दों को भी पोस्टर पर लिखकर लटकाने का निर्देश दिया है।

कोत्स्या ने इस प्रशिक्षण-दौर में सबसे ऊपर लगे एक बड़े बैनर के बारे में पूछा था, जिस पर कुछ लिखा नहीं था।

तोर्त्सोव ने कहा, "अरे! वही तो सर्वाधिक महत्त्वपूर्ण है। वही तो सर्वाधिक महत्त्वपूर्ण कारण है जिसके लिए भौतिक सत्यों और हमारी प्रकृति के अति यथार्थ, अति स्वाभाविक संघटकों पर कार्य किया जाता है।"

ग्रीशा ने सवाल उठाया कि अगर ऐसा है तो निम्न महत्त्व के इन सभी तत्त्वों पर इतनी अधिक बातचीत क्यों की जाती रही? तोर्त्सोव ने जवाब दिया, "क्योंकि तुम तत्काल सबसे ऊपर नहीं पहुंच सकते। तुम्हें सीढ़ी की आवश्यकता होगी। उन्हीं के माध्यम से तुम सबसे ऊपर पहुंच सकते हो। मैं तुम्हें यही सीढ़ी दे रहा हूं। इन पताकाओं के रूप में वही तुम्हारे सामने है। लेकिन ये केवल तैयारी के विभिन्न चरण हैं जो कला के सर्वाधिक

महत्त्वपूर्ण और सबसे ऊंचे क्षेत्र में ले जाने के लिए उपचेतना को लोप करने का कार्य करते हैं। लेकिन इसके पहले कि हम उदात्त क्षेत्र में पहुंचें, हमें सही ढंग से जीने की कुछ सामान्य बातों को सीखना होगा।

4

रंगकर्म के लिए अपेक्षित जीवन के उस सामान्य स्वरूप को समझाने के लिए शोरबा तैयार करने की प्रक्रिया को स्तानिस्लाव्स्की ने उदाहरण के रूप में लिया है। उन्होंने लिखा है कि अगर हमें बढ़िया स्वास्थ्यवर्धक शोरबा बनाना है तो हमें अनेक प्रकार की सूखी और हरी सामग्री लेनी होगी। उसे एक बर्तन में रखकर उसमें पानी डालना होगा। फिर उसे स्टोव पर रखना होगा। लेकिन इतने से ही काम नहीं चलेगा। आग प्रज्वलित करनी होगी। वही बर्तन में रखे हुए पदार्थों को पकाएगी। यह प्रक्रिया भी बड़े ढंग से सम्पन्न होगी और तब हमें अच्छा शोरबा पीने को मिलेगा।

आग को ही उन्होंने वह आधारभूत प्रक्रिया कहा है जो पकाने का कार्य करती है। इसीलिए उन्होंने रंगकर्म में चरम उद्देश्य और कार्य की आद्यन्त रेखा को आग के रूप में स्वीकार किया है।

स्तानिस्लाव्स्की के विचार में हमारी रचनात्मक प्रकृति अविच्छिन्न होती है, उसके संयोजक अंश अपने में अलग-अलग नहीं रहते; लेकिन रंगमंच पर वे असाधारण सरलता से अलग-अलग हो जाते हैं और उन्हें फिर से एक साथ मिलाना बड़ा मुश्किल हो जाता है। इसीलिए यह ज़रूरी हो जाता है कि उन साधनों की खोज की जाए, जिनका हम अध्ययन करते रहे हैं ताकि उन सभी अंशों को फिर से जोड़ा जा सके और फिर उन्हें सामान्य कार्य में लगाया जा सके।

यही सर्वाधिक महत्त्वपूर्ण कार्य है जो अभिनेताओं को किसी भूमिका की तैयारी करते समय करना होता है। रंगकर्म के जिन तत्त्वों की हमने चर्चा की है, उन्हें कार्य की आद्यन्त रेखा से एक-दूसरे को जोड़ा जाना चाहिए। वही उन्हें उस सामान्य लक्ष्य की ओर भूमिका के सर्वप्रमुख उद्देश्य की दिशा में ले जाएगी। रंगमंच के बाहर सामान्य जीवन में यह प्रक्रिया सामान्य रूप से तब भी सम्पन्न हो जाती है, जब हमें अलग-अलग तत्त्वों की बिल्कुल जानकारी नहीं होती। आद्यन्त कार्य, चरम उद्देश्य इस व्यापार को सम्पन्न कर देते हैं।

प्रश्न यह है कि इस आधारभूत महत्त्व की प्रक्रिया को रंगमंच पर किस प्रकार सम्पन्न किया जाए?

स्तानिस्लाव्स्की के अनुसार इन तत्त्वों के दो समुदाय हैं, इनमें एक ओर नैसर्गिक क्षमताएं हैं—सुमेधा, प्रतिमा, नैसर्गिक सामर्थ्य और प्रवीणता; दूसरी ओर वे साधन हैं जो अभिनेता के रूप में हमारे रचना-शिल्प के रूप में हमें सुलभ हैं।

इस सन्दर्भ में उन्होंने चरम उद्देश्य और कार्य की आद्यन्त रेखा की फिर से चर्चा की है। चरम उद्देश्य का वह मूल एवं आधारभूत विचार है जिसने नाटक-लेखन को प्रेरणा दी थी। रंगमंच पर नाटक के विभिन्न चरित्रों के जीवन से छोटे-छोटे उद्देश्यों को लेकर बनने वाली कार्य की अविच्छिन्न रेखा उसी चरम उद्देश्य की ओर ले जाती है। इसीलिए यह ज़रूरी है कि अभिनेता अपनी भूमिका, रेखाचित्र या नाटक के लिए जहां तक सम्भव हो गहरी, सुदृढ़ और सुसंगठित कार्यरेखा को समझे। अगर वह अन्त तक सुव्यवस्थित रूप में चलती रहेगी तो चरम लक्ष्य की प्राप्ति अवश्य हो जाएगी। अभिनेता को ऐसा लगना चाहिए कि उसकी अंगुलियों में धागा पिरोई एक सुई है, उसे भूमिका के लिए तैयार विस्तृत स्वरूप, अपने मन के भीतर विभिन्न तत्त्वों में चरम लक्ष्य की ओर पिरोओ। वही तुम्हें नाटक में प्रदर्शित अविच्छिन्न रेखा के रूप में उसके चरम लक्ष्य की ओर ले जाएगी। व्यवहारतः भूमिका पर अनवरत अभ्यास के सहारे ही इस स्थिति को प्राप्त किया जा सकता है।

16

अभिनय : कुछ निष्कर्ष

अभिनय के बाह्य स्वरूप के निरूपण के प्रकरण में समय-समय पर उठे सवालों में अनुत्तरित रह गए प्रश्नों का समाधान करना भी स्तानिस्लाव्स्की ने आवश्यक समझा है। उपसंहार में उन्होंने ऐसे ही कुछ सवाल उठाकर उनके जवाब दिए हैं।

उनके सामने पहली समस्या यह है कि उन्होंने अभिनय की जिस पद्धति की विवेचना की है, उसे उनके नाम के साथ जोड़कर 'स्तानिस्लाव्स्की मेथड' कहा जाने लगा था। यह उन्हें उचित नहीं लगा। उनके अनुसार इस पद्धति की वास्तविक शक्ति इस तथ्य में निहित है कि इसका गठन अथवा आविष्कार किसी ने नहीं किया है। अपनी अन्तश्चेतना और शरीर-विधान दोनों में ही यह हमारी जैविक प्रकृति का अंग है। यह प्रकृति के नियमों पर आधारित है। बच्चे का जन्म, वृक्ष का उत्पन्न होना, एक कलात्मक बिम्ब की संरचना—ये सभी सजातीय व्यवस्था की अभिव्यक्तियां हैं। हम रचना की इस नैसर्गिक प्रकृति के और अधिक निकट कैसे पहुंच सकते हैं, यही उनकी ज़िन्दगी का प्रधान विचारणीय विषय रहा है। किसी व्यवस्था का आविष्कार सम्भव नहीं है। हम उसे रचनाशीलता की अन्तर्निहित सामर्थ्य के साथ, अपने भीतर लेकर पैदा होते हैं। यह अन्ततः हमारी स्वाभाविक ज़रूरत है, इसलिए यह ज्ञान हो ही नहीं सकता कि प्राकृतिक विधान के अतिरिक्त अन्य किसी रूप में इसे कैसे अभिव्यक्त किया जा सकता है।

फिर भी यह बड़ी अजीब बात है कि जब हम रंगमंच पर कदम रखते हैं तो इस नैसर्गिक क्षमता को खो देते हैं और रचनाशीलता के साथ अभिनय करने की जगह हम बनावटी अनुपातों में बिगड़े हुए रूपों में प्रदर्शन करने लगते हैं। ऐसा क्या है जो हमें इस ओर ढकेलता है? दर्शकों की आंखों के आगे कुछ रचने की शर्त। लेखक द्वारा निर्धारित कार्य-व्यापार और शब्द-परम्परित ग़ैर-सच्चाई मंच-प्रस्तुति का निहित अंश, पेंटर द्वारा अभिकल्पित

दृश्य-बन्ध, रंग-निर्देशक द्वारा नियोजित प्रस्तुति, हमारी अपनी घबराहट, रंगमंच का भय, भ्रष्ट रुचि और झूठी परम्पराएं सभी हमारी प्रकृति को बांधती हैं। ये सभी एक अभिनेता को प्रदर्शनात्मकता और झूठे प्रस्तुतीकरण की ओर जाने को मजबूर करती हैं। हमने भूमिका की ज़िन्दगी को जीने की कला का जो रास्ता चुना है, वह अभिनय के इन अन्य प्रचलित 'सिद्धान्तों' के विरुद्ध, अपनी पूरी शक्ति के साथ विद्रोह करता है। हम ठीक इसके विपरीत इस सिद्धान्त पर बल देते हैं कि किसी भी रचनाशील स्वरूप का मूल कारक अभिनेता और उसकी भूमिका की मानवीय चेतना का उनकी मिली-जुली भावनाओं और उपचेतन की रचना है।

इनका 'प्रदर्शन' नहीं हो सकता। ये केवल सहज रूप में अथवा जो कुछ पहले हो चुका है उसके फलस्वरूप निर्मित होती है। व्यक्ति बस उसका अनुभव कर सकता है। वह सभी जो रंगमंच पर प्रदर्शित किया जाता है, बनावटी होता है और जो कुछ अनुभव नहीं किया गया है, उसके फलस्वरूप गढ़ा हुआ होता है। उसमें कोई अनुभूति नहीं होती वरन् केवल पारम्परिक बनावटीपन और अभिनय के लटके होते हैं।

एक छात्र ने बीच में चौंकते हुए कहा कि लेकिन यह सब प्रभावपूर्ण भी हो सकता है क्योंकि सामाजिक उससे प्रभावित होते हैं।

तोर्त्सोव ने इस तथ्य को स्वीकार किया है। लेकिन वह किस प्रकार का प्रभाव उत्पन्न करता है? एक प्रभाव की विशेषता दूसरे से सर्वथा अलग होनी चाहिए। इस बिन्दु पर अभिनय के प्रति उनका दृष्टिकोण एकदम स्पष्ट है।

उनकी रुचि अस्थायी प्रभावों में नहीं है। उन्हें मात्र दिखलाई और सुनाई देने वाले प्रभावों से सन्तोष नहीं होता। वे हमारी भावनाओं को आन्दोलित करने वाले प्रभावों को सर्वाधिक महत्त्व देते हैं। दर्शकों पर ज़िन्दगी-भर बनी रहने वाली छाप छोड़ते हैं; अभिनेताओं को भी वास्तविक जीवन्त व्यक्तियों में रूपान्तरित कर देते हैं। यह रूपान्तरण कुछ ऐसा होता है कि दर्शक उन्हें अपने निकटस्थ ऐसे प्रिय व्यक्तियों की सूची में सम्मिलित कर लेते हैं, जिन्हें कोई प्यार कर सकता है, अपना परम आत्मीय समझ सकता है और जिनसे मिलने के लिए बार-बार नाट्य-भवन में जाता है। उनकी अपेक्षाएं बड़ी सहज और सामान्य हैं; और इसीलिए उन्हें सन्तुष्ट करना मुश्किल है। वे बस इतना ही चाहते हैं कि अभिनेता रंगमंच पर नैसर्गिक नियमों के अनुसार जिए। फिर भी उन परिस्थितियों के कारण जिनमें कोई अभिनेता कार्य करता है, उसके

लिए यह कहीं आसान है कि वह स्वाभाविक मानवीय जीवन जीने के स्थान पर अपनी प्रकृति को विरूप कर ले। इसीलिए उन्हें उन साधनों की खोज करनी पड़ी है जो विरूपण की इस प्रवृत्ति के साथ संघर्ष कर सकें—यही उनकी तथाकथित 'पद्धति' का आधार है। उसका उद्देश्य इस अपरिहार्य विरूपण की प्रवृत्ति को विनष्ट करना है और हमारी अन्तःप्रकृति की क्रियाशीलता को उस सही रास्ते पर ले जाना है जो परिश्रम तथा सही ढंग के अभ्यास और आदतों से बनाया गया है।

"इस 'पद्धति' का उद्देश्य उन नैसर्गिक नियमों की पुनः प्रतिष्ठा करना है जो अभिनेता के जनसाधारण के बीच कार्य करने की वस्तुस्थितियों के कारण अपने स्थान से हट गए हैं। इस पद्धति का प्रयोजन अभिनेता को सामान्य मनुष्य की रचनाशील मनोदशा में फिर लौटा लाना है।"

तोर्त्सोव ने उसके बाद सवाल उठाया कि अभिनेता जब जनता के सामने प्रदर्शन के लिए आता है तो उस समय यदि उसे प्रत्येक क्षण अपनी हर गतिविधि के लिए और अपनी मांसपेशी के सटीक व्यापार के लिए चेतन रहने को मजबूर होना पड़ता है तो उसकी स्थिति क्या होगी? अगर ऐसा होता है तो यह सिद्ध हो जाएगा कि पियानोवादक या नृत्यकार से जिस कार्य की आशा की जाती है वह उसमें समर्थ नहीं है। पियानोवादक के लिए एक लम्बे आयोजन में, अंगुली की हर एक चेष्टा को याद रखने का सवाल ही नहीं उठता। यह भी सम्भव नहीं है कि कोई नर्तक रंगमंच पर प्रदर्शन करते हुए अपनी सभी मांसल चेष्टाओं के प्रति सजग रह सके।

तोर्त्सोव ने इस सम्बन्ध में एस.एम. वोलोन्स्की का एक कथन अवतरित किया था कि 'जो मुश्किल है उसे स्वभाव बन जाना चाहिए; स्वभाव को आसान और आसान को सुन्दर। इस अवस्था की सम्प्राप्ति के लिए अथक, व्यवस्थित अभ्यास अनिवार्य है। इसीलिए बड़े कला-मर्मज्ञ, गायक, वादक अथवा नृत्यकार एक ही चरण का बार-बार अभ्यास करते हैं, जब तक कि वह उनकी मांसपेशियों में रच-बस न जाए; जब तक कि वह उनकी सरल और यान्त्रिक आदत ही में न बदल जाए।

स्तानिस्लाव्स्की ने लिखा है कि इस कला-साधना में दुर्भाग्य से ख़तरा यह भी है कि कोई आदत ग़लत दिशा में विकसित न हो जाए। वह अभिनेता जो रंगमंच पर बार-बार प्रकट होकर अतिनाटकीयता और ग़लत ढंग से कार्य करता है, अपने वास्तविक लक्ष्य को पाने से वह उतना ही दूर होता जाता है। स्वभाव अथवा आदत दुधारी तलवार है। रंगमंच पर अगर उसका ग़लत

ढंग से इस्तेमाल किया जाए तो वह बहुत नुकसान पहुंचा सकती है; लेकिन अगर उसका समुचित लाभ उठाया जाए तो वह बड़ी मूल्यवान हो सकती है। इसीलिए जो अभिनेता सुशिक्षित स्वभाव के निर्माण के माध्यम से सही रचनाशील मनोदशा की प्रतिष्ठा करना सीखना चाहता है, उसके लिए यह ज़रूरी है कि वह कदम-दर-कदम सुनिश्चित पद्धति पर कार्य करे। यह व्यवहार में उतना कठिन नहीं है, जितना सिद्धान्त रूप में लगता है। बस ज़रूरी यही है कि जल्दबाज़ी न की जाए।

तोर्त्सोव ने इसके बाद अभिनेता के मार्ग में आने वाली एक और भी बड़ी बाधा की ओर संकेत किया है। उसे उन्होंने कुछ अभिनेताओं के पूर्वाग्रहों की हठवादिता कहा है। अभिनेता लगभग नियमतः—क्योंकि इसके कम ही अपवाद देखने को मिलते हैं—यह स्वीकार नहीं करते कि नियमों, तकनीक, सिद्धान्तों, पद्धति की उनके कार्य में कोई भूमिका है। वे तो बस अपनी प्रतिभा को सर्वाधिक शक्तिमान मानते हैं। बड़ी विचित्र बात है कि जिस अभिनेता में जितनी ही कम यह नैसर्गिक क्षमता होती है, वह अपने को उतना ही बड़ा प्रतिभावान समझता है, और यही उसे अपनी कला के क्षेत्र में कोई सचेतन प्रयास नहीं करने देती।

स्तानिस्लाव्स्की के विचार से ऐसे अभिनेता किन्हीं तथाकथित महान् अभिनेताओं की परम्परा में 'अन्तःप्रेरणा' के साथ जुआ खेलते हैं। उनमें से अधिकांश यह समझते हैं कि रचनाशीलता में कोई सचेतन प्रयास मात्र गड़बड़ी उत्पन्न करता है। ईश्वर की अनुकम्पा से अपने को कलाकार समझना उन्हें बड़ा आसान लगता है। यह अस्वीकार नहीं किया जा सकता कि कभी किन्हीं अनजाने कारणों से अभिनेता को अपनी भूमिका की अन्तर्निहित भावनाओं पर अधिकार मिल जाता है और वे किसी दृश्य में अथवा पूरे नाटक में भी सतर्क प्रदर्शन कर लेते हैं। लेकिन कोई अभिनेता कुछ आकस्मिक सफलताओं पर अपने व्यवसाय के साथ जुआ नहीं खेल सकता।

"ये आलसी अथवा बुद्धिहीन अभिनेता, जो अपने को प्रतिभावान समझते हैं, यह विश्वास करते हैं कि उन्हें बस इतना ही करना है कि किसी भावना को पकड़ लें और बाकी सब कुछ अपने आप घटित हो जाएगा। लेकिन अक्सर ऐसा होता है कि किन्हीं अनजाने और मनमौजी कारणों से अन्तःप्रेरणा नहीं जागती। तब वह अभिनेता रंगमंच पर तकनीक के अभाव में अपनी भावनाओं को जगाए बिना, साधनों का इस्तेमाल किए बिना, स्वयं अपनी प्रकृति की जानकारी के बिना ईश्वर की कृपा से अच्छा प्रदर्शन नहीं करता,

बल्कि कहना चाहिए ईश्वर की कृपा से बड़ा ख़राब प्रदर्शन करता है। उसके सामने तब सही रास्ते को फिर से तलाश करने का कोई तरीका ही नहीं रह जाता।

अभिनेता तथा अन्य कलाकारों को भी यह भली प्रकार समझ लेना चाहिए कि रचनाशील मनोदशा, उपचेतना, अन्तःप्रेरणा ये उनके बुलाने और पुकारने से अपने आप नहीं आ जातीं। अगर हम इन तक पहुंचने का सही रास्ता समझ लें और उस पर चलने का अभ्यास कर लें, तो पहले हो गई भूलों से बचा जा सकता है। इससे यह स्पष्ट है कि कहां से शुरुआत की जा सकती है।

स्तानिस्लाव्स्की ने इस सन्दर्भ में सलाह दी है कि मनुष्य ने कष्टों और कठिनाइयों को झेलते हुए बड़े-बड़े आविष्कार किए और महान् सत्यों की खोज की। हमें उनके प्रति उपेक्षा का भाव नहीं अपनाना चाहिए, हाथ बढ़ाकर उन्हें लेना चाहिए। वह सब हमें मूल्य दिए बिना ही तो मिल रहा है! यही वस्तुतः सभ्यता और संस्कृति है।

रंगमंच के क्षेत्र और सर्वोपरि वाचन के व्यवसाय में हमें बहुत कुछ ऐसा ही देखने को मिलता है। महान् प्रतिभाओं में परिगणित लोगों ने, महान् बौद्धिक क्षमताओं से सम्पन्न विद्वानों ने और स्वयं प्रकृति ने शताब्दियों के अनवरत प्रयास से भाषा की संरचना की है। उन्होंने एस्पेरान्तो के समान उसका आविष्कार नहीं किया है। जीवन की अन्तर्निहित चेतना से ही उसका आविर्भाव हुआ है। विद्वानों की अनेक पीढ़ियों ने उसका अध्ययन किया है, उसका परिष्कार हुआ है। शेक्सपीयर, पुश्किन जैसी महान् काव्य-प्रतिभाओं ने उसका परिमार्जन किया है—अभिनेता को तो बस तैयार सामग्री को लेना है। लेकिन वह तो पहले से पचे खाने को भी ग्रहण नहीं करना चाहता।

यह सही है कि कुछ ऐसे भाग्यवान होते हैं जो बिना पढ़े-लिख ही अपनी भाषा की प्रकृति की अन्तश्चेतना को समझते हैं और बड़े सही ढंग से उसका प्रयोग करते हैं। लेकिन ऐसे लोग विरले होते हैं। कबीर को कुछ ऐसा ही विलक्षण व्यक्तित्व मिला था। उन्होंने अपने विषय में स्वयं कहा है, "मसि कागद छूयो नहीं, कलम गही नहिं हाथ।" लेकिन उनकी प्रतिभा का लोहा, भाषा पर उनका असाधारण अधिकार सारा देश स्वीकार करता है।

गायकों को देखें, वे कैसे अपनी कला के नियमों और सिद्धान्तों का अध्ययन करते हैं। अपने वाद्ययन्त्रों वायलिन, पियानो आदि की देखरेख करते हैं। नाटक के कलाकार वैसा क्यों नहीं करते? वे वाचन के नियमों को क्यों

नहीं सीखते? वे अपनी वाणी, अपने वाचन के सुसंस्कार में क्यों नहीं रुचि लेते? अपने शरीर के अपने विभिन्न अंगों की समुचित चिन्ता और समादर क्यों नहीं करते? यही तो उनके वायलिन हैं, पियानो हैं, उनकी अभिव्यंजना के सर्वाधिक कोमलकान्त साधन हैं। उच्चतम शिखर पर विभाजन शिल्पी स्वयं मायावी प्रकृति ने ही तो उनकी रचना की है।

रंगमंच के अधिकांश लोग यह मानने को तैयार नहीं होते कि कला संयोग या इत्तेफ़ाक़ नहीं है। उसके आधार पर आप रचना नहीं कर सकते। कुशल प्रदर्शनकर्ता का अपने वाद्य-यंत्र पर पूरा अधिकार होना चाहिए। कलाकार के लिए यह बड़ा जटिल यान्त्रिक विधान है। अभिनेता को तो अपनी वाणी से ठीक वैसा नहीं करना होता जैसा कि गायक को करना होता है; अपने हाथों से ठीक वैसा ही नहीं करना होगा जैसा पियानोवादक को करना होगा, और न अपने शरीर के हाथों-पैरों आदि से ठीक वैसा करना होता है जैसा कि नृत्यकार करता है। अभिनेता को तो एक साथ मानवीय चेतना के सभी आध्यात्मिक और भौतिक पक्षों पर समन्वित रूप से काम करना होता है। उन पर अधिकार पाने के लिए बड़े संयम, अनथक व्यवस्थित प्रयास तथा सुनियोजित कार्य की अपेक्षा होती है, ठीक जैसे किसी अच्छे रंग-संस्थान में होती है।

स्तानिस्लाव्स्की ने अपनी 'पद्धति' के सम्बन्ध में सावधान करते हुए कहा है कि वह स्वयं में लक्ष्य नहीं है, वरन् रचनात्मक उपलब्धि की प्रक्रिया में वह साध-साथ चलती है। अभिनेता उस 'पद्धति' को अभिनीत नहीं कर सकता। वह घर पर उसका अभ्यास कर सकता है, लेकिन जब वह रंगमंच पर कदम रखता है तो उसे उसको छोड़ देना चाहिए। वहां तो केवल प्रकृति ही उसका मार्गदर्शन कर सकती है। यह 'पद्धति' मात्र सन्दर्भ-ग्रन्थ है, दर्शन नहीं है। जब दर्शन आरम्भ होता है तो यह 'पद्धति' समाप्त हो जाती है।

"पद्धति का अविवेकपूर्ण प्रयोग अर्थात् ऐसा प्रयोग जिसमें निरन्तर मनोयोग से काम नहीं लिया गया, हमेशा अपेक्षित लक्ष्य से दूर ले जाता है। यह ग़लत होगा और अति से भरा हुआ भी। लेकिन दुर्भाग्य से अक्सर होता ऐसा ही है।" इस मनोतकनीक का हठपूर्ण अतिरंजित प्रयोग ख़तरनाक हो सकता है और संकटपूर्ण परिस्थिति भी उत्पन्न कर सकता है।

स्तानिस्लाव्स्की की दृष्टि में अनचाहे बाहरी रास्तों से बचने के लिए अभिनेताओं को केवल प्रारम्भिक कार्य और वह भी प्रशिक्षित व्यक्ति की देखरेख में ही करना चाहिए।

उन्होंने आगे कहा है, "इस सबको भली प्रकार आत्मसात करने की आवश्यकता है। वर्षों के निरन्तर अभ्यास के बाद यह सम्भव हो पाएगा कि तुम उसे पूरी तरह से ग्रहण कर सको। जब वह समय आएगा तो अपने अनुभव और अध्ययन की तुलना की आवश्यकता होगी। तब कक्षा में सुना गया प्रत्येक शब्द तुम्हारे भीतर जीवन्त हो उठेगा।

"जब अपनी कलात्मक साधना के लिए अपेक्षित रचनात्मक मनोदशा पर अधिकार हो जाए तब तुम्हें अपनी भूमिका में अपनी भावनाओं को देखना, उनका मूल्यांकन करना और फिर जिस बिम्ब का तुम स्वभावतः रूपायन करते हुए जी रहे हो, उसकी समीक्षा करना भी सीखना चाहिए। अभिनेता इस दिशा में आगे बढ़ सके, इसके लिए ज़रूरी है कि वह कला, साहित्य, ज्ञान-विज्ञान की अन्य शाखाओं के अपने अध्ययन को आगे बढ़ाए और इसका प्रमाण भी दे कि इस सबके माध्यम से वह अपनी नैसर्गिक क्षमता को और अधिक बढ़ा सकता है। अच्छा अभिनेता बनने के लिए यह भी ज़रूरी है कि वह अपने शरीर के विभिन्न अंगों, वाचन के ढंग, अपने चेहरे को प्रकृति की रचना के सौन्दर्य की अभिव्यक्ति के उपकरणों के रूप में विकसित करे।"

2

चरित्र के भौतिक स्वरूप की रचना की कक्षा के अन्तिम दिन तोर्त्सोव ने छात्रों से कहा कि आज हम सर्वाधिक महान् कलाकार प्रकृति की प्रशंसा में ही बातचीत करेंगे—सभी कलाकारों की रचनाशील नैसर्गिक प्रकृति, वह हमारे भौतिक और आध्यात्मिक रूप-विधान के सभी केन्द्रों, सभी जाने-अनजाने अंगों में प्रतिष्ठित है। हमारी पहुंच उसके पास तक सीधे नहीं है; लेकिन कुछ टेढ़े-मेढ़े रास्ते ज़रूर हैं जिनकी हमें थोड़ी-बहुत जानकारी है और जिन्हें यदा-कदा व्यावहारिक रूप में भी देखा गया है। सामान्यत हमें उत्साह से भरने वाली वस्तु है—प्रतिभा, सुमेधा, प्रेरणा, उपचेतना, अन्तःप्रज्ञा या सहज बुद्धि। ये गुण सभी के भीतर होते हैं। इनके सम्बन्ध में विस्तार से कुछ नहीं कहा जा सकता। इन्हें दूसरों के और अपने भीतर अनुभव किया जा सकता है।

तोर्त्सोव ने इसके बाद इस नैसर्गिक सामर्थ्य के सम्बन्ध में प्रचलित विभिन्न धारणाओं के विषय में कहा था, "कुछ लोगों का विश्वास है कि ये रहस्यमय और विलक्षण वस्तुएं ऊपर से ईश्वरीय प्रेरणा से उतरती हैं। कुछ लोगों का कहना है कि इनका स्थान हमारे हृदय में है। लेकिन हृदय की अनुभूति तभी होती है जब वह धड़कता है या स्पन्दित होता है अथवा दर्द

करता है और यह सब सुखद नहीं होता। एक तीसरा वर्ग है जो कहता है कि प्रतिभा की अन्तःप्रेरणा हमारे मस्तिष्क में होती है। उन्होंने बताया था कि यह सही है कि बुद्धि कभी-कभी बड़े विलक्षण रूप में कौंधती है, लेकिन वह जल्दी ही तिरोहित भी हो जाती है। कुछ वैज्ञानिक हैं जो उपचेतना शब्द को लेकर अनेक खिलवाड़ उपस्थित करते हैं। बड़े रहस्यमय और यदा-यदा रमणीय जंगलों में घुमाते भी हैं, लेकिन अब तक वे उपचेतना की इस प्रक्रिया की कोई तर्कसंगत व्याख्या प्रस्तुत नहीं कर सके। कुछ और विद्वान हैं जो अत्यन्त जटिल परिकल्पनाएं सामने रखते हैं। फिर भी वे यह स्वीकार करते हैं कि वे उसकी कोई सुनिश्चित व्याख्या नहीं कर सके।

स्तानिस्लाव्स्की इन बौद्धिक कसरतों के हिमायती नहीं हैं। इसके विपरीत उनका कहना है, "गहन अध्ययन पर आधारित ज्ञान के अभाव का यह स्वीकार, यह स्पष्टता विवेकजन्य है। ऐसी स्वीकारोक्तियां मुझमें विश्वास जगाती हैं और विज्ञान की तलाश की भव्यता का आभास कराती हैं। मेरे निकट यह अप्राप्त को संवदेनशील हृदय की सहायता से प्राप्त करने की वांछा है, और यह समय से प्राप्त हो जाएगी। विज्ञान की इन नई उपलब्धियों की अपेक्षा करते हुए मुझे हमेशा लगा है कि मुझे अपना तमाम परिश्रम और शक्ति केवल रचनात्मक प्रकृति के अध्ययन में ही लगानी होगी, उसके स्थान पर रचना करने में नहीं; मुझे उस परिश्रम और शक्ति का उपयोग उस तथ्य तक पहुंचने में गोल-मोल या टेढ़े-मेढ़े रास्तों की खोज में और उस तक पहुंचने की प्रेरणा का अध्ययन करने में नहीं वरन् उस तक पहुंचने के वास्तविक रास्तों की तलाश में करना होगा। मैं कुछ रास्तों की तलाश कर पाया हूं। मुझे मालूम है कि और भी कई रास्ते हैं और अन्ततः अन्य लोग उन्हें ढूंढ़ ही लेंगे। फिर भी अपने वर्षों के परिश्रम से मैंने कुछ अनुभव तो हासिल किया ही है। और मैं उसी अनुभव को आपके साथ बांट रहा हूं।"

उनके अनुसार ये अनुभव और रास्ते यथार्थपरक, व्यावसायिक, प्रायोगिक हैं। दशाब्दियों तक मंच पर उनका परीक्षण किया जा चुका है और उनके अच्छे परिणाम भी सामने आए हैं। इसके बाद उन्होंने लिखा है कि मैंने अपनी नैसर्गिक रचनाशीलता के सम्बन्ध में कुछ नियमों को सीखा है–यह बहुत महत्त्वपूर्ण और मूल्यवान है; लेकिन नैसर्गिक रचनाशीलता के स्थान पर उनकी रंगमंचीय तकनीक–वह चाहे कितनी ही परिपूर्ण क्यों न हो–स्थानापन्न रूप में प्रतिष्ठित नहीं की जा सकती। तकनीक वस्तुतः नैसर्गिक रचनाशीलता का सतर्कता के साथ सराहनीय रूप में अनुसरण करती है। यह सब आंगिक चेष्टा,

मुख की मुद्रा, गतिविधि, सुमेधा से सम्पन्न, सुस्पष्टं और बुद्धिमत्तापूर्ण होता है। वाचन भी भूमिका के अनुरूप होता है, ध्वनियां भली प्रकार क्रियान्वित होती हैं, उच्चारण कानों को आनन्दित करता है, वाक्यांश सुन्दर ढंग से संयोजित होते हैं, वाणी का आरोह-अवरोह संगीतात्मक होता है; बिल्कुल ऐसे जैसे वह लिपि के अनुसार गाया जा रहा हो। सब कुछ उत्तप्त हो उठता है तो भीतर से आलोकित हो रहे सत्य का आधार ग्रहण कर लेता है। कोई इससे अधिक की आकांक्षा भी कैसे कर सकता है। इस प्रकार के अभिनय को देखना आत्मसन्तोष प्रदान करता है। यह बड़े दुःख की बात है कि ऐसे अभिनेता बड़े ही कम हैं जो अपने पीछे मूलतः सुसंयोजित और भली प्रकार सम्पन्न स्वरूपों के विलक्षण सुन्दर, कलात्मक, समायोजित और सूक्ष्म प्रभावों को छोड़ जाते हैं।

स्तानिस्लाव्स्की ने प्रश्न किया है कि ऐसी महान कला क्या अभिनय की किसी प्रणाली को सीखने मात्र से अथवा बाहरी तकनीकों के प्रयोग से प्राप्त की जा सकती है? उनका स्पष्ट उत्तर है, "नहीं।" यह तो सच्ची रचनाशीलता है और वह रंगमंचीय भावनाओं से नहीं, वरन् भीतर से मानवीय चेतना से आती है। उनके मत में अभिनेताओं को इसी लक्ष्य की ओर बढ़ने की कोशिश करनी चाहिए।

अभ्यास से इस प्रकार के अभिनय में दक्षता प्राप्त कर भी ली जाए, फिर भी उसमें एक कमी तो बनी ही रहती है। उसमें वह असम्भाव्यता की गुणवत्ता देखने को नहीं मिलती, जो दर्शक को आश्चर्यचकित, अभिभूत और स्तम्भित कर देती है। यह वह कुछ है जो दर्शक को धरती से ऊपर उठा लेता है, उसे उस भूमि में पहुंचा देता है, जिस पर वह कभी नहीं चला था, लेकिन जिसे वह बड़ी आसानी से अनुमान या पूर्वाभास की चेतना से पहचान लेता है। वह उस अप्रत्याशित स्वरूप को ठीक अपनी आंखों के सामने और पहली बार देख रहा होता है, लेकिन उसे आन्दोलित, आह्लादित और आप्लावित कर देता है। वह पूरी तरह से उसमें खो जाता है।

स्तानिस्लाव्स्की का कहना है कि उस अनुभूति का कोई तर्कसंगत विश्लेषण सम्भव नहीं है; और इस विषय में भी कोई सन्देह नहीं है कि यह असम्भावित अनुभूति नैसर्गिक प्रकृति के स्रोतों से प्रवहमान होती है। अभिनेता स्वयं उससे आप्लावित, अभिभूत तथा परम आह्लादित हो उठता है। वह अपनी अन्तश्चेतना से भी कहीं आगे पहुंच जाता है। यह भी हो सकता है कि ऐसे भीतरी ज्वार का तेज़ बहाव उसे भूमिका की मुख्य धारा से अलग बहा ले

जाए। यह बड़ा ही दुःखद है, फिर भी उद्दाम प्रवाह तो उद्दाम प्रवाह ही है। वह गहरी जलराशि को भी आन्दोलित कर देता है, कोई उसे कभी भूल नहीं सकता, वह अनुभव जीवन-पर्यन्त रहता है।

और जब वह तूफ़ान भूमिका की मुख्य धारा के साथ चल पड़ता है तो वह अभिनेता को आदर्श की ऊंचाई तक उठाने में समर्थ होता है। जनसाधारण के सामने तब वह जिजीविषा से परिपूर्ण संरचना आती है जिसे देखने के लिए वह थिएटर में जाते हैं।

यह मात्र बिम्ब-विधान नहीं होता, हालांकि सभी बिम्ब एक साथ ग्रहण किए जाएं तो उनका उत्स एक ही होगा—मानवीय भावावेग। अभिनेता आवाज़, संभाषण, गतियों की तकनीक कहां से लाता है! वह विरूप हो सकता है, लेकिन अब वह सहज नमनशीलता को रूपायित करता है। सामान्यतः वह मुनमुनाता है और अपने शब्दों को बोलता है; लेकिन जब वह संभाषण करता है, अन्तःप्रेरणा से बोलता है तो उसकी वाणी बड़ी सजीव और संगीतात्मक होती है।

केवल तकनीक पर विश्वास करनेवाला अभिनेता अपने वाचन में विलक्षण और मनोरम हो सकता है, लेकिन क्या वह अन्तःप्रेरित अभिनेता के समान हो सकता है? इस प्रकार का अभिनय अपनी साहसिकता के कारण स्तम्भित तो कर देता है, लेकिन यह साहसिकता सौन्दर्य के सभी सामान्य विधानों को दरकिनार कर देती है। वह बड़ी सशक्त ोती है, लेकिन उसका कारण सतर्कता और सामंजस्य नहीं जिसकी हम तकनीकी अभिनय में सराहना करते हैं। वह अपनी दुःसाहसी अतर्कता में भव्य और लयात्मकता के बिना ही लयात्मक होता है। सामान्यतः स्वीकार्य मनोविज्ञान के अस्वीकार में वह मनोवैज्ञानिक समझ से परिपूर्ण होती है। वह सभी प्रतिष्ठित नियमों को तोड़ती है और यही उसका गुण और उसकी सामर्थ्य होती है।

उसे दोहराया नहीं जा सकता। दूसरा प्रदर्शन उससे बिल्कुल अलग होगा, लेकिन वह उससे कम अन्तःप्रेरित या शक्ति-सम्पन्न नहीं होगा। एक व्यक्ति अभिनेता को पुकारकर उससे कहता है, "याद रखो, तुमने यह कैसे किया था। यह मत भूलो कि हम फिर से उसका आनन्द लेना चाहते हैं।" लेकिन अभिनेता का स्वयं अपने पर अधिकार नहीं है। वह उसकी नैसर्गिक सामर्थ्य है जो उसके माध्यम से रचना करती है, वह तो मात्र उपकरण है।

इन नैसर्गिक रचनाओं का हम कोई मूल्यांकन नहीं कर सकते। हम यह नहीं कह सकते कि वह ऐसा क्यों है, अन्यथा क्यों नहीं है? वह ऐसी है क्योंकि

वह ऐसी ही है, कुछ और नहीं हो सकती है। हम आकाश में बिजली के कौंधने की, सागर में तूफ़ान के क्षणिक झंझावात की, आंधी के प्रबल प्रकोप की, सुप्रभात की या सूर्यास्त की कोई समीक्षा नहीं कर सकते।

फिर भी ऐसे लोग हैं जो सोचते हैं कि प्रकृति अक्सर घटिया काम करती है और हमारी नाटकीय तकनीक उसे सुधार सकती है, कहीं अधिक अभिरुचि का प्रमाण दे सकती है। कुछ सौन्दर्य-मनीषियों के अनुसार सच्चाई की तुलना में अभिरुचि अधिक महत्त्वपूर्ण होती है। लेकिन वह क्षण जब हज़ारों का समुदाय, आन्दोलित हो रहा हो, जब वे सभी उत्साह की एक महान् भावना में बहे चले जा रहे हों, उन अभिनेताओं तथा अभिनेत्रियों की भौतिक कमियां सर्वथा नगण्य हो जाती हैं, जो उस भावनात्मक तूफ़ान को उत्पन्न कर रहे हों। क्या वह अभिरुचि का सचेतन संरचना का, तकनीक का विषय होता है; अथवा वह कुछ अनजानी वस्तु होती है, जो प्रतिभावान और प्रतिभा के अधिकार में होती है, और जिसका स्वयं उसके ऊपर अधिकार नहीं है?

इन विलक्षण क्षणों में एक बहुत ही विरूप व्यक्ति भी परम सुन्दर लगने लगता है। तब ऐसा क्यों होता कि जब भी उसकी इच्छा हो, मात्र अपने रचना-कौशल से और उसे सुन्दरता प्रदान करने वाली अनजान शक्ति का सहारा लिये वह अपने को सुन्दर बना ले? फिर भी सब कुछ जानने वाले सौन्दर्यवादी यह नहीं जानते कि यह कैसे किया जा सकता है। वे यह भी नहीं जानते कि अपने इस अज्ञान को वे कैसे स्वीकार करें। वे केवल हल्के तकनीकी अभिनय की तारीफ़ में लगे रहते हैं।

स्तानिस्लाव्स्की के अनुसार बुद्धिमानी इसमें यह है कि अपने अज्ञान को पहचान लिया जाए। उनका कहना है कि मैं उस बिन्दु तक पहुंच गया हूं और स्वीकार करता हूं कि अन्तःप्रेरणा और उपचेतना के क्षेत्रों की मुझे कोई जानकारी नहीं। फिर भी वे यह जानते हैं कि उस महान् कलाकार प्रकृति के आगे इन दोनों के ही रहस्य सर्वत्र उद्‌घाटित हैं। अब सवाल उठता है कि उस महान् कलाकार की रचनाशीलता को आख़िर कैसे समझा जा सकता है? स्तानस्लिाव्स्की ने उसके लिए यह मार्ग बताया है कि हमारे चारों ओर जीवन का जो यह अनादि, अनन्त, विविध रूपात्मक विस्तार है उसे ऊंचाई पर खड़े होकर सावधानी के साथ देखा जाए। इस जीवन-दर्शन को और गम्भीरता प्रदान करने के लिए उन्होंने सलाह दी है कि साहित्य के ज्ञानमय और शक्तिमय दोनों ही स्वरूपों का भली प्रकार पारायण किया जाए। अभिनेताओं के लिए उन्होंने चित्रशालाओं में जाना, व्यक्तिनिष्ठ दृश्यात्मक,

अगतिक और गतिक सभी प्रकार के चित्रों को देखना, संग्रहालयों में जाकर वहां की सभी प्रकार की सामग्री का अवलोकन करना आदि भी ज़रूरी माना है।

इन सारी प्रक्रियाओं से उस महान् कलाकार की रचनाशीलता से तो परिचय हो जाएगा, लेकिन उसे व्यक्तिगत व्यवहार में कैसे उतारा जाए? इसी के लिए उन्होंने अभिनेताओं के प्रशिक्षण के लिए दो वर्षों का पाठ्यक्रम बनाया था। पहले वर्ष के पाठ्यक्रम में छात्र-अभिनेता यह सीखता है कि वह अपने को रंगमंच पर प्रस्तुत करने के लिए कैसे तैयार करे? उसका मूलमन्त्र उन्होंने यह दिया है कि वह मान ले कि वह स्वयं नहीं है, वरन् वह मूलचरित्र है जिसका उसे रूपायन करना है। इस कल्पना के साथ वह पूरे मनोयोग से विकास के अन्य चरणों पर अग्रसर हो। जब वह आत्मनिर्माण की इस प्रक्रिया पर अधिकार कर ले, तो उसे मूलचरित्र की रूप-रचना तथा वस्त्राभरणों के धारण की ओर तत्पर होना चाहिए। आत्मरचना और भौतिक संरचना, ये दोनों ही प्रक्रियाएं समुचित अभ्यास से सम्पन्न होंगी। यह अभ्यास छात्र को चेतना के लोक से उपचेतन अथवा अवचेतन क्षेत्र में पहुंचा देगा जहां अन्तःप्रेरणा सजग होती है और फिर रचना का शील सचेष्ट हो उठता है। रचना के इस सहज 'शील' को सचेष्ट करने के लिए उन्होंने तोम्मासो साल्विनी का उदाहरण दिया है। वह प्रदर्शन के दिन काफ़ी पहले नाट्यशाला में पहुंच जाता था। पहले अपने को भीतर से अपनी भूमिका के लिए तैयार करता था, फिर उसी के अनुरूप रूप-रचना एवं वस्त्राभरण ग्रहण करता था। रंगमंच पर वह निर्धारित समय पर मूल चरित्र के रूप में उतरता था और सप्रयास अभिनय आरम्भ करके जल्दी ही अपनी अन्तश्चेतना को जगाकर अपने प्रदर्शन में नैसर्गिक शोभा उत्पन्न करने में सक्षम हो जाता था।

रंगमंच पर उस नैसर्गिक कलाकार को अपने भीतर कैसे समाहित करके उद्घाटित किया जा सकता है, इसे और अधिक विस्तार और गहराई के साथ समझने के लिए स्तानिस्लाव्स्की की एक अन्य पुस्तक 'क्रिएटिंग ए रोल' ('भूमिका की रचना') के अध्ययन की अपेक्षा है।

❑❑❑